市 场 营 销

主　编　黄海琳　严金才

副主编　罗淑云　庞心宇　谢平芳　陶铭芳

郭南希　罗　茜　朱　徽　覃　希

吕国清　朱　韬　宋庆东　郭　翔

中南大学出版社

www.csupress.com.cn

·长 沙·

编委会

◇ **主　编**

黄海琳　严金才

◇ **副主编**

罗淑云　庞心宇　谢平芳　陶铭芳

郭南希　罗　茜　朱　徽　覃　希

吕国清　朱　韬　宋庆东　郭　翔

◇ **参编人员**

李　梅　黄荣媚　刘岳恒　盛乐音

前 言

在世界经济形势风云变幻、国际政治格局出现百年未有之大变局，科学技术日新月异，新型冠状病毒肺炎疫情肆虐全球的当下，市场营销环境正发生着巨大的变化，新的营销理念层出不穷，新的营销技术和营销渠道不断迭代升级，对人们的消费和生活，产生着现实而深远的影响。2020 年 6 月，教育部印发的《高等学校课程思政建设指导纲要》指出，高校要深化教育教学改革，充分挖掘各类课程思想政治资源，发挥好每门课程的育人作用，全面提高人才培养质量。

在此背景下，本教材整合吸收市场营销最新理念、最新技术和企业典型实战案例，秉持“立德树人、思政先行”的指导思想，以“理论够用、便于理解、即学即用”为编写原则，在每个项目中，设置学前问题、思政先行、思政学习园地、理论精讲、即学即用、要点巩固和课堂延伸七大模块，并配有丰富的同步案例、视频资源和即学即用训练案例，提高学生运用理论知识解决实际问题的技能，打通学生课内和课外学习环节，培养学生自主学习的思维和能力。

本教材具有鲜明的特色：

第一，思政教育与专业教育合二为一，贯穿始终。本教材深入挖掘市场营销课程教学中的思政元素，并与专业教学紧密结合，较好地解决了思政教育和专业教育“两张皮”的问题。在思政先行模块，将近年来的典型思政案例与相关的思政理论和市场营销专业知识结合进行分析，引导学生树立正确的人生观、价值观和职业道德观。在思政学习园地模块，可以扫码读取本项目相关的思政理论内容，包括相关法律制度、重要会议精神、重要领导讲话等。在理论精讲模块，在同步案例分析中自然地融入了思政元素。在要点巩固模块，每个项目除了设置专业问题，还会设置一道专业领域的思政问题，呼应和强化本项目的思政教学内容。

第二，理论更新，够用实用。根据市场营销理论最新发展和学生就业需要，将精准营销、新媒体营销、体验营销、直播带货等市场营销新理念和新形式加入教材，在“构建通路——分销渠道”项目专门增加了电子中间商和新零售等内容。按照“理论够用”的原则，在保证理论体系完整的前提下，理论部分精简保留最重要部分。另外，增加更多实用内容，比如在“满足需求——产品策略”项目中，增加了产品卖点提炼和产品销售法则等内容。

第三，教学资源丰富，凸显能力培养。每个项目都配有大量同步案例和案例分析提示，配套课件中有丰富的视频资料，帮助学生具体而深入地理解抽象的理论知识。每个项目后面都设置有即学即用的案例，训练学生运用所学理论知识解决实际问题的能力。设置课堂延伸模块，打通课堂与课外环节，培养学生自主学习的思维和能力，提升学生的岗位适应能力和岗位迁移能力，从而增强学生的就业竞争力。

本教材由广西机电职业技术学院黄海琳、严金才担任主编，黄海琳负责教材编纂思路和特色设计，并对教材进行整体统筹和修改，严金才负责审稿。副主编包括：广西机电职业技术学院罗淑云、庞心宇、谢平芳、陶铭芳、郭南希、罗茜、朱徽，广西外国语学院覃希、吕国清，广西民族师范学院朱韬，北京华唐中科科技集团有限公司宋庆东，中教畅享(北京)科技有限公司郭翔。参编人员包括：广西工商职业技术学院李梅、刘岳恒，广西经贸职业技术学院黄荣媚，贵州农业职业学院盛乐音。

本教材可作为高职高专市场营销专业和管理类、经济类等专业的教材，也可以作为其他相关专业的选修教材，还可以作为成人高校、四类人员、企业培训的教材和参考用书。

由于编者水平有限，且时间仓促，书中不足之处在所难免，敬请同行和读者不吝赐教，使本书更加完善。

编者

2021 年 7 月

目 录

项目一

交换价值
——市场营销

项目概述：

主要介绍市场营销的内涵和相关核心概念、市场营销观念的演进、市场营销经典理论和市场营销发展的新趋势。

教学目标：

掌握市场营销内涵和相关核心概念；

理解市场营销观念的演进；

掌握市场营销经典理论；

了解市场营销发展的新趋势。

教学重点：

市场营销内涵和相关核心概念；

市场营销经典理论；

市场营销发展的新趋势。

教学难点：

市场营销内涵和相关核心概念；

市场营销经典理论。

学前问题

市场营销就是卖东西吗?

思政先行

央视曝光"随心飞"！套路深，真闹心

消费者花费三四千元购买"随心飞"机票套餐服务，就能在一段时间里、一定条件下不限次数飞行。去年以来，东航、国航、南航、海航等多家航空公司推出了这样的机票业务新模式。那么，"随心飞"是不是真的给消费者带来了随心呢?

随着大家出行的增加，不少消费者发现"随心飞"的机票特别不好兑换。首都航空公司的客服表示，他们的无限飞兑换机票产品，一趟航班上只有20个名额，一旦兑换已满，其他消费者就无法继续兑换。实际上，兑换机票数量不透明的情况在多家航空公司普遍存在。消费者买的时候以为能随心飞，换票的时候却发现其实没票。在使用过程中，个别消费者还发现，一旦自己预订的航班取消或者延误，即使完全不是自己的责任，也要算作消费者违约，甚至被直接取消"随心飞"的资格。

而且，人工客服平均等待时间超过5分钟。在网络投诉平台上，搜索关键词"随心飞"发现，有关投诉超过了400件。据黑猫投诉平台数据显示，有效投诉有410多件。"随心飞"产品因套路深、兑换难等问题饱受诟病，包括东航和南航在内，有多个航空公司已经宣布下架"随心飞"系列产品。

为何"随心飞"产品不能随心呢? 多位民航业内人士表示，2020年疫情严重时期，航空公司推出"随心飞"类产品，能对稳定现金流、回笼资金起到一定作用，但这类产品本质上是"赔钱赚吆喝"。这些产品的平均客单价为八九百元，用户飞三四次就回本了，但对于航空公司来说，用户飞得越多，公司亏得越多。近日，国有三大航空公司发布了2020年财报。国航、南航、东航合计营收约2207.04亿元，合计亏损370.82亿元，也就是说每天亏损1亿元以上。专家表示，随着大家出行需求的增加，有时候，航空公司需要在损失部分常旅客和普通旅客、限制"随心飞"旅客兑换数量之间做出选择，服务的质量也因此面临挑战。

2020年7月21日，习近平总书记主持召开企业家座谈会，关心和支持企业发展。习近平总书记对企业家诚信守法经营再提要求，他希望企业家"要做诚信守法的表率，带动全社会道德素质和文明程度提升"。现代市场经济从本质上说是信用经济，诚信是企业的立足之本，一个企业在市场经济中取得的地位往往与其诚信建设取得的成效成正比。我们看到，一些航空公司推出的"随心飞"变成了名副其实的"闹心飞"，也就是说，很多"随心飞"产品的销售是以牺牲用户体验为代价的。金杯银杯不如口碑，若以牺牲用户体验为代价推销产品，终将得不偿失。航空公司还需拿出诚意，善始善终解决用户体验过程中遇到的问题，只有满足用户需求，以用户体验为中心的创新和设计才能真正赢得市场。企业要实现可持续发展就必须加强诚信建设，并且不断探索诚信建设的有效举措与方法。

(资料来源：中国消费者报 https://mp.weixin.qq.com/s/eyfomvcU6sQLD1vXi5BIwQ，有删改)

思政学习园地

扫一扫，看学习资料　扫一扫，看学习资料

1.《坚定理想信念，推动社会诚信建设》。

2.《国务院关于建立完善守信联合激励和失信联合惩戒制度加快推进社会诚信建设的指导意见》。

理论精讲

市场营销无处不在，是思想与行为的结合体，不仅已经渗透到人们的日常工作与生活中，而且已经成为企业在迅速变化的市场环境和激烈的竞争中求生存、谋发展的利器。那么，市场营销的内涵是什么呢？

第一讲　市场营销的内涵

一、市场营销的定义

什么是市场营销？营销大师菲利普·科特勒从社会学角度给市场营销做了如下的定义：市场营销就是个人和群体，通过创造并同他人交换产品和价值，以满足需求和欲望的一种社会和管理过程。理解这一定义，需要把握以下三点：

(1)市场营销的目标是“满足需求和欲望”，目的是获取利益；

(2)市场营销的核心和本质是“交换”，通过交换实现从产品到货币的“惊险的一跳”；

(3)交换能否顺利进行取决于营销者创造和管理产品以及价值满足顾客需要的程度与水平。

菲利普·科特勒认为市场营销就是辨别并满足人类和社会的需要，对市场营销最简洁的定义就是“满足别人并获得利润”。可以将市场营销理解为通过提供产品或服务来满足市场需求，以获取利益的动态过程。

二、市场营销的核心概念

(一)需要、欲望和需求

需要和欲望是市场营销活动的起点。

需要，是指没有得到某些基本满足的感受状态。根据马斯洛需要层次理论，人们为了生存和发展，会有生理需要、安全需要、社交需要、尊重需要和自我实现需要。这些需要是人类与生俱来的，存在于人类自身生理和社会之中。市场营销者可用不同方式去满足它，但不能凭空创造。

欲望，是指想得到上述基本需要的具体满足品的愿望，是个人受不同文化及社会环境影响表现出来的对基本需要的特定追求。如：肚子饿了，为了满足吃东西的需要，一个人的欲望是吃一碗面条，另一个人的欲望是吃一个汉堡；为了满足受人尊重的需要，一个人的欲望是要一套名牌服装，另一个人的欲望是获得更高的职位；为了满足休闲放松的需要，一个人的欲望是到海南旅游，另一个人的欲望是看一场喜欢的电影。市场营销者无法创造需要，但可以影响欲望，开发及销售特定产品和服务来满足消费者的欲望。

需求，是人们有购买能力和购买意愿的需要。当具有购买力时，欲望便转换为需求。例如，一个人想要带游泳池的海景独栋别墅，但是没有这样的购买能力，这样的欲望就不能成为需求。而另一个人有这样的购买能力，但是他不愿意购买海边的房子，那么他对海景独栋别墅就没有需求。因此，企业不仅要评估有多少人想要本企业的产品，更重要的是要了解有多少人真正愿意并有能力购买。

需要、欲望和需求三者的关系如图 1-1 所示：

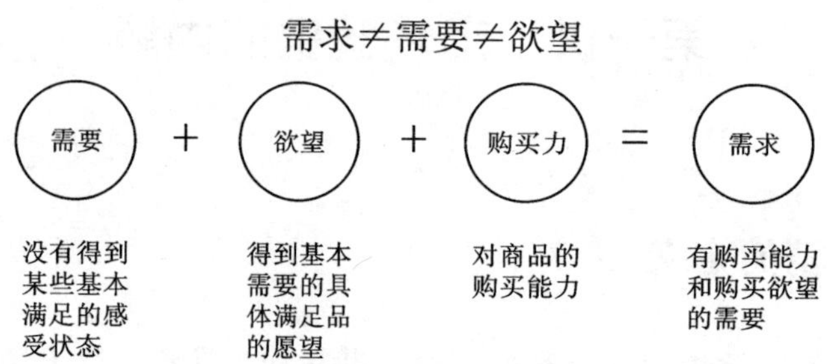

图 1-1　需要、欲望和需求的关系

营销者无法创造需要，需要早就存在于营销活动出现之前。但营销者连同社会上的其他因素可以影响欲望，并通过创造、开发及销售特定产品和服务来满足欲望，通过使某种产品富有吸引力、适应消费者的支付能力和容易得到来影响消费者的需求。因此，优秀的企业总是会通过各种方式深入了解顾客的需要、欲望和需求，并依此来制定自己的营销策略。市场营销是指企业通过各种营销手段来影响需求，并根据对需求的预测结果决定是否进入某一产品(服务)市场的。

(二)市场

狭义的市场，是指商品交换的场所。广义的市场，是指那些有特定需要或欲望，而且愿意并能够通过交换来满足这种需要或欲望的全部购买者的总和。市场上活动的主体是卖方与买方。众多卖方组成一个产业，而众多的买方构成市场。

市场包含三个要素，用公式表示就是：

市场=需求=人口+购买力+购买欲望

市场的这三个要素相互制约，缺一不可，只有这三者结合起来才能构成现实的市场，才能决定市场的规模与容量。它们共同构成企业的微观市场，而市场营销学研究的正是这种微观市场的消费需求。

（三）产品

产品，泛指满足人的特定需求和欲望的商品和服务。人们在选择、购买产品的同时，实际上也在满足着某种愿望和实现了某种利益。营销者的任务是推销产品实体中所包含的利益或服务，而不能仅限于描述产品的外貌，否则将因忽视消费者的需求而失去市场。比如，钻头制造商或许认为顾客需要的是钻头，但是顾客真正需要的是钻头钻出来的洞。

（四）效用、费用与满足

效用，是指产品或服务满足人们欲望的能力，它来自人的主观评价。同一消费者，在不同状态下对同一产品的主观感受不同，效用也会不同。

费用，就是为取得一定效用所支付的成本，在某种程度上，也是主观的。消费者成本不仅包括消费者所支出的货币成本，还包括消费者在购买产品中所支付的时间成本、心理成本和体力成本。

人们是否购买产品或接受服务并不仅仅取决于产品或服务的效用，同时也取决于人们获得效用的代价，即费用。在诸多产品和服务的购买选择中，消费者总是根据多项标准去选择提供最大效用的产品作为购买目标。市场交换能否顺利实现，往往取决于人们对效用和费用的比较。如果人们认为产品的效用大于其支付的费用，即使再贵的商品也愿意购买，因为它对消费者的满足程度高；如果人们认为费用大于效用，那么再便宜的东西也不会要，这就是人们在交换活动中的价值观。消费者购买决策的基本原则是用最少的货币支出换取最大效用的产品或服务。所以企业不仅要为消费者提供产品，还必须使消费者感到在交换中价值的实现程度比较高，这样市场交易才能顺利实现，企业才可能建立稳定的市场。例如，某人为解决每天上班的交通问题，他会对可能满足这种需求的产品选择组合（如自行车、摩托车、汽车、出租车等）和他的需求组合（如速度、安全、方便、舒适和节约等）进行综合评价，以决定哪一种产品能提供最大的总满足。假如他主要对速度和舒适感兴趣，也许会考虑购买汽车。但是，汽车购买与使用的费用要比自行车高许多。若购买汽车，他必须放弃用其有限收入可购置的许多其他产品。因此，他将全面衡量产品的费用和效用，选择购买能使每一元钱的花费带来最大效用的产品。

（五）交换、交易与关系

交换，是指从他人处取得所需之物，而以自己的某种东西作为回报的行为。交换是一个过程，在这个过程中，如果双方达成一项协议，我们就称之为发生了交易。

交易，是指人们通过提供或转移货物、服务或创意，以换取有价值的东西。交易是交换的基本组成单位，是交换双方之间的价值交换。交易包括几个可以度量的实质内容：至少是提供有价值的事物，买卖双方所同意的条件、协议时间和协议地点等。交易通常有两种方式，即货币交易和非货币交易。货币交易可用这样的一个例子来理解，如甲支付800元给商店而得到一台微波炉；非货币交易，包括以物易物、以服务易服务的交易等。交易能否真正产生，取决于买卖双方能否找到合适的交易条件，即交易以后双方都比交易之前更好。在市场经济中，通常通过建立健全法律制度来支持和强制交易双方执行，交易双方也在交易过程中签订交易合同，以得到国家法律的保护。

营销的本质就是开发令人满意的交易，使顾客和营销者从中获益。营销活动也应该尝试创造和维持满意的交易关系。精明能干的市场营销者都会重视同顾客、分销商等建立长期、信任和互利的关系。而这些关系要靠不断承诺及为对方提供高质量产品、良好服务及公平价格来实现，靠双方加强经济、技术及社会联系来实现。关系营销可以减少交易费用和时间，最好的交易是使协商成为惯例。处理好企业同顾客关系的最终结果是建立起市场营销网络。市场营销网络是由企业同市场营销中介人建立起的牢固的业务关系。

三、营销、促销和推销的区别和联系

营销，即市场营销，是指通过提供产品或服务来满足市场需求以获取利益的动态过程。它包括产品、价格、渠道和促销四大内容。营销的出发点是市场需求，关注的重心是消费者，通过提供能满足市场需求的产品和服务来吸引消费者购买，因此表现为拉力。

促销，即促进销售，是营销者发出刺激消费的各种信息，把信息传递到一个或更多的目标对象，以影响其态度和行为，以促进其尽快购买。促销的主要方式包括人员推销、广告、公共关系和营业推广。

推销有广义和狭义之分，狭义的推销是指人员推销，即推销人员通过传递信息、说服等技巧与手段，确认、激活顾客需求，并用适宜的产品满足顾客需求，以实现双方利益交换的过程。人员推销是促销的四大方式之一。推销的出发点是企业，重心是产品，并且用各种让利的方式促进消费者尽快购买，因此表现为推力。

营销、促销与推销的区别和联系如图 1-2 所示。

营销≠促销≠推销

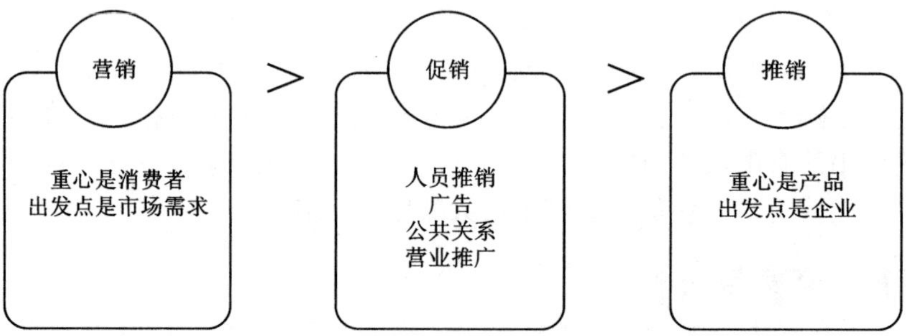

图 1-2　营销、促销和推销的区别与联系

市场营销包括产品、价格、渠道和促销等一系列经营活动，促销包含在营销之中，而推销（人员推销）又包含在促销之中，是促销的四种方式之一。

第二讲　市场营销观念的演进

一、以企业为中心的经营观念

在早期的企业经营活动中，企业经营观念的基本特征是以企业为中心，以资源和利润为导向。这是由于当时产品在市场上主要表现为供不应求，企业在销售方面基本上不成问题，企业间的竞争主要表现为以成本为基础的价格竞争。以企业为中心的经营观念按其发展顺序划分，主要有以下三种：

（一）生产观念

从工业革命至1920年，西方经济处于一种卖方市场的状态，市场产品供不应求，选择甚少，只要价格合理，消费者就会购买。市场营销的重心在于大量生产，解决供不应求的问题。生产导向的企业，表现为“我生产什么，就卖什么”，消费者的需求和欲望并不受重视。如福特汽车公司1914年开始生产的T型汽车，就是福特在“生产导向（使T型汽车生产效率得以提高，降低成本，让更多人买得起）”的指导下创出的奇迹。到1921年，福特T型车在美国汽车市场上的占有率达到56%。重生产、轻市场的生产观念在物资紧缺的年代也许能创造辉煌，但随着生产的发展、供求形势的变化，这种观念必然会使企业陷入困境。

（二）产品观念

在生产观念阶段的末期，供不应求的市场现象在西方社会得到了缓和，产品观念应运而生。产品观念认为，在市场产品有选择的情况下，消费者会欢迎质量最优、性能最好和特点最多的产品，因此，企业应该致力于制造质优价廉的产品，并经常不断地加以改造和提高。产品导向的企业，多数秉持“我们生产最好的产品”“酒香不怕巷子深”的观念。这些公司的经理人员常常迷恋自己的产品，而不太关注市场是否欢迎这些产品。他们在设计产品时只依赖工程技术人员而极少让消费者介入。由于过分重视产品而忽视消费者需求，这两种观念最终将导致“营销近视症”。如铁路行业以为消费者需要火车而非运输，忽略了来自航空、公共汽车、卡车以及管道运输的日益增长的竞争。计量尺制造商以为工程人员需要计量尺而非计算能力，忽视了袖珍计算器的挑战。只致力于大量生产或精工制造、改进产品，而忽视市场需要的企业的最终结果是其产品被市场冷落，经营者陷入困境甚至破产。

（三）销售观念

20世纪30年代以后，买方市场开始在西方国家逐渐形成。销售观念认为，消费者通常有种购买惰性或抗衡心理，在激烈的市场竞争下，企业必须进行大量的推销活动，企业产品的销售量总是和企业所做的促销努力成正比的。因而，企业管理的中心是积极推销和大力促销。销售导向的企业的表现往往是“我们卖什么，就让人们买什么”，企业相信产品是“卖出去的”，而不是“被买去的”。如美国皮尔斯堡面粉公司20世纪20年代以前的口号是：“本公司旨在制造面粉”。20世纪30年代左右，它的口号改为：“本公司旨在推销面粉”。一些有存货待售的企业，则更加重视推销技巧。在这种情况下，销售观念的出现，提高了市场营销在企业经营工作中的地位，是经营指导思想的一个进步。但是，销售观念并未脱离以生产为中心、“以销定产”的范畴。因为它的着眼点仍然是产品，即仍是着眼于既定产品的销售，至于销售的产品是否满足顾客的需要，则未予以足够重视。

以上三种观念都是以企业为中心形成的，企业在营销活动中是一种典型的“由内向外”的思维逻辑。尽管每种观念与前一种观念相比都有一定的进步，但终究没有跳出以企业为中心的思维，仍然是一种卖方市场下的思维模式。当大量的推销活动仍不能使企业摆脱产品滞销积压、经营每况愈下的局面时，一些企业就会从市场去寻找原因，会考虑根据消费者的需要和市场的变化来调整自己的经营，从而导致新的企业经营观念应运而生。

二、以消费者需求为中心的营销观念

营销观念是以消费者需求为中心、整体战略性很强的企业经营观念，营销观念的产生和应用是对以前的各种经营观念的一种质的变革。其核心是从以企业的需要为经营出发点变为以消费者的需求为经营出发点。

（一）市场营销观念

市场营销观念产生于20世纪50年代中期。在激烈的市场竞争中，许多企业开始注意消费者的需求和欲望，并研究其购买行为，企业开始从以生产者为中心转向以消费者为中心，重点考虑消费者需求什么，把发现和满足消费者的需求作为企业经营活动的核心来获得利润。市场营销导向的企业的座右铭是“市场需要什么，我们就生产、提供什么”。

企业营销管理贯彻“顾客至上”的原则。因此，企业在决定其生产、经营时，必须进行市场调研，根据市场需求及企业本身的条件，选择目标市场，组织生产经营。其产品设计、生产、定价、分销和促销活动，都要以消费者需求为出发点。产品销售出去之后，还要了解消费者的意见，据以改进自己的营销工作，最大限度地提高消费者的满意程度。市场营销导向的企业相信，决定生产什么产品的主动权不在于生产者，也不在于政府，而在于消费者，因而将过去“一切从企业出发”的旧观念转变为“一切从消费者出发”的新观念，即企业的一切活动都围绕满足消费者需求来进行。如近年来社交软件、相亲节目和婚恋服务不断推出和升级，正是基于市场上婚恋交友需求而进行的市场营销活动。

（二）社会营销观念

与生产观念、产品观念和销售观念相比，市场营销观念虽然是一种先进的、动态发展的观念，但是，它给企业所带来的动态发展是有限的。市场营销观念只是在“消费者—企业”两维空间中谋求动态发展，而忽视了消费者和企业所共同面对的社会环境。如果社会环境被破坏了，那么，企业和消费者都将无法继续生存，更谈不上发展了。所以，人们需要一种新的观念来修正或取代市场营销观念。于是，社会营销观念应运而生。社会营销观念认为，企业的合理行为应该是在满足消费者需求的同时，考虑社会的整体利益和长远利益，在此基础上谋求企业利润目标的实现。企业在提供任何产品或服务时，不仅要满足消费者的需求和符合本企业的利益，而且要符合消费者和社会的整体利益和长远利益。社会营销观念要求营销者在营销活动中考虑社会与道德问题。

在对上述五种市场营销观念分析的基础上，为了便于理解，以下用一句话来对这五种观念的特征分别加以描述。

生产观念：以生产为中心，以量取胜。

产品观念：以生产为中心，以质取胜。

销售观念：以生产为中心，以销取胜。

市场营销观念：以消费者需求为中心，随需应变，以变取胜。

社会营销观念：以社会长远利益为中心，强调企业、消费者、社会三者利益的统一。

前三种市场营销观念叫作旧市场营销观念，后两种市场营销观念叫作新市场营销观念。新旧市场营销观念的对比如表 1-1 所示。

表 1-1　新旧市场营销观念的对比

<table>
<tr><th colspan="2">营销观念</th><th>市场特征</th><th>出发点</th><th>手段</th><th>策略</th><th>目标</th></tr>
<tr><td rowspan="3">旧观念</td><td>生产观念</td><td>供不应求</td><td>生产</td><td>提高产量、降低成本</td><td>以产定销</td><td>增加生产、获得利润</td></tr>
<tr><td>产品观念</td><td>供不应求</td><td>产品</td><td>提高质量、增加功能</td><td>以高质取胜</td><td>提高质量、获得利润</td></tr>
<tr><td>销售观念</td><td>生产能力过剩</td><td>销售</td><td>推销与促销</td><td>以多销取胜</td><td>扩大销售、获得利润</td></tr>
<tr><td rowspan="2">新观念</td><td>市场营销观念</td><td>买方市场</td><td>顾客需求</td><td>整体市场营销</td><td>以比竞争者更有效地满足消费者需求取胜</td><td>满足消费者需求、获取利益</td></tr>
<tr><td>社会营销观念</td><td>买方市场</td><td>顾客需求、社会利益</td><td>整体市场营销</td><td>以满足消费者需求和社会利益取胜</td><td>满足消费者需求、增进社会利益、获得经济效益</td></tr>
</table>

第三讲　市场营销经典理论

与20世纪相比，现在的市场有很大的不同，无论是竞争格局，还是消费者的思想和行为，都发生了很大的变化。而随着环境的变化，营销理论也发生了几次变化，经历了三种典型的营销理论，即：以满足市场需求为目标的4P营销理论，以追求消费者满意为目标的4C营销理论和以建立消费者忠诚为目标的4R营销理论。

一、4P营销理论

4P营销理论产生于20世纪60年代的美国，是从管理决策的角度来研究市场营销问题的，其中的4P分别代表产品(product)、价格(price)、渠道(place)和促销(promotion)。从管理决策的角度看，影响企业市场营销活动的各种因素可以分为两大类：一类是不可控因素，即营销者本身不可控制的市场营销环境，包括微观环境和宏观环境；另一类是可控因素，即营销者自己可以控制的产品、商标、品牌、价格、广告、渠道等，而4P就是对各种可控因素的归纳：

产品策略(product strategy)，主要是指企业以向目标市场提供各种适合消费者需求的有形和无形产品的方式来实现其营销目标，其中包括对与产品有关的品种、规格、式样、质量、包装、特色、商标、品牌以及各种服务措施等可控因素的组合和运用。

定价策略(pricing strategy)，主要是指企业以按照市场规律制定价格和变动价格等方式来实现其营销目标，其中包括对与定价有关的基本价格、折扣价格、津贴、付款期限、商业信用以及各种定价方法和定价技巧等可控因素的组合和运用。

分销策略(placing strategy)，主要是指企业以合理地选择分销渠道和组织商品实体流通的方式来实现其营销目标，其中包括对与分销有关的渠道覆盖面、商品流转环节、中间商、网点设置以及储存运输等可控因素的组合和运用。

促销策略(promoting strategy)，主要是指企业以利用各种信息传播手段刺激消费者的购买欲望，促进产品销售的方式来实现其营销目标，其中包括对与促销有关的广告、人员推销、营业推广、公共关系等可控因素的组合和运用。

二、4C营销理论

4C营销理论是由美国营销专家劳特朋教授针对4P营销理论存在的问题提出的，4C分别代表顾客(customer)、成本(cost)、方便性(convenience)和沟通(communication)。

4C营销理论以消费者需求为导向，重新设定了市场营销组合的四个基本要素：

消费者，指要瞄准消费者的需求和期望，首先要了解、研究、分析消费者的需要与欲求，而不是先考虑企业能生产什么产品。

成本，指消费者所愿意支付的成本，首先要通过一系列测试手段了解消费者为满足需求而愿意付出的成本，包括经济成本、时间成本、精力成本等，而不是先给产品定价。

方便性，指消费者购买的方便性，首先考虑在消费者购物等交易过程中如何给消费者方便，而不是以自身为出发点，想着怎样布置网点、采用什么样的通路策略。

沟通，指与消费者的沟通，以消费者为中心实施营销沟通是十分重要的，要通过互动、沟通等方式，将企业内外营销不断进行整合，把消费者和企业双方的利益无形地整合在一起，而不是仅从企业角度考虑如何提升销量。

三、4R 营销理论

4R 营销理论是由美国学者唐·舒尔茨在 4C 营销理论的基础上提出的新营销理论。4R 分别代表关联（relevance）、反应（reaction）、关系（relationship）和回报（reward）。该营销理论认为，随着市场的发展，企业需要从更高层次以更有效的方式在企业与顾客之间建立起有别于传统的新型主动性关系。

关联，指企业必须通过某些有效的方式在业务、需求等方面与顾客建立关联，形成一种互助、互求、互需的关系，把顾客与企业联系在一起，减少顾客的流失，以此来提高顾客的忠诚度，赢得长期而稳定的市场。

反应，指企业要提高对市场的反应速度。在相互渗透、相互影响的市场中，对企业来说最现实的问题不在于如何制订、实施计划和控制，而在于如何及时地了解消费者的希望、渴望和需求，并及时做出反应来满足消费者的需求，这样才利于市场的发展。

关系，指企业要重视与消费者的互动关系。如今，抢占市场的关键已转变为与消费者建立长期而稳固的关系，应把交易转变成一种责任，建立起和消费者的互动关系，而沟通是建立这种互动关系的重要手段。

回报，指回报是营销的源泉，由于营销目标必须注重产出，注重企业在营销活动中的回报，所以企业要满足客户需求，为客户提供价值，不做无用的事情。一方面，回报是维持市场关系的必要条件；另一方面，追求回报是营销发展的动力，营销的最终价值在于其是否给企业带来短期或长期的收入。

第四讲　市场营销发展的新趋势

一、精准营销

精准营销是指在可量化的数据基础上，分析消费者个体的消费模式和特点，并以此来划分消费者群体，精准地找到目标消费者，以及精准地开展营销活动，以提高营销成本效益率的过程。精准营销的核心是“精准”，其依托强大的数据库资源，通过现代信息技术手段实现个性营销活动，以现代信息技术、市场定量分析为手段，对消费者进行精确衡量和分析，做到在合适的时间、合适的地点，以合适的价格，通过合适的营销渠道，向合适的消费者提供合适的产品，以实现效益最大化。

精准营销就是通过可量化的精确的市场定位技术，突破传统营销定位只能定性的局限。只有对市场进行准确区分，才能保证有效的市场、产品和品牌定位；借助先进的数据库技术、网络通信技术及现代高效分散的物流等手段，保障与消费者的长期个性化沟通，使营销达到可度量、可调控等精准要求；摆脱传统广告沟通的高成本束缚，使企业以低成本快速增长成为可能；借助系统手段，保持企业和消费者的密切互动沟通，从而不断满足消费者的个性需求，建立稳定的企业忠实消费者群，实现消费者链式反应增值，从而达到企业的长期稳定高速发展的需求；借助现代高效的分散物流，使企业摆脱繁杂的中间渠道环节及对传统营销模块式营销组织机构的依赖，实现个性关怀，极大降低了营销成本。

大数据时代，越来越多的企业借助网络技术、计算机技术、多媒体技术以及交互技术等数字化手段，以用户的行为数据为基础，结合人工智能、大数据等技术，挖掘这些数据背后潜在的行为活动，进而深入洞察和知悉用户，使得市场营销能够更加有的放矢和高效。

二、数字新媒体营销

凡是利用数字技术、网络技术，通过互联网、宽带局域网、无线通信网等渠道，以及计算机、手机、数字电视等数字或智能终端，向用户提供信息和服务的传播形态，都可视为数字新媒体，包括但不限于门户网站、微网站、电子邮件、论坛、搜索引擎、知识问答、微博、微信、视频网站、直播平台、移动设备等。数字新媒体属于相对概念，伴随着媒体的诞生和发展而不断变化。科学技术在发展，媒体形态也在发展，如电视属于传统媒体，但经过数字化改造的数字电视成为新媒体，传统报纸升级为数字报刊后也是新媒体。又如手机杀毒软件，过去仅是工具软件，但当其具备装机软件推荐、自动弹窗等功能后，就具备了媒体传播特性。与传统媒体相比，数字新媒体更偏重于为受众提供个性化服务，在注重个性化的同时，也为传播者和受众提供了可以交流的平台。

数字新媒体营销是在营销范畴内增加了新媒体使用环节，4P、4C、4R 等传统市场营销策略并未在数字新媒体营销上完全失效。进入 21 世纪，高科技企业、高技术产品与服务不断涌现，营销观念和方式也在不断丰富与发展，出现 4V 组合、4I 组合等并形成独具风格的新型理念。（见图 1-3）

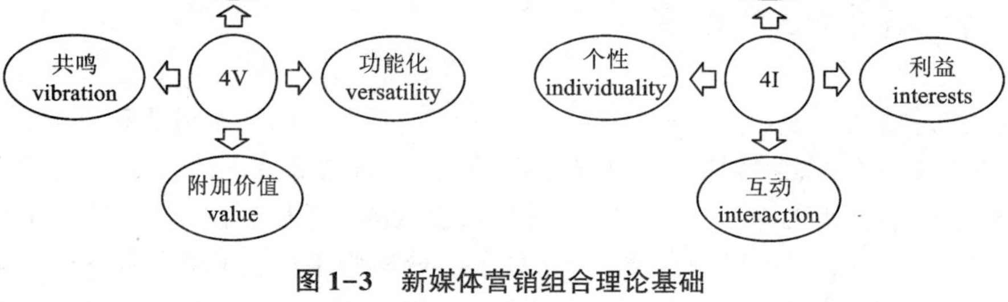

图 1-3　新媒体营销组合理论基础

越来越多的企业开始在数字新媒体平台布局，组建数字新媒体营销部门，加大对数字新媒体渠道的投入力度。对于传统企业而言，特别是面向大众消费者的企业，数字新媒体营销正逐渐成为其市场部的重要工作，如联想、中国邮政等的营销方式正在向数字新媒体延伸；新兴企业如三只松鼠等，借助数字新媒体平台逐渐成为行业翘楚，数字新媒体营销正在成为企业市场营销工作中的重要元素。从数字新媒体营销发展趋势来看，数字新媒体平台技术不断迭代，营销领域的理论与实践也在持续更新。

三、体验营销

随着消费形态的升级，过去的农业经济、工业经济、服务经济已经演变为体验经济，在此基础上，体验营销应运而生。体验营销就是通过看、听、用、参与的手段，充分刺激和调动消费者的感官、情感、思考、行动、关联等感性因素和理性因素，重新定义、设计的一种新的营销方法。其核心观念是："不仅为消费者提供满意的产品和服务，还要为他们创造有价值的体验。"体验营销突破了传统的"理性消费者"假设，认为消费者消费时是理性与感性兼具的，消费者在消费前、消费时、消费后的体验，才是研究消费者行为与企业品牌经营的关键。体验营销以满足消费者的个性需求为出发点，以向消费者提供有价值、有意义的体验为主旨，通过满足消费者在心理和情感上的需求来吸引顾客，并使其产生购买行为，从而使企业获得利润。由此可见，体验营销是一种人性化的现代营销模式，在马斯洛需要层次理论中它进一步满足了人们更高层次的需要。

感官式体验营销，是通过视觉、听觉、触觉与嗅觉建立感官上的体验。它的主要目的是创造知觉体验，引发消费者的购买动机和增加产品的附加值等。宜家作为全球最大的家具家居用品商场，之所以取得如此大的成功，主要得益于它的沉浸体验式营销。

情感式体验营销，是在营销过程中触动消费者的内心情感，创造情感体验。其范围可以是一个温和、柔情的正面心情，如欢乐、自豪，也可以是强烈的激动情绪。情感式体验营销需要真正了解什么刺激可以引起某种情绪，以使消费者自然地受到感染，并融入情景中去。江小白白酒通过一则则走心的广告文案，与年轻人产生情感共鸣，成功开辟了年轻人白酒市场。

思考式体验营销，是启发人们的智力，创造性地让消费者获得认识和解决问题的体验。它运用惊奇、计谋和诱惑，引发消费者产生统一或各异的想法。在高科技产品宣传中，思考式体验营销被广泛使用。苹果 iMac 电脑"与众不同的思考"的标语，结合许多不同领域的创意天才的黑白照片，在各种大型广告路牌、墙体广告和公交车身上展示。当这个广告刺激消费者去思考 iMac 电脑的与众不同时，同时也促使他们思考自己的与众不同，进而使他们获得自己也是创意天才的感觉。

行动式体验营销，是通过影视歌星或著名运动明星来激发消费者，使其生活形态发生改变，从而实现产品的销售。

关联式体验营销，是包含感官、情感、思考和行动等营销的综合。关联式体验营销特别适用于化妆品、日常用品、私人交通工具等领域。

即学即用

观看求职节目《非你莫属》中清华博士求职遭老板们争抢的视频。

请思考回答以下问题：

1. 市场营销是一种思维，可在商业活动、学习、生活和职场中广泛运用。请分析这位博士在求职过程中是如何运用市场营销思维，成功让自己成为各大老板争抢的对象的？

2. 视频中，还涉及本项目中的哪些知识点？

要点巩固

1. 如何理解市场营销的本质是价值交换？

2. 需要、欲望和需求的区别和联系是什么？

3. 营销、促销和推销的区别和联系是什么？

4. 以下几句话分别反映出哪种营销观念？

◆“我们生产什么，就卖什么。”

◆“我们生产最好的产品。”

◆“我们卖什么，就让人们买什么。”

◆“市场需要什么，我们就生产什么。”

◆“在符合消费者和社会长远利益的前提下满足市场的需求。”

5. 在精准营销时，通过大数据分析，针对同一商品，对不同消费者推送显示不同价格，这样的行为可取吗？为什么？

课堂延伸

市场营销环境

所有的市场营销活动都是在一定的环境中进行的，我们不能脱离环境谈营销。

市场营销环境是指影响和制约企业市场营销活动的各种因素，这些因素和力量是与企业营销活动有关的影响企业生存和发展的外部条件。市场营销环境的内容既广泛又复杂，可以根据不同的标志加以分类。菲利普·科特勒采用了将环境划分为微观环境和宏观环境的方法。微观环境是指与企业紧密相连，直接影响企业营销能力的各种参与者，包括企业本身的内部环境、市场营销渠道企业、消费者、竞争者和社会公众。宏观环境是指间接影响企业营销活动的一系列巨大的社会力量和因素，包括人口、经济、政治法律、科学技术、社会文化及自然生态等因素。市场营销环境如图 1-4 所示。

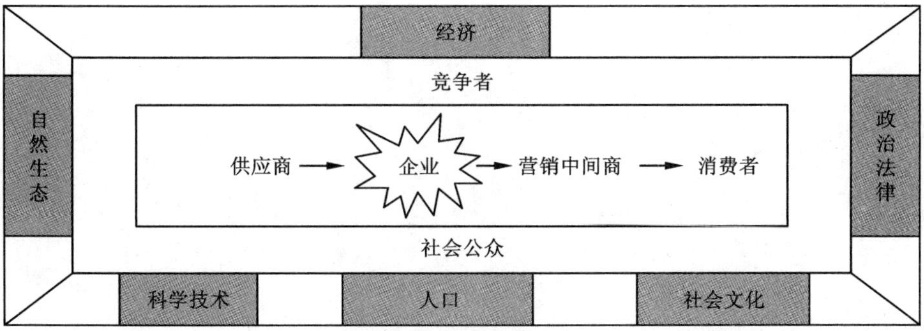

图 1-4　市场营销环境

扫码阅读《一文带你看懂疫情对各行业的影响和未来发展趋势》，了解新冠肺炎疫情对各行业和领域的影响，分析营销环境的主要变化，并尝试提出自己的对策。

扫码阅读:《营销之父科特勒万字演讲实录》。

发现商机
——市场调研

项目二

项目概述：

主要介绍大数据时代背景下市场调研的特征、原则、步骤和方法，以及对调查内容（市场信息）进行处理和分析的方法，营销环境分析的方法。

教学目标：

掌握市场调研的内容、步骤和方法；

理解市场调研的含义、特征和作用；

能够使用恰当的调研方法采集市场信息；

能够对调研资料进行整理、分析并撰写报告；

能够准确辨别环境因素中的机会和威胁；

了解大数据时代背景下企业营销环境的特征；

了解大数据时代背景下消费隐私安全现状。

教学重点：

调研的内容和企业营销环境要素的关系；

资料采集的一般方法分类及其优缺点；

资料分析的一般方法分类及其优缺点；

营销环境分析的一般方法。

教学难点：

市场调研的主要内容；

市场调研的常用方法；

企业营销环境分析——SWOT的运用技巧。

学前问题

你被"大数据杀熟"了吗？

思政先行

信息时代来了，隐私泄露成重灾区

2021年3月15日晚，2021年中央广播电视总台3·15晚会在央视财经频道进行现场直播。一开场的曝光就直指企业对消费者信息的不当采集和使用问题，如"谁在'偷'我的'脸'？""伸向个人简历的黑手"以及"老人手机里的安全陷阱"。

直击人脸识别，谁在"偷"我的"脸"？

科勒卫浴、宝马、Max Mara等企业被点名。据晚会报道，科勒(中国)投资有限公司在旗下卫浴门店安装人脸识别摄像头抓取包括性别、年龄在内的个人信息。该摄像头系统生产商"万店掌"介绍，能通过人脸识别信息解决精准营销问题，抓取的人脸数据信息累计上亿。另一系统生产商"悠洛客"科技也同样有此技术，均可以在顾客不知情、没有感知的情况下抓取信息，还可以手动添加各种标签，如职业打假人、记者等。此外，无锡一家宝马4S店、Max Mara旗下一家店铺均存在安装人脸识别摄像头收集人脸信息等问题。

伸向个人简历的黑手

猎聘通、智联招聘、前程无忧等网络企业被点名。近年来，警方破获了多起诈骗案，不法分子从网络黑市购买大量个人简历信息实施精准诈骗。这些信息精准的简历是怎么来的呢？记者在各类贴吧、论坛以及QQ群里发现，出售招聘平台简历的信息比比皆是。记者加入了一个名叫"58智联粉"的QQ群，群成员人数上千，进入群里仅仅几分钟时间，贩卖各类简历的消息就超过99条。一位卖家表示，只需要支付7元，就可以买到一份智联招聘上最新的求职者简历。在支付了费用后，不到5分钟卖家便发来一份简历。简历内容详尽，求职者的姓名、性别、年龄、照片、联系方式、工作经历、教育经历等信息一应俱全。卖家甚至还可以根据用户的要求对简历按照年龄、地域、毕业院校等信息进行精准筛选。

网络黑市上怎么会有智联招聘的个人简历信息在贩卖呢？一位卖家透漏，只要在智联招聘注册企业账号就可以大量下载这些简历。随后，记者又分别在前程无忧和猎聘网的企业账户进行体验，只需支付费用，便可以下载包括求职者姓名、电话、邮箱地址等关键信息在内的完整简历。前程无忧和猎聘网也缺乏对下载后的简历信息的管理和监测。就这样，这些求职简历信息在不知不觉中，被伸向个人简历的黑手肆意下载、多次倒卖，甚至流入诈骗团伙手中。

手机清理软件黑手伸向老龄群体

"手机管家PRO"等被点名。号称是手机管家，却短时间内高频读取手机信息，故意让手机卡顿，从而达到让用户不断点击下载App的目的。不明就里的老人更容易上当，不断点击下载。中国电子技术标准化研究院网安中心的专家对这一现象进行了监测。在一款小说阅读软件里，正常阅读过程中出现了广告。点击广告后，下载安装了一款叫"内存优化大师”的 App，自动清理过程中继续蹦出“清理手机缓存”的提醒，点击后，手机又下载安装了“超强清理大师”。不断地“提醒、下载、清理”，同样的路径接力重复，手机上又安装了“智能清理大师”和“手机管家 PRO”。几分钟的工夫，4 款清理类软件就在手机上安家落户。

那么，这些清理大师真的是在帮你清理手机垃圾吗？测试人员对最后安装的这款“手机管家 PRO”进行了测试。该软件表面上看起来是在清理手机垃圾，背地里实则在不断、偷偷地大量获取手机里的信息。短短 8.75 秒，就读取了应用列表 890 次，读取了手机号用户识别码 IMSI 号 1300 多次，读取了手机设备身份识别码的 IMEI 号达 900 多次。更大的危害在于，这类 App 驻扎在老人的手机里，不断在后台发送用户数据信息，对老人们进行用户画像，打上“容易被误导和诱导”的群体标签。于是，各种低俗、劣质，甚至带有欺骗性质的广告和内容就会源源不断地推送到老人的手机上。

不经意间，我们的隐私没有了。21 世纪的互联网技术日益普及，人类进入大数据时代，市场中信息的采集和使用与消费者隐私保护问题亟待解决。

（资料来源：正商参阅，《今年央视 3.15 晚会曝光了谁？（完整名单曝光）》，https：//baijiahao.baidu.com/s？id=1694309751654942252&wfr=spider&for=pc）

思政学习园地

扫一扫，看学习资料　　扫一扫，看学习资料

1.《“数字经济”快速发展，数据安全亟待“上锁”》。

2.《中华人民共和国个人信息保护法（草案）》。

第一讲　认识市场调研

市场调研可以帮助企业及时了解顾客的需求和需求变化，了解自身内外部环境的变化，进而帮助企业准确地选择目标市场和进行市场定位，开发新产品、开拓新市场。本项目围绕大数据时代如何进行市场调研工作，需要运用什么方法和技巧，调查后怎样处理数据资料这样的思路来介绍市场调研的基础知识、市场调研的程序和方法、资料分析和撰写调研报告的一般过程，以及企业如何利用市场调研来进行营销环境分析，从而快速准确地抓住营销机会。

一、市场调研的含义和特征

市场调研，是指秉持客观的态度、采取科学的方法对形成企业营销决策所需的信息资料，进行系统的收集、记录、整理和分析、解释和沟通的营销管理活动。市场调研的目的，是向企业营销管理者提供信息资料，以便企业发现营销机会、拟定和评估营销方案、监控营销方案的实施。根据此含义，市场调研本质上是一种营销管理活动，它具有以下特征。

（一）市场调研指向的对象是市场信息

广义的市场信息，是关于市场活动及相关因素的各种消息、情报、数据、资料的统称。

狭义的市场信息是指对企业生产经营产生影响的各种环境因素，通常分为宏观环境和微观环境两大类。市场调研以获取与企业生产经营活动有关的市场环境因素为目的，所以，市场信息即市场调研的内容。

（二）市场调研是一个程序性很强的营销管理活动

开展市场调研要求企业投入一定的人力、物力和财力，而且要针对企业经营活动中存在的问题来开展。因此，市场调研不能盲目进行，必须按照科学的程序进行，即从有效的计划开始，按照科学的步骤和方法来实施，并尽量地节约成本，以最少的投入获得最佳的结果。

（三）市场调研具有系统性

市场调研是对市场状况、企业营销活动进行信息搜集和分析研究的全过程性活动，包括立题、方案设计、资料搜集、分析和调研报告撰写等阶段。这一过程的每一个环节密切联系，并形成一个有机系统。在各个阶段如果不按照这一系统的要求周密计划、精心组织和科学实施，就难以得出正确的调研结果。因此，在进行重要决策时，一定要系统地进行市场调研，若根据片面的信息进行决策将导致难以挽回的损失。

【同步案例 2-1】

如何做到把"刮毛刀"卖给女人？

美国吉列公司创建于 1901 年，主打产品是刮胡刀，其产品因使男人刮胡子变得方便、舒适、安全而大受欢迎。1974 年，公司推出了面向妇女的专用"刮毛刀"。这一决策看似荒谬，可结果是，公司推出的雏菊刮毛刀一经推出后畅销全球。这是怎么做到的呢？

吉列公司先用一年的时间进行了周密的市场调研，发现在美国 30 岁以上的妇女中，有 65%的人为保持美好形象，要定期刮除腿毛和腋毛。这些妇女一年在这方面的花费高达 7500 万美元，是个巨大的潜在市场。根据调研结果，吉列公司精心设计了新产品，它的刀头部分和男用刮胡刀并无两样，但是刀架选用了色彩鲜艳的塑料，并将握柄改为弧形以利于妇女使用，握柄上还印压了一朵雏菊图案。这样一来，新产品立即显示了女性的特点。为了迅速占领市场，吉列公司还拟定几种不同的"定位观念"（功能需求、价格需求、安全需求）到消费者之中再次征求意见。最后，公司根据多数妇女的意见，选择了"不伤玉腿"作为推销时突出的重点，刊登广告进行宣传。结果，雏菊刮毛刀大获成功。

问题：市场调研对于企业而言有什么作用？

分析提示：吉列公司在想方设法开拓市场时，敢于创新但并不盲目，充分开展市场调研活动，发现并抓住了市场机会。所以，市场调研是企业经营决策的前提，只有充分认识市场，了解市场需求，对市场做出科学的分析判断，做出的决策才具有针对性。

二、市场调研的主要内容

一般来说，市场调研的主要内容包括五个方面：市场宏观环境因素调研、消费者调研、市场需求情况调研、市场竞争状况调研和企业营销组合调研。后四项也可以合称为市场微观环境因素调研。

（一）市场宏观环境因素调研

市场宏观环境因素调研是指从宏观上调查和把握企业运营的外部影响因素。对企业而言，市场宏观环境因素调研的内容包括政治、经济、社会文化、技术、法律等，它们对所有企业的生产和经营都产生巨大的影响。

1. 政治、法律环境调研

政治环境是指企业面临的外部政治形势、状况和制度，分为国内政治环境和国际政治环境。对国内政治环境的调研，主要是分析党和政府的路线方针、政策的制定与调整及其对市场、企业产生的影响。企业在市场经营活动中，必须遵守各项法律、法令、法规、条例等。法律环境的调研，是分析研究国家和地区的各项法律法规，尤其是其中的经济法律法规。

2. 经济环境调研

经济环境是指企业面临的外部社会经济条件及其运行状况和发展趋势。经济环境是制约企业生存和发展的重要因素。经济环境调研的内容具体包括经济体制、经济周期、经济发展水平、宏观经济政策、社会通货膨胀水平等，以及消费者的收入水平、消费者支出模式和消费结构、消费者储蓄和信贷、经济发展水平、经济体制地区和行业发展状况、城市化程度等多种因素。

3. 科学技术环境调研

科学技术环境是企业所处的社会环境中的科技要素及与该要素直接相关的各种社会现象的集合。科学技术的发展，使商品的市场生命周期迅速缩短，生产的增长也越来越多地依赖科技的进步。以电子技术、信息技术、新材料技术、生物技术为主要特征的新技术革命，不断改造着传统产业，孕育新兴产业，这既可能给某些企业带来新的市场机会，也可能给某些企业带来生存威胁。

4. 社会文化环境调研

社会文化环境是指企业所处的社会结构、社会风俗和习惯、信仰和价值观念、行为规范、生活方式、文化传统、人口规模与地理分布等因素的形成和变动。社会文化环境不仅建立了人们日常行为的准则，也形成了不同国家和地区市场消费者态度和购买动机的取向模式。这些对企业经营管理也至关重要。

5. 自然、地理环境调研

一个国家和地区的自然、地理环境也是影响企业经营的重要因素。自然环境主要包括气候、季节、自然资源、地理位置等，比如不同地区的海拔高度、温度、湿度不同，人们的服装、食品就存在明显差异。地理环境影响着人们的消费模式，还会对经济、社会发展、性格产生复杂的影响。企业营销人员必须熟悉不同市场的自然、地理环境差异，只有这样才能做好营销工作。

（二）消费者调研

消费者调研是市场调研的重要内容，消费者又叫调研受众。在企业的经营发展中，消费者需求始终是其关注的重点，只有提供产品服务满足消费者的需求，企业才可能长久发展。在大数据时代，消费者调研的项目和指标变得越来越精细化，企业获取的用户信息也越来越精确。总的来说，消费者调研至少包括以下方面内容：

①消费者的构成：性别、年龄、身高、体重、职业、收入、文化、区域等；

②消费者的购买动机：购买动机或不购买的原因，动机的类型及其变化特征；

③消费者购买的行为特征：消费者购买行为的影响因素，消费者购买决策中的角色分配，购买习惯中的时间、地点、品牌喜好、购买频率、购买金额、支付方式等；

④消费者获得信息的途径：亲朋好友，报纸媒体，受广告影响度有多大等；

⑤消费使用行为特征：使用产品的种类、品牌、样式、型号、口味、包装、使用时间或场合、单次使用量、使用频率、周期等；

⑥消费使用评价：对产品的性能、功效、包装、服务的满意度，对企业、产品、品牌的感受或评价，对价格或服务的接受程度等。

【同步案例 2-2】

一种高效的调研工具——销售调查卡

销售调查卡是一种准确、高效、低成本的调研工具，世界上很多知名企业在市场调研中都用到它。销售调查卡只有明信片一般大小，但设计细致，能获取大量的消费者信息。销售调查卡可以设计很多栏目，包括并不限于以下六个栏目。第一个栏目是购买者基本情况，其中包括性别、年龄、职业等，分类十分细致。第二个栏目是对使用者的调查，使用者是购买者本人还是家庭成员或其他人，每一类人员中，又分年龄、性别。第三个栏目是购买方法的调查。第四个栏目是调查消费者如何知道该产品的。第五个栏目是调查为什么选中了该产品。第六个栏目是调查使用后的感受。销售调查卡可以在店铺或柜台使用，让消费者快速地阅读并填写完卡片，不会感受到调研过程的耗时和烦琐；调查卡也非常适合街头拦截，调研人员可以一边走路，一边向调研受众提问，并快速记录。因此，销售调查卡能为企业提高产品质量、改进经营策略、开拓新市场提供可靠依据。很多国际大公司都喜欢使用这一调研工具。

问题：销售调查卡设计的内容是什么？

分析提示：销售调查卡上的六个栏目都是针对消费者构成、购买行为特征、购买动机和消费态度的调查内容，所以，销售调查卡其实是一种消费者调研工具。

（三）市场需求情况调研

市场需求反映了消费者对某一特定产品或服务的购买意愿和购买能力。市场需求就是企业的市场机会。掌握当前市场需求和潜在需求及其变化趋势信息，是企业营销决策的前提。市场需求情况调研主要包括以下几个方面：

1. 市场需求总量及其结构调研

市场需求总量是指在一定的地理区域和一定的时间期限内，在一定的营销环境和一定的营销努力下，一定消费者群体所会购买特定产品的总量。人口规模、商品的价格、消费者的收入水平和偏好、消费者对未来商品的价格预期等因素都会影响市场需求总量及其结构。例如：生活消费品结构随着社会的进步、生产的发展和人民生活水平的提高，其基本规律是食品比重下降，其他消费品与服务比重上升；低档品比重下降，中高档品比重上升。

2. 目标市场需求调研

目标市场需求包括目标市场的现实需求量和销售量，市场的饱和点及潜在能力。影响目标市场需求的因素如产品的功能、产品价格、分销方式、促销方向和力度等都是目标市场需求调研的内容。

3. 市场份额及其变化情况调研

市场份额又称市场占有率，简单的描述就是一个企业的销售量(额)在整个行业中所占的比重，它在很大程度上反映了企业的竞争地位和盈利能力，是企业非常重视的一个指标。

(四)市场竞争状况调研

企业仅仅了解消费者的需求是远远不够的，还必须了解自己的竞争对手。从某种意义上讲，了解竞争者也是现代企业的重要大事，是企业选择营销战略和策略的先决条件。因此，市场竞争状况调研正成为企业最为关注的调查内容之一。

1. 竞争者调研

竞争者调研的内容包括竞争者是谁、在哪里，主要或直接竞争者的实力情况如何等。

2. 竞争者的市场地位调研

竞争者的市场地位调研的内容包括企业的直接竞争者的市场占有率有多少，在消费者心目中的心理占有率、情感占有率和知名度、美誉度有多高等。

3. 竞争者的营销目标

竞争者的营销目标调研的内容包括竞争者的企业目标、营销战略目标、营销活动目标等。

4. 竞争者的营销策略调研

竞争者的营销策略调研的内容包括竞争者的目标市场策略、产品策略、价格策略、分销策略、促销与服务策略等，还有这些策略的组合方式。

5. 竞争者的竞争反应模式调研

竞争者的竞争反应模式也是调研内容之一。

(五)企业营销组合调研

这项调研内容可以比较全面地了解一个企业经营管理的状况，比如现有产品线、产品项目情况，销售渠道及其覆盖占有情况等。按照传统市场营销组合的要素，企业营销组合策略调研主要有几下四个方面。

1. 产品策略调研

产品策略调研包括产品发展、产品计划、产品设计、交货期等决策的内容。其影响因素包括产品的特性、质量、外观、附件、品牌、商标、包装、担保、服务等。

2. 价格策略调研

价格策略调研包括确定定价目标、制定产品价格原则与技巧等内容。其影响因素包括付款方式、信用条件、基本价格、折扣、批发价、零售价等。

3. 分销策略调研

分销策略调研主要研究使商品顺利到达消费者手中的途径和方式等方面的策略。其影响因素包括分销渠道、区域分布、中间商类型、运输方式、存储条件等。

4. 促销策略调研

促销策略调研主要研究如何促进顾客购买商品以实现扩大销售的策略。其影响因素包括广告、人员推销、宣传、营业推广、公共关系等。

三、市场调研的主要原则

（一）客观性原则

客观性原则是市场调研最重要的原则。客观性原则要求市场调研收集到的市场信息和有关资料必须真实准确地反映市场现象和市场经济活动，不能带有虚假或错误的成分。

（二）针对性原则

市场调研要围绕企业经营活动中存在的问题，即调研的目的来进行。市场调研不能盲目进行，否则将给企业带来人力、财力上的直接损失，严重时可能导致企业决策偏离市场方向。市场调研的针对性原则，还指要针对竞争对手进行调研，因为要想在竞争中取胜，就必须了解竞争对手的实力和优势，从而确定企业的营销策略。

（三）科学性原则

市场调研的整个过程要科学安排，以科学的知识理论为基础，应用科学的方法。为减少调研的盲目性和人、财、物的浪费，对所需要收集的资料和信息及调研步骤要科学规划。例如，采用何种调研方式、如何拟定问卷、有哪些调查对象等。要科学设计调研内容，使调研内容能以最简洁、明了而又易答的方式呈现给调研对象。市场调研中无论是收集信息资料的过程，还是整理分析信息资料的过程，都要采用科学方法。

（四）全面性原则

市场调研要全面、系统地收集影响企业生产营销活动有关的信息资料。市场因素不是孤立、静止存在的。企业营销与政治、经济、文化、风俗、法律等社会现象，有着千丝万缕的联系。市场因素也随着时间、地点、条件的变化而不断发生着变化。在科技发展的今天，很多技术应用到市场调研中，能够实现全过程信息扫描记录，调研所获取的信息相对来说越来越全面、系统。

（五）经济性原则

市场调研必须考虑到经济效果，要以尽可能少的费用获得相对满意的市场信息资料。在市场调研中，必须根据明确的调研目的，确定市场调研的内容、项目，选择适合的调研方式、方法。企业是经济组织，在满足市场调研目的的前提下，尽量采用科学、高效的方法，避免造成人力、物力、财力和时间的不必要浪费，做到少花钱、多办事，提高经济效益。

（六）合法性原则

市场调研工作必须遵循国家法律、法规。如思政先行中提及的，在大数据上升为国家战略的背景下，数据调研和交易迎来了发展机遇，但宽松的监管、用户对隐私权的忽视，使得数据市场乱象丛生，严重损害了消费者的合法权益。近两年，国家立法机关陆续出台信息安全保护方面的法律法规，如《中华人民共和国个人信息保护法（草案）》《中华人民共和国网络安全法》《常见类型移动互联网应用程序必要个人信息范围规定》《互联网用户公众账号信息服务管理规定》等。企业在开展市场调研的过程中，应熟悉并遵守这些法律法规，确保在合法的范围内采集和使用消费者信息。

【同步案例 2-3】

顾客表述的信息都是真的吗？

有些市场调研人员发现，当他们向被调研者询问洗发水的有关问题时，得到的回答都是“洗发水最重要的是能够把头发洗干净并具有护理头发的功能”。但当市场调研人员把货样拿给人们看时，却有很多人总是先闻一闻有没有香味。另外，在美国，肥皂制造商长期以来搞不清楚粉红色香皂是否受欢迎，因为每当把不同颜色的香皂摆在人们面前时，他们总是指着粉红色的那块，但是在商场里粉红色的香皂却很少成为热销款。

问题：市场调研人员应该怎样做才能更好地把握消费者的心理？

分析提示：在日用消费品的调研中，消费者的心理状态会随着环境变化、个人消费习惯差异和商品本身多样性的影响而变化，使得调研结果具有不确定性。这时，调研人员应遵循市场调研的客观性原则、科学性原则、全面性原则，不仅要听取消费者的意见，还要细致观察消费者的行为，洞察消费者的真实需求，用多种调研手段来收集市场信息，确保调研结果相对真实和准确。

四、市场调研的一般过程

想要顺利地进行一次市场调研并确保调研质量达到预期目的，就必须科学安排市场调研过程中的各项工作。市场调研的一般过程包括三个阶段八个步骤，具体如图 2-1 所示。

图 2-1　市场调研的一般过程

(一)计划阶段

计划阶段又称准备阶段。这一阶段的主要任务就是确定问题和研究目标，确定调研的方式及需要获得的信息的范围、来源和种类，调研的经费预算和时间安排等，并在此基础上形成详细的调研总体方案。

1. 确定市场调研问题和研究目标

确定市场调研任务是整个市场调研工作的起点，它包括提出企业经营中要解决的问题，并由此明确调研目标。明确调研任务，主要明确为什么要进行此项调研，通过调研要获取哪些市场信息、资料，调研结果有何用途。提出问题，是明确市场调研任务的前提。

2. 制定市场调研的方案

市场调研的任务确定后，接下来是围绕市场调研的任务制定市场调研的具体方案。它是市场调研过程中最复杂的工作。市场调研的方案制定是对调研工作各个方面和全部过程的通盘考虑，包括了整个调研工作过程的全部内容。若市场调研方案中规定要有调研提纲和调研表格，还应安排有关人员设计调研提纲和调研表格。

(二)实施阶段

实施阶段即资料采集阶段。这一阶段的主要任务是根据调研方案，组织调研人员收集二手资料并深入市场搜集一手资料。

在整个市场调研工作中，收集市场信息资料阶段是唯一的现场实施阶段，是取得市场第一手资料的关键阶段。在此阶段，市场调研的组织者必须集中精力做好外部协调工作和内部指导工作，力求以最少的人力、最短的时间、最高的质量完成收集市场信息资料的任务。

(三)总结阶段

总结阶段即分析报告阶段。这一阶段的任务是：资料的整理和分析、编写调研报告和报告跟踪。

整理资料，就是运用科学方法，对调研资料进行审核分类和分析，使之系统化、条理化，并以简明的方式准确反映调研问题的真实情况。

市场调研报告是市场调查研究成果的集中体现。市场调研报告要根据调研任务、目的和所收集到的市场信息资料，经过分析研究，做出判断性结论，提出建设性的措施、意见，使调研报告在企业生产、营销工作中起到指导性的作用。

第二讲　大数据时代的资料采集

一、常用的调研方式

市场调研方式主要分为两大类，抽样调查和全面调查。抽样调查是一种非全面调查，它是从全部调研对象中抽选一部分单位进行调研，并据以对全部调研对象做出估计和推断的方法。抽样调查被广泛地应用在营销调研活动中，因为相比较全面调查，抽样调查可以节省时间和调研经费，并且可以利用数理统计技术进行误差控制，保证调查结果的科学性。

根据抽选样本的方法不同，抽样调查可以分为概率抽样和非概率抽样两大类。概率抽样是按照概率原理从调查总体中，依据随机原则来抽选样本，并从数量上对总体的某些特征做出估计推断的抽样方式。所以，概率抽样在从总体中抽取样本单位时，完全排除了人为主观因素的影响。而非概率抽样不遵循随机原则，是根据调研人员主观设立的判断标准来抽选样本的方法。下面介绍三种常用的调研方式。

（一）等距抽样

等距抽样也称系统抽样或机械抽样。它是首先将总体中各单位按一定顺序排列，根据样本容量要求确定抽选间隔，然后随机确定起点，每隔相同的间隔抽取一个样本的抽样方式。等距抽样方式运用的关键是确定抽样间隔和第一个样本，最主要的优点是简便易行，且当对总体结构有一定了解时，充分利用已有信息对总体单位进行排队后再抽样，如开展消费者生活消费支出调查，按居民现成的住户门牌、户口册、姓氏笔画等排列，则可提高抽样效率。

【同步案例 2-4】

等距抽样方式操作

假设某地区有零售店 12000 户，拟采用等距离抽样方法抽选 100 户进行调查。

第一步，先将总体调查对象（12000 户零售店）进行编号，即 001 号至 12000 号。

第二步，确定抽样间隔。已知调查总体 $N=12000$，样本数 $n=100$ 户，故抽样间隔 $=12000/100=120$。

第三步，确定起抽号数。用 10 张卡片从 000 号至 009 号编号，然后从中随机抽取 1 张作为起抽号数。如果抽出的是 003 号，003 号则为起抽号数。

第四步，确定被抽取单位。从起抽号开始，按照抽样间隔选择样本，本例从 003 号起每隔 120 号抽选一个，直至抽足 100 个为止。

问题：等距抽样的本质是什么？

分析提示：等距抽样是一种概率抽样，所以本质上必须遵循随机原则，即保证每个可能的样本被抽中的概率相等。简单随机抽样一般可采用抽签、查随机数表等办法抽取样本。在实际调研中，总体规模一般都比较大，简单随机抽样无法操作，就可以采用等距或者分层抽样。

（二）分层抽样

分层抽样又称分类抽样或类型抽样。它是把调查总体按照某种属性的不同分为若干层次或类型，计算出每一层次或类型应抽取的样本数，然后简单随机在各层次或类型中抽选样本的方式。按照各层次或类型之间的抽样比是否相同，分层抽样可分为等比例分层抽样与非等比例分层抽样两种。

【同步案例 2-5】

分层抽样方式操作

假设某次调查的总体单位数是4000人，其中高等收入的单位数为800人，中等收入的单位数为2000人，低等收入的单位数为1200人。高等收入阶层的标准差为500元，中等收入阶层的标准差为300元，低等收入阶层的标准差为100元，要求调查100人作为样本。分别求各层样本数并比较各层样本数的变化。首先，分层抽样的步骤包括：

1. 确认目标总体 N：本案例 $N=4000$

2. 决定样本数 n：本案例 $n=100$

3. 决定分层标志：选择分层标志(分层变量、指标)时原则上要求做到以下三个方面：

(1)相关性的原则，即要求所选择的分层标志与所调查的问题密切相关。

(2)易于测量和应用，即操作起来方便。

(3)分层后各层之间比较清晰，要求层内差异小、层间差异大而明显。

4. 将总体按照分层标志分成若干类，其中每一类称为一层；本案例以“收入”作为分层，把调查样本分为高等收入、中等收入和低等收入三种人群。

5. 在每一层中随机抽取出足够的样本。

(1)等比例分层抽样即在确定各层样本的数量时，按各个层中的个体单位数量占总体个体单位数量的比例分配各层的样本数量，即以各层所占总体的结构比例确定各层样本数。比例抽样法下的计算公式：$ni = n \times Ni/\sum Ni$。那么：

高等收入层样本单位数目为：800÷4000×100=20人

中等收入层样本单位数目为：2000÷4000×100=50人

低等收入层样本单位数目为：1200÷4000×100=30人

(2)非等比例抽样法又称分层最佳抽样法。它不是按各层单位数占总体单位数的比例分配样本单位，而是根据各层的标准差大小来调整计算各层的样本单位数。样本标准差主要用于反映某一资料内部的个体之间的差异情况。非等比例抽样的实质是以调查单位数和样本标准差两个因素为依据计算各层样本数。分层最佳抽样法下的计算公式：$ni = n \times NiSi/\sum NiSi$。那么：

高等收入层样本单位数目为：100×(400，000÷1，120，000)=35.7≈36人

中等收入层样本单位数目为：100×(600，000÷1，120，000)=53.6≈54人

低等收入层样本单位数目为：100×(120，000÷1，120，000)=10.7≈10人

问题：分层抽样方式有什么特点?

分析提示：分层抽样是科学分组与概率原理的有机结合，前者是划分出性质比较接近的层，以减少标志值之间的变异程度；后者是按照概率原理抽选样本。因此，分层抽样一般比简单随机抽样和等距抽样更为精确，能够通过对较少的样本进行调查，得到比较准确的推断结果，特别是当总体数目较大、内部结构复杂时，分层抽样常能取得令人满意的效果。因此，分层抽样是应用普遍的抽样方式。

（三）配额抽样

配额抽样是非概率抽样中使用最广泛的一种抽样方法。它是指调查人员根据调查总体的某些属性特征划分出总体的层次或类型，并对各层次或类型进行配额，然后依主观判断从各层次或类型中抽取一定数量样本的调查方式。按控制特征的要求不同，配额抽样可以分为独立控制配额抽样和相互控制配额抽样。

配额抽样的优点是易操作、节省时间和费用，样本分布在总体的各层中，由于层间差异较小因而样本的代表性较强，调查结果是可信的。其缺点是样本的最后确定是调研人员的主观判断，不可避免地可能出现判断偏差，且这种偏差无法估计和精确控制。

按分配样本数额时的做法不同，配额抽样分为独立控制和相互控制两种类型。独立控制配额抽样是指按一个或一个以上分类标准分别分配样本单位数额的抽样方法（见表 2-1）。相互控制配额抽样是指按两个或两个以上的分类标准交叉分配样本单位数额的抽样方法（见表 2-2）。

表 2-1　独立控制配额抽样样本设计

年龄组样本分配表		性别组样本分配表		收入组样本分配表	
年龄/岁	分配数额	性别	分配数额	月收入/元	分配数额
18~34	80	男	200	1000 以下	40
35~44	120			1000~3000	100
45~60	140	女	200	3001~5000	140
60 以上	60			5000 以上	120
合计	400	合计	400	合计	400

表 2-2　相互独立控制配额抽样样本设计

配额　分类 分类		月收入/元								合计 /人
		1000 以下		1000~3000		3001~5000		5000 以上		
性别		男	女	男	女	男	女	男	女	—
年龄/岁	18~34	4	4	10	10	14	14	12	12	80
	35~44	6	6	15	15	21	21	18	18	120
	45~60	7	7	17	18	24	25	21	21	140
	60 以上	3	3	8	7	11	10	9	9	60
小计		20	20	50	50	70	70	60	60	—
合计/人		40		100		140		120		400

二、主要调研方法

（一）二手资料采集法

在市场调研中，二手资料采集是非常基础的工作。一般在正式的大规模调研开始前，调研人员都需要查找二手资料来明确调研的目的、调研范围，了解市场背景资料。文献档案材料，包括图书、期刊、报纸、杂志、调查报告、政府文件、统计数据、会议记录、专刊文献、学术论文、档案材料等，还包括网络信息资料。这些都是二手资料。大数据时代，网络信息资料面多又广，大大加快和拓展了二手资料采集的速度和范围。

1. 文案调查法

文案调查法，是指调研人员从各种文献档案材料收集有关历史的和现实的各种市场信息资料的调查方法。此方法省时省力、成本低，不受被调查者主观因素的干扰，反映的信息内容较为客观。但是审核难度较大，首先，由于文献资料主要是历史的记载，时间一长，中间经多人传抄引用，其客观性、可靠性就需要检验，由于资料繁多，审核工作量大。其次，文献资料都是由前人有目的地加工、编写而成的，不可能与正在进行的调研项目完全一致，需要再做加工处理。最后，历史文献档案资料的查阅需要调研人员要有较高的文化水平，如要有较高的语言文字处理能力、某些领域的专业知识和查找文献的能力等，这在一定程度上限制了该方法的应用。

2. 网络搜索法

网络信息资料面多又广，不受时间和空间的限制，大大提高了二手资料收集的速度和范围，受到了调研公司和调研者的青睐。但是由于互联网的特殊性，网络信息的真实性无法鉴别，而其信息发布者可能是匿名，无法确定身份，致使信息来源不确定，所以，对资料的审核需要专业的知识和工具，这是非常重要的。网络调研可以利用搜索引擎（WWW）、数据库收集资料，也可以利用社交媒体平台收集资料。其中利用搜索引擎是最主要的方法。

（1）国内外搜索引擎越来越多，目前使用较多的有百度、搜狐、雅虎、新浪、网易、谷歌、必应、BT 搜索、今日头条等。使用搜索引擎可以按照分类、网站和网页来搜索关键字，从大类到小类不断缩小选择范围。为提高查找效率和准确度，可以通过搜索引擎提供的搜索功能直接输入关键字进行查找。

（2）网站数据库，即动态网站存放网站数据的空间，也称数据库空间。现大多网站都是由 ASP、PHP 开发的动态网站，网站数据有一个专门的数据库来存放。网站数据可以通过网站后台直接发布到网站数据库，网站则把这些数据进行调用。目前比较知名的网站数据库有阿里云数据库、百度云云数据库、亚马逊 AWS 数据库，以及很多的在线百科等。

（3）社交媒体平台微信、微博、抖音、快手、小红书、B 站、知乎等诸多社交平台累积了无数用户，在移动互联网普及的今天，消费者获取信息的渠道也是消费渠道，消费者既是信息的接收者也是信息的发送者，企业营销重点开始偏向这些流量高地。

（二）一手资料采集法

一手资料来源于市场，是由调研人员通过现场实地调研直接收集。根据资料的性质和采集过程的不同，将采集方法分为定量研究和定性研究两大类。定量研究方法主要有三种：访问法、观察法和实验法。

1. 访问法

访问法又称询问调研法，是指调研人员通过询问的方式向被调研者了解、收集一手信息资料的调研方法。访问法是收集一手资料最主要的方法。访问，既可以通过口头语言，也可以采用问卷。因而，访问法有多种类型，常见的有面访法、电话访问法、邮寄问卷调查法、留置问卷调查法等，每种方法都有其特点（见表 2-3）。

表 2-3 五种访问方法的优缺点比较

	面访法	电话访问法	邮寄问卷调查法	留置问卷调查法	网络问卷调查法
调查范围	较窄	较窄	最广	较广	广
调查对象	可控可选	可控可选	一般	可控可选	一般
影响回答的因素	了解控制和判断	无法了解控制和判断	难了解控制和判断	能了解控制和判断	可以了解控制和判断
回收率	高	较高	较低	较高	较高
回答速度	可快可慢	最快	慢	较慢	较快
回答质量	较高	高	较低	较高	一般
平均费用	最高	低	较低	一般	较低

（1）面访法可以对调研问题进行较深入访问，谈话内容伸缩性强，彼此可以沟通，便于引导和激励，能获得较多的一手市场信息资料。但面访调查花费时间较长，费用较高，调研对象不广泛，访谈过程很难完全排除主观因素的影响，还受被调研者的条件和态度限制，对访谈员的要求也比较高。根据地点的不同，面访法可以分为定点访谈、入户访问、拦截访问等具体情形。

（2）电话访问法适合于热点问题、突发性问题、特定问题和特殊群体的调研。近年来，我国通信技术快速发展，移动电话普及率大大提高，电话调研能够快速获得市场信息资料、节省调查经费，而且不受其地理区域限制。但是电话访问只能调研较为简单的问题，且时间不宜太长。

（3）邮寄问卷调查法是指调研人员将设计、印刷好的问卷，通过邮寄方式送给被调研者，由被调研者按要求填写后再寄回来，以获取市场信息资料的方法。此方法调研的区域范围大，调研对象的数量可大大增加；调研成本较低，只需花费少量邮资和印刷费用；被调研者有较充分的时间填写问卷。但缺点是问卷回收率较低，寄出的问卷往往不能按期收回；无法对被调研者进行必要的解释和指导，容易产生填写的差错；调研所需时间较长。

（4）留置问卷调查法是指调研人员将问卷当面交给被调研者，并说明调研目的和填写要求，留下问卷由被调研者自行填写，再由调研人员定期收回问卷的一种调研方法。留置问卷调查法是介于邮寄问卷调查法和面访法之间的一种方法。

(5)网络问卷调查法是当前市场调研中普遍应用的方法。调研者将问卷发送到网站、电子邮箱或留言记录中，等待调研受众上网后浏览并完成问卷反馈回来，从而完成资料信息的收集工作。当前很多提供样本库、问卷设计、发布以及问卷分析的调研网站，如问卷星、问卷网、千库网、问卷帮、腾讯问卷、51调查网等，都能提供专业的在线问卷调研服务。

扫一扫，看学习资料

2. 观察法

观察法是指调研者利用自身的感官或借助仪器设备观察被调查者的行为活动，从而获取市场信息资料的调研方法。由调研人员凭借自己的感觉器官观察记录有关内容，称为人工观察；使用一些先进的设备、手段，如录音、摄像等进行观察，称为仪器观察。仪器观察已经应用到市场调研的绝大多数领域，也正是因此，引发了社会大众对隐私权的高度关注。比如当你意识到自己在商场购物、电影院看电影的一举一动都被摄像头记录下来，你是否也会产生这样那样的忧虑。

观察法的优点是：首先，观察法具有直观性，能客观地收集第一手的市场信息资料。观察实施时调研人员与被调研者没有接触，被调研者不知道自己在被观察，是按照自己的生活规律和心理在活动，因而观察收集的资料真实可靠、准确性高，调研结果更接近实际。其次，观察法简便、易行，有较大灵活性。再次，观察法不受被调研者态度或语言能力方面的限制，调研的适用性较强。

(1)根据观察方式不同，分为直接观察和间接观察两类。直接观察，又称现场观察，指调研者到商场、展销会、交易会等现场，观察和记录顾客的购买情况、购买偏好、同类产品竞争程度、新产品的设计以及各种商品的性能、样式、价格、包装等。间接观察，又称痕迹观察，指通过对市场现象发生的环境、行为痕迹等进行观察，以便间接反映市场现象的状况和特征。

(2)根据观察的内容不同，可以分为需求观察、行为观察、店铺观察、流量观察等。需求观察，是对消费者的购买行为和偏好进行观察，了解消费者喜爱的商品种类品牌、规格、款式、价格、包装等市场信息资料。行为观察，是对顾客或竞争者的行为进行观察，了解顾客生活习性、购买行为规律等，或了解竞争对手的营销策略和活动。店铺观察，是对商场购物环境、商品陈列、橱窗布置、现场广告、服务方式等的调研，用以了解和判断这些因素对店铺销售的影响。流量观察，是调研某一区域的车流量、人流量及其方向的方法，用以了解该区域的交通状况、商业价值。

【同步案例2-6】

环球时装公司的调研之法

日本服装业之首的环球时装公司，由20世纪60年代创业时的零售企业发展成为日本有代表性的大型企业，靠的主要是第一手“活情报”。他们在日本81个城市顾客集中的车站、繁华街道开设侦探性专营店，陈列公司所有产品，给顾客以良好的综合印象，售货员的主要任务是观察顾客的采购动向。事业部每周安排一天时间全员出动，3人一组、5人一群，分散到各地调研，有的甚至到竞争对手的商店观察顾客情绪，向售货员了解情况，找店主聊天，调研结束后，当晚回到公司进行讨论，分析顾客消费动向，提出改进工作的新措施。日本经销该公司时装的专营店和兼营店均制有顾客登记卡，详细地记载每一个顾客的年龄、性别、体重、身高、体型，现时穿着及家中存衣的情况。这些卡片通过信息网络储存在公司信息中心，只要根据卡片就能判断顾客眼下想买什么时装，今后有可能添置什么时装。

问题：本案中日本环球时装公司采用了什么调研方法？

分析提示：该公司主要采用了观察法，如售货员的主要任务是观察顾客的采购动向和情绪；其次是面访法，即由调研员与售货员、店主、顾客等聊天；最后还有问卷调查法，在店内设置的顾客登记卡，实际上就是一种卡片式问卷。

3. 实验法

实验法是按照一定的条件假设，通过改变市场环境中的一个或几个因素(变量)来看这种改变对所要调研的市场现象产生什么影响，从而认识市场现象的本质及其发展规律。实验法主要有两种，一种是实验室实验，另一种是现场实验。现场实验，即在现实市场中来进行，比如试销，将新产品投入某些有代表性的市场上销售，来了解消费者对新产品的认识程度、接受程度。

实验法的优点是：能获得市场情况的第一手信息资料，而且可靠性较强，可信度较高；可以探索市场现象之间不明确的因果关系，排除了主观推断，结论的科学性强；为预测未来的市场需求提供客观根据。企业要想知道改变老产品的质量、价格、包装、款式等，会产生多大的促销效果，就需在特定的地区和时间内进行小规模试验改革，了解市场反应，然后根据试验的初步结果，考虑是否需要大规模推广，或者决定推广的规模。

实验法的主要应用在产品价格实验、产品改进效果实验、市场饱和度实验、广告效果实验等领域。这一方法的局限是：调查费用高、时间长、管理控制难，也只适合于对当前市场变量的分析，无法研究过去的情况。

【同步案例 2-7】

什么样的咖啡杯最受欢迎？

某公司准备改进咖啡杯的设计，为此进行了市场实验。首先，他们进行咖啡杯选型调研，公司设计了多种咖啡杯子，让500个家庭主妇进行观摩评选，研究主妇们用干手拿杯子时，哪种形状好；用湿手拿杯子时，哪一种不易滑落。调研结果表明，选用四方长腰果型杯子较为理想。然后公司对产品名称、图案等也进行造型调研。

接着他们利用各种颜色会使人产生不同感觉的特点，通过调研实验，选择了颜色最合适的咖啡杯子。公司调研的方法是，首先请来了30多个被调研者，要求他们每人各喝4杯相同浓度的咖啡，但是咖啡杯的颜色分别为咖啡色、青色、黄色和红色4种。试饮的结果，使用咖啡色杯子的人认为“太浓了”的占2/3，使用青色杯子的人大都认为“太淡了”，使用黄色杯子的人主要倾向于“不浓，正好”。而使用红色杯子的10人中，有9个说“太浓了”。根据这一调研结果，公司咖啡店里的杯子以后一律改用红色杯子。结果这种咖啡杯投入市场后，与市场上的其他公司的产品开展了激烈的竞争，以销售量比对方多两倍的优势取得了胜利。

思考：该公司的市场实验方法具有什么特点？

分析提示：该公司应用了实验法来收集信息以为产品包装决策提供信息支持。这一方法的特点是在现实市场中进行，能获得市场中最真实的一手资料，可信度高，但是耗费高、时间长，因为实验的变量控制须有专业人员来设计并进行过程控制，只有这样才能保证实验结果的可靠性。

第三讲　大数据时代的资料分析

一、资料分析方法

（一）定性分析方法

定性分析是指对不能量化的现象进行系统化理性认识的分析，其方法依据是科学的哲学观点、逻辑判断及推理，其结论是对事物的本质、趋势及规律的性质方面的认识。定性分析方法又可以分为归纳分析法、演绎分析法、比较分析法、结构分析法和对比分析法。

定性分析的特点是：①多靠经验和专门知识判断，易受研究者和被研究者以及背景的影响。②注重对调研对象整体发展的分析，即通过分析把握调研对象的质的发展。将调研对象作为一个完整的整体，分析整体内部各子系统之间的关系，最终把握整体状况的发展。③针对模糊的、不能量化的现象，主要分析借助的资料，往往是利用调研对象的一些文字表述的资料，带有很大程度的不确定性。④分析的方法是对搜集的资料进行归纳逻辑分析。

（二）定量分析方法

定量分析指从事物的数量特征方面入手，运用一定的数据处理技术进行数量分析，从而挖掘出数量中所包含的事物本身的特性及规律性，进而挖掘出数量中所包含的事物本身的特性的分析方法。

定量分析的特点是：①通过分析可以得出清晰、精确的数理化描述。②可以对未来市场变化进行科学预测。所以，定量分析方法也是市场预测方法。③可以推论总体发展的水平。所以，定量分析方法和随机抽样方法的数理逻辑是一样的。

（三）描述性统计分析方法

除了上述两类方法外，市场营销调研分析中还有描述性统计分析、推理性统计分析、差别性统计分析、相关性统计分析和预测性统计分析等几类方法描述。（见表 2-4）

其中，最常用的是描述性统计分析，主要包括对调研数据的分组分析、集中趋势分析、离散程度分析和相对程度分析、指数分析。所谓描述性统计分析，是指对被调研总体所有单位的有关数据进行整理和计算综合指标等的加工处理，是用来描述总体特征的统计分析方法。

表 2-4　市场营销调查分析中常用的统计分析类型

类型	说明	例子	统计概念
描述性	数据压缩	描述典型的被访问者，描述回答类似程度	均值、中值、众数、频率分布、标准差
推理性	决定总体参数，检验假设	估计总体值	标准误差、零假设
差别性	确定组与组之间是否存在差异	估计一个样本中两组均值的差异的统计重要性	差别的检验、方差分布
相关性	确定联系	确定两个变量是否存在系统状态下相关	简单相关系数、交叉表、单因素方差分析、回归分析
预测性	预测以统计模型为基础	给出 x 的数量，估计 y 的水平	时间序列、回归分析

例如，数据的集中趋势分析通常对以下指标进行研究：①对调查数据公布的数量规律性的集中特征进行分析，是对被调研总体的特征进行准确描述的重要前提。数据集中趋势分析的对象，包括数据的均值(各类平均数)、中位数和众数。②均值是数据偶然性和随机性的一个特征值，反映了一些数据必然性的特点。③众数是总体中出现次数最多单位的标志值，也是测定数据集中趋势的一种方法，克服了平均数指标会受数据中极端值影响的缺陷。④中位数的确定可以未分组资料为基础，也可由分组资料得到。它同样不受资料中少数极端值大小的影响。在某些情况下，用中位数反映现象的一般水平比算术平均数更具有代表性，尤其对于两极分化严重的数据，更是如此。

二、市场预测方法

市场预测方法可以分为两大类：定性预测方法和定量预测方法。

定性预测方法，是指预测者根据已经掌握的部分历史和的直观的资料，运用个人的经验和主观判断能力对事物的未来发展做出性质和程度上的预测。常用的定性预测法有个人经验判断法、集体经验判断法和专家预测法。其中专家预测法又分为：专家意见集合法、专家意见汇总法和德尔菲法。

扫一扫，看学习资料

定量预测法是根据比较完备的历史和现状统计资料，运用数学方法对资料进行科学的分析、处理，找出预测目标与其他因素的规律性联系，对事物的发展变化进行量化推断的预测方法。定量预测方法包括两大类：时间序列预测法和因果分析法。

(一) 专家预测法

专家预测法是邀请有关方面的专家，通过会议形式，对市场未来需求趋势或企业某个产品的发展前景做出判断，并在专家们分析判断的基础上综合专家们的意见，进行市场分析预测的方法。

1. 专家预测法操作步骤

(1)选择专家。

专家预测法预测能否取得成功，在很大程度上取决于专家的选择。专家选择应依据以下要求：一是专家要有丰富的经验和广博的知识。专家一般应具有较高学历，有丰富的与预测课题相关的工作经验，思维判断能力敏锐，语言表达能力较强。二是专家要有代表性。要有各个方面的专家，如市场营销专家、管理专家、财务专家、生产技术专家等，不能局限于一个方面。三是专家要有一定的市场调研和市场预测方面的知识和经验。

(2)召集专家会议。

第一步，做好会议的准备工作。包括确定会议的主题，确定合适的主持人，选好会议的场所和时间，确定会议的次数，准备会议的记录分析工具。

第二步，邀请专家参加会议。邀请出席会议的专家人数不宜太多，一般 8~12 人最好，要尽量包括各个方面的专家，专家要独立思考，不受某个权威意见所左右。

第三步，控制好会议的进程。会议主持人提出预测题目，要求大家充分发表意见，提出各种各样的方案。主持人不要谈自己有什么设想、看法或方案，以免影响与会专家的思路。对专家所提出的各种方案和意见，不应持否定态度，均应表示肯定和欢迎。

2. 专家预测法的优缺点

专家预测法的优点是：它将一些专家集合成一个小组，由主持人对他们同时进行访谈，这会比个人访谈收集到更多、更全面的信息和观点；与会专家能自由发表意见，各种观点能互相启发、借鉴，有利于集思广益，有利于预测意见得到修改、补充和完善。同时，专家预测法节省时间、节省费用、应用灵活方便。

专家预测法的缺点是：会议上与会人员的意见易被个别权威专家的意见所左右；由于与会人员的个性和心理状态，与会者有时不愿发表与众不同的意见，或出于自尊心不愿当场修改已发表过的意见。因此，会议最后的综合意见，可能并不完全反映与会专家的全部正确意见。但是，在难以进行定量分析的情况下，专家预测法仍不失为一种很有价值的预测方法。

(二)时间序列预测法

时间序列预测法是一种历史资料延伸预测，又称历史延伸法或趋势外推法，是根据市场现象的历史资料，运用科学的数学方法建立预测模型，以此来预测市场现象未来的发展变化趋势，或预计市场现象未来表现的数量。常见的时间序列预测法有简单平均法、加权平均法、移动平均法、指数平滑法、季节变动法等，以最简单的简单平均法为例：

该法是把若干历史时期的实际销售量的平均值作为下期预测值。这种方法基于下列假设："过去这样，今后也将会是这样"，把近期和远期数据平均化。因此，这个方法只适用于没有明显波动或较大增减变化的事件的预测。如果事物呈现某种上升或下降的趋势，就不宜采用此法。

公式为：$X = \frac{\sum_i}{n}(i = 1,2,3\cdots\cdots n)$

例：某巧克力厂 2014 年 1 月至 12 月销售额如表 2-5 所示，利用简单算术平均法预测 2015 年 1 月巧克力的销售额(单位：万元)。

表 2-5　某巧克力厂 2014 年 1 月至 12 月销售额

月份	1	2	3	4	5	6	7	8	9	10	11	12
销售额	80	116	75	61	70	76	72	68	82	85	60	109

根据简单算数平均法计算公式可得，

$$X=\frac{80+116+75+61+70+76+72+68+82+85+60+109}{12}=79.5(\text{万元})$$

即可预测该厂 2015 年 1 月巧克力的销售额为 79.5 万元。

(三)因果分析法

因果分析法，又称回归预测法，包括一元回归法、多元回归法。在经济活动中，许多经济现象都有一定的相互关系，如商品销售量的多少与消费者的购买力、商品价格等有关，研究者可以根据事物因果关系，找出变化的原因，对未来市场做出预测。因果分析法，就是通过对两个以上变量之间因果关系的分析，找出事物变化的原因，用数学的模型来预测事物未来发展变化的方法。

这种方法是建立在掌握大量数据的基础上，利用数理统计方法建立因变量与自变量之间的回归关系函数表达式(称回归方程式)来完成的，结果比较精确。对于现在的企业而言，因果分析是生产经营过程中最常用的决策依据。下面介绍一元回归分析法。

1. 一元回归分析法的含义

一元回归分析法，是在考虑预测对象发展变化本质的基础上，分析因变量随一个自变量变化而变化的关联形态，借助回归分析建立它们因果关系的回归方程式，描述它们之间的平均变化数量关系，据此进行预测或控制。

一元回归分析法包括线性与非线性两种。线性回归分析法是最基本的分析方法，一元线性回归是指事物发展的自变量与因变量之间是单因素间的简单线性关系。假设预测目标因变量为 Y，影响它变化的一个自变量为 X，因变量随自变量的增(减)方向变化。一元线性回归分析就是要依据一定数量的观察样本(Xi, Yi)$i=1, 2, \cdots, n$，找出回归直线方程：$Y=a+bX$。对应于每一个 Xi，根据回归直线方程可以计算出一个因变量估计值 Yi。通常在预测总成本时，可以以产量作为自变量，而以总成本作为因变量。我们做以下假设：

y，产品总成本；a，固定成本总额；b，单位产品的变动成本；x，产品产量

则产品总成本和产品产量之间的关系，可以用 $y=a+bx$ 的方程式来表示。利用多个相关数据的均值回归，得出 a 和 b 的值，即可进行预测。

2. 一元回归分析法的操作步骤

例如：假设某企业车间预测下个月的生产成本，经调查确定固定成本为 570 元，单位变动成本元是 55 元，用回归分析法建立数学模型为：$Y=570+55X$

式中：Y—该车间月生产总成本(元)，X—月产量(件)

那么，该车间月产品达到50件时的生产总成本计算值为3320元。

第一步，确定预测目标和影响因素。

这是回归分析的基础，只有当各因素存在相关关系时，才可用回归分析进行预测。

第二步，收集整理因变量和自变量观察样本资料。

第三步，建立数学模型。

根据已知的数据资料，找出变量之间相关关系的类型，并选择与其最为吻合的数学模型。

通过一元回归分析法含义的介绍，我们可以明确，一元线性回归预测的模型是：

$$y_i = a + bx_i$$

其中：x_i——自变量；

y_i——因变量；

a——回归系数；

b——回归系数。

模型中的系数 b，反映了 x 变化一个单位对 y 的影响程度，即反映了影响因素 x 对预测对象 y 的影响大小和方向。

第四步，检验和评价数学模型。

用数理统计方法检验数学模型，进行相关分析、方差分析与显著性检验，并测量其误差大小和精确程度。

第五步，运用模型进行预测。

数学模型经检验后如果正确，即可用来进行预测和控制了。

第四讲　市场营销环境分析

一、市场营销环境的定义和特征

(一)市场营销环境的定义

市场营销环境是指与企业市场营销相互关联的，具有影响产品的供给与需求的各种外界条件和因素的综合。具体而言，企业的市场营销环境可分为宏观环境和微观环境两大类(见图2-2)。这两类环境都影响着企业的市场营销目标的实现。因此，掌握和了解市场营销环境，善于适应不同的市场环境，是企业需要考虑的重要任务，与企业的生存发展紧密相连。

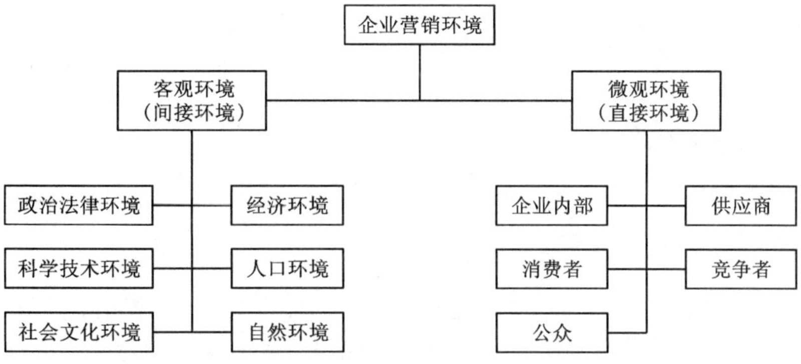

图 2-2 企业营销环境构成

（二）市场营销环境的特征

不同的环境因素对企业营销活动的影响和制约也不尽相同，同样的环境因素对不同的企业所产生的影响也会大小不一。但一般来说，市场营销环境都具备以下一些特征：

1. 客观不可控制性

客观不可控制性是首要特征。市场营销环境具有客观强制和不可控制的特点，营销环境的存在不以营销者的意志为转移。不管你承认与否，企业只要从事市场营销活动，就必须面对这样或那样的环境条件，无法摆脱受到各种各样客观环境因素的影响和制约，必须在特定环境的环境中生存和发展。

2. 差异性

营销环境的差异性体现在两个方面。其一，不同的企业受不同环境的影响。如不同的国家、地区、民族在人口、文化、政治、经济、自然环境等方面存在着广泛的差异性，这些差异对企业的影响显然是不相同的。其二，即使是同样的环境因素对不同企业的影响也不同。

3. 相关性

市场营销环境可以看作一个综合生态系统，各个影响因素是相互依赖、相互作用和相互制约的。某一个环境的变化可能会引起其他因素的变化。例如，汽油价格不但受市场供求关系的影响，还受国际政治因素、国家相关规定、新能源开发的影响。

4. 多变性

市场营销环境是一个动态多变的环境。当然，市场营销环境的变化是有快慢大小之分的，以中国所处的宏观环境来说，现在的环境与改革开放前的环境已经有了翻天覆地的变化。企业的营销活动必须适应环境的变化，只有不断调整自己的营销策略才能应对多变的市场营销环境。

5. 企业对环境的能动性

企业可以以各种不同的方式增强适应环境的能力，合理规避来自环境的威胁，在变化的环境中寻找新的机会，并且能够尝试在一定条件下改变环境。其次，企业可以运用自身各种营销宣传手段，如广告、公关等促销手段等来创造需求、引导需求，促使某些环境因素向有利于企业营销的方向转化。

二、市场营销环境分析的方法

（一）SWOT 分析法的定义

在营销环境分析中较多运用一种简便易行的 SWOT 分析法。SWOT 分析法是一种根据企业自身的既定内在条件进行分析，找出企业的优势、劣势及核心竞争力之所在的企业战略分析方法。其中战略内部因素 S 代表 strength（优势），W 代表 weakness（弱势）；外部因素 O 代表 opportunity（机会），T 代表 threat（威胁）。通过 SWOT 分析，可以帮助企业把资源和行动聚集在自己的强项和有最多机会的地方。

1. 优势、劣势分析

优势是相对于确定的竞争对手而言，企业所具有的有利的因素；劣势则是相对于确定的竞争对手而言，企业本身存在的不利的因素。换句话说，优势是企业较之竞争对手在哪些方面具有不可匹敌、不可模仿的独特能力，而劣势是企业较之竞争对手在哪些方面具有的缺点与不足。

在进行优势、劣势分析时必须考虑到价值链上的每个环节，将企业与竞争对手进行详细对比。例如产品是否新颖，制造工艺是否复杂，销售渠道是否畅通，以及价格是否具有竞争优势等。衡量一个企业及其产品是否具有竞争优势，必须站在现有和潜在消费者的角度上，而不是站在企业的角度上。

2. 机会、威胁分析

环境发展趋势分为市场机会和环境威胁两类。机会是外部环境变化趋势对本企业营销有吸引力的、积极的、正能量的方面。在这一领域中，企业将拥有竞争优势。威胁是外部环境变化趋势对本企业营销有排斥力、消极的、具有负能量的方面。如果企业对环境威胁不采取果断的战略措施去应对或规避，这种不利趋势将导致企业的竞争地位受到削弱甚至导致企业爆发危机，影响企业的生死存亡。

企业针对内外部环境中的关键战略要素进行匹配，可以设计出四大类基本战略方案，具体如表 2-6 所示。

表 2-6　企业营销环境的 SWOT 分析示意

内部条件 / 外部条件	优势（S） （具体列出）	劣势（W） （具体列出）
机会（O） （具体列出）	SO 战略 （依靠内部优势，利用外部机会）	OW 战略 （利用外部机会，克服内部劣势）
威胁（T） （具体列出）	ST 战略 （利用内部优势，避开外部威胁）	WT 战略 （减少内部劣势，避开外部威胁）

（二）SWOT分析法的步骤和技巧

1. SWOT分析法的思路和原则

企业要制定某项营销战略，首先必然是尽可能全面扫描自身营销环境中的各种因素，不但要列出各项因素，还要确定各种因素影响的大小及出现的概率。

（1）企业之所以要进行市场环境扫描，是需要找出市场环境中对企业市场营销活动有利的因素，利用这些市场机会；同时分析那些对企业市场营销活动不利的因素，尽量回避或者减少环境威胁。

（2）企业还需要对内部各种因素进行分析，通过分析，找到相较于竞争对手而言的优势因素和劣势因素。

（3）最后企业需要根据市场环境中的机会、威胁和企业内部的优势、劣势等因素的组合，制定相应的市场战略。

分析环境因素的基本原则是利用环境机会、发挥企业优势能力。

2. SWOT分析法的操作步骤

SWOT分析法的运用，简单地来说，可以按照四步走：

第一步，对市场调研收集来的第一手、二手资料进行分析。

第二步，从调研所得信息中提炼出公司自身具备的优势、劣势，外部市场的机会与威胁。

第三步，填写SWOT矩阵表，尽量简洁、准确，每个因素都用序号标示出来，使得一眼便可看清楚企业的营销环境概况：相比对手，有几项优势、几项劣势；客观环境中存在哪些机会、哪些威胁。

第四步，形成营销战略，明确公司的定位和发展方向。

3. SWOT分析法运用的技巧

SWOT分析法的运用，需要掌握两个技巧：

（1）调研有效的信息资料，发现企业所面临的各种机会和威胁，认知企业本身存在的各种优势和劣势。

（2）建立SWOT分析矩阵，将各种机会、威胁、优势、劣势分别按重要程度依次排列在矩阵中，确定企业在市场中的位置。

【同步案例2-8】

广西茉莉花茶品牌“周顺来”的SWOT分析

广西横州市（原横县）的茉莉花茶已有400多年种植历史。横州市的茉莉花种植面积最大、产量最高。据统计，全世界60%、全中国80%的茉莉花产自横州市，因此横州市被誉为“中国茉莉之乡”，是我国最大的茉莉花生产基地与茉莉花茶加工基地。目前，当地有茉莉花茶企业130多家，但大多是来自北京、福建的企业，主要从事茉莉花生产及茶产品加工。本地自有茉莉花茶品牌只有10多个，其中成立于2009年的广西顺来茶叶有限公司，主营茉莉花茶系列产品，其继承的“周顺来”品牌是横州市百年老字号。“周顺来”茉莉花茶因品质优良，被选为第七届和第八届“全国茉莉花茶交易会”和“中国—国际茉莉花文化节”指定用茶。公司拥有茶园基地1550亩，拥有茶叶粗制厂和花茶加工厂各一间，2012年被确立为南宁市农业产业化重点龙头企业，2013年被确认为“广西农业标准化生产技术示范基地”。2014年被评为“中国茉莉花茶十大品牌企业”，并被广西农业厅确定为“广西农产品质量追溯体系建设首批试点单位”。但随着茉莉花茶市场竞争的日益激烈，企业发展也面临了不少问题。

“周顺来”品牌的SWOT分析：

1. 优势分析

(1) 产品好、位置优。广西横州市是全国最大的茉莉花主产区，该地区茉莉花以花期早、花期长、花蕾大、花色雪白、香味浓郁、产量高而著称。公司地址在横州市本地，可以有效利用当地茉莉花种植资源。

(2) 性价比高。公司产品定价非常亲民，以百姓茶为标签，每个家庭都买得起。

(3) 渠道业绩好。在天猫和淘宝上，广西顺来茶叶有限公司的“周顺来”茉莉花茶产品的线上销售业绩在广西本地茉莉花茶品牌中居于首位，在国内茉莉花茶品牌中也居于前列。

(4) 产品多元化。近年来，公司自主研制打造的“周顺来”牌系列茉莉花茶品牌：主打“顺茶”(茉莉绿茶)、“福茶”(茉莉红茶)两大系列以及“来茶”等各种名品茶叶系列，并根据不同消费群体的需求开发“礼顺人情”礼盒、纸杯茶等形态的茶叶茶品。2017年还成功研发出香氛系列产品——媚媚花语。“周顺来”茉莉花茶系列产品被评为“中国著名品牌”，荣获“中国—东盟具影响力茶叶十大品牌奖”。

2. 劣势分析

(1) 公司品牌影响力不足。前期需要大量投入宣传费用，在淘宝和天猫，综合排名前四位的茉莉花茶产品分别来自北京、安徽、福州等地，而“周顺来”则排名第五。

(2) 线上渠道不够完善。目前，广西茉莉花茶线上销售大部分是通过全国综合电商平台进行，通过微店和本地自营电子商务销售中心等销售的份额极少。

(3) 公司产业链延伸度不足。目前，公司主要做来料加工业务，低档花茶加工占企业经营业务总量的一半以上，经营收益有限。产业技术创新力度不足，跨界经营和深加工程度弱，在茉莉花产品的多层次、深层次开发与生产方面与国内其他大企业相比还有明显差距。

3. 机会分析

(1) 品牌化、高端化的市场趋势。近年来，花茶市场逐步由无品牌低档花茶向主打高端市场的花茶品牌和单品靠拢。而从行业的整体发展趋势来看，茉莉花茶市场或可成为未来新的市场增长点。

(2) 健康生活方式的普及。越来越多人追求健康的生活方式，对于茶的需求增加，而茉莉花茶兼有茉莉花和其他茶类的双重效用。《中药大辞典》中记载：茉莉花有“理气开郁、辟秽和中”的功效，并对痢疾、腹痛、结膜炎及疮毒等有很好的消炎解毒作用。常饮茉莉花，有清肝明目、生津止渴、祛痰治痢、通便利水、祛风解表、益气力、降血压、强心、防龋、防辐射损伤、抗衰老之功效，使人延年益寿、身心健康。常饮茉莉花茶还有松弛神经、消除紧张情绪的的功效。

(3) 政策大力支持当地电子商务发展。随着电子商务的快速发展，在“互联网+”背景下，政府出台的各项政策鼓励茉莉花茶企业积极开展线上营销，如设立了横州市电子商务产业园，横州市所有茉莉花茶品牌企业均进驻电子商务销售中心，多家茉莉花茶企业在淘宝、天猫、京东等综合电商平台上进行茉莉花茶销售，扩大了“横州市茉莉花茶”品牌宣传和影响力。

(4) 国际市场广阔。茉莉花茶作为我国传统的特种茶之一，长年远销日本、欧盟、北美、俄罗斯、东南亚等国家和地区，在国际市场保持良好发展势头。

4. 威胁分析

(1) 食品安全标准提高。随着居民和国家逐渐开始重视食品安全问题，食品安全与质量监管体系变得越来越严格，茶叶的农残卫生标准对产品提出了更高要求。

(2) 行业竞争激烈。茶叶销售过程中，不仅有咖啡、可乐等外部竞争的产品，还存在内部竞争的各类茶叶，如红茶、黑茶等都冲击并影响着茉莉花茶的市场占有率。

(3) 同类产品抢占市场空间。茉莉花茶加工的门槛过低，很多小型企业挤压市场空间。而国内一些知名大企业如张一元、吴裕泰等在产业加工科技、品牌传播和渠道建设方面都有很强实力，市场影响力比较大。

根据 SWOT 分析，提出营销战略：面对激烈的行业竞争和强大的竞争对手，充分发挥品牌已有优势，不断进行技术创新和产业链延伸，借力政府的扶持政策，大力发展线上渠道，利用“好一朵横县(现横州市)茉莉花”这个大招牌，打响“周顺来”这一广西本土优质茉莉花茶品牌。

即学即用

观看第 1 财经频道《深观察》栏目视频。

请思考回答以下问题：

1. 市场调研对企业有何作用？如何才能获取营销决策需要的市场信息？

2. 视频中提及在大数据时代，信息的获取方式发生了哪些变化？迫切需要解决什么问题？

要点巩固

1. 市场调研的主要内容包括哪些方面？
2. 市场调研如何组织，有哪些工作步骤？
3. 市场调研有哪些方法？
4. 市场信息分析方法有哪些？
5. 企业如何利用调研信息进行营销环境分析？
6. 请谈谈“君子取材(数据)，行之有道”，企业应如何守住信息安全的底线。

课堂延伸

在激烈竞争的市场经济中，企业要想成功地开展营销活动，需要大量市场信息来参考、决策。很多企业尽管开展了一些调研，得到的却是很多无效、过时、不可信、零乱无序的信息。越来越多的企业意识到了这方面的问题，并开始采取实际措施建立、改进、加强它们的营销信息系统，建立起营销数据库，进一步提升为营销决策支持系统。市场营销信息系统(marketing information system，MIS)，是指一个由人员、机器和程序所构成的相互作用的复合体，它连续有序地收集、挑选、分析、评估和分配恰当的、及时的和准确的市场营销信息，为企业营销治理人员制定、改进、执行和控制营销计划提供依据。市场营销信息系统的主要职能是：收集、处理、分析评价、储存和检索数据资料，以及有效地传递信息。

市场营销信息系统一般由四个子系统构成，即企业内部报告系统、营销情报系统、营销调研系统和营销分析系统。市场营销信息系统如图 2-3 所示。

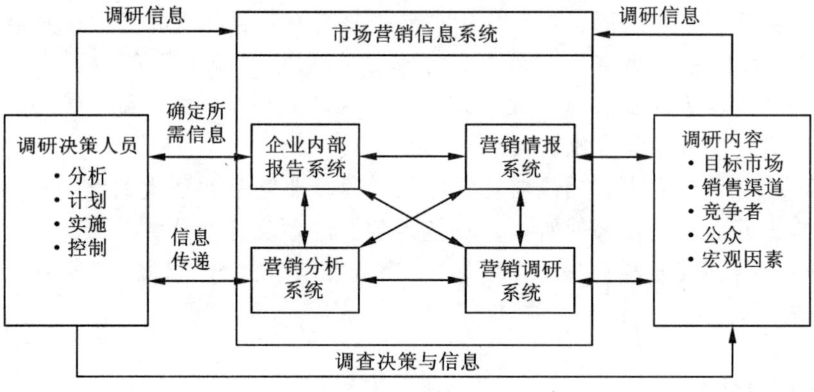

图 2-3　市场营销信息系统

项目三

洞察需求
——市场分析

项目概述：

主要介绍影响消费者购买行为的因素，马斯洛需要层次理论及其应用，以及对消费者需求、偏好和常见心理的洞察。

教学目标：

掌握影响消费者购买行为的因素；

掌握马斯洛需要层次理论的内容、特点及应用；

掌握洞察消费者需求的方法；

了解消费者偏好；

了解消费者常见心理。

教学重点：

影响消费者购买行为的因素；

马斯洛需要层次理论的内容、特点及应用；

洞察消费者需求的方法。

教学难点：

影响消费者购买行为的因素；

洞察消费者需求的方法。

学前问题

“营销，就是营销人性的弱点”。你同意这种说法吗？

思政先行

“称体重点餐”点餐模式

最近全国各地都在开展抵制餐饮浪费的活动，不少餐饮店也推出了N-1点餐模式、N-2点餐模式等。2020年8月14日，长沙市天心区步行街一餐饮店推出“称体重点餐”措施，顾客入店前可先称体重，然后根据店家推荐的食物热量配比“菜单”进行点餐，吃不完就打包，不剩菜，不剩饭。不过网友对此看法不一，有网友认为“测完可能就没心情吃了”。还有网友觉得此举有恶意营销之嫌。次日，长沙“称体重点餐”餐馆道歉，表示初衷是倡议杜绝浪费，健康点餐，并且没有要求强制称体重。对此，你怎么看呢？

案例中“称体重点餐”的措施虽然引起了争议，但餐饮店能够积极创新营销方法，引导消费者需求，是值得我们学习的。艰苦奋斗、勤俭节约是中华民族的传统美德。党的十八大以来，习近平总书记也在不同场合多次强调要制止餐饮浪费行为。面对餐饮浪费现象，习近平总书记在2020年做出重要指示，强调在全社会营造浪费可耻、节约为荣的氛围。“民以食为天，食以俭养德”，然而，有些人由于受到虚荣心、讲排场的社会风气影响，上饭店吃饭特别是多人参与的饭局普遍存在超量点餐现象，造成相当严重的“舌尖上的浪费”。真正的营销一定是引导消费者发现其自身需求，绝不是直接满足其需求！对于营销者来说，引导消费者厉行节约、合理消费、改变不良消费习惯，既是工作职责，也是社会责任。

思政学习园地

1.《习近平作出重要指示强调　坚决制止餐饮浪费行为切实培养节约习惯　在全社会营造浪费可耻节约为荣的氛围》。

2.《供需齐发力满足消费升级需求》。

扫一扫，看学习资料

扫一扫，看学习资料

理论精讲

第一讲　影响消费者购买行为的因素

营销是围绕消费者而展开的。对消费者购买行为进行分析是营销的一项必要工作。当消费者确立了购买意向以后，其购买行为的指向仍然是不确定的，因为在众多内外因素的影响下，消费者的购买行为会发生很大的变化。洞察消费者更多是发现、发掘消费者的需求。如果消费者的需求可以通过购买来满足，那么，消费者会经历一个购买决策的逻辑过程。接下来就需要着手分析影响消费者购买行为的个体因素、环境因素、营销因素，具体如图 3-1 所示。

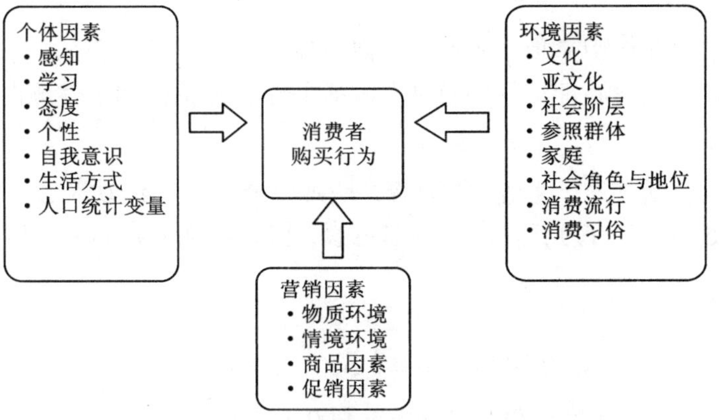

图 3-1 影响消费者购买行为的主要因素

一、个体因素

（一）感知

消费者如何购买，还要看他对外界刺激物或情境的反映，这就是感知对消费者购买行为的影响。感知指的是人们的感觉和知觉。随着感觉的深入，各种感觉到的信息在头脑中被联系起来进行初步的分析综合，形成对刺激物或情境的整体反映，就是知觉。知觉对消费者的购买决策、购买行为影响较大。在刺激物或情境相同的情况下，消费者有不同的知觉，他们的购买决策、购买行为也截然不同。

（二）学习

学习是指由于经验引起的个人行为的改变，即消费者在购买和使用商品的实践中，逐步获得和积累经验，并根据经验调整自己购买行为的过程。学习是通过驱策力、刺激物、提示物、反应和强化的相互影响、相互作用而进行的。驱策力是诱发人们行动的内在刺激力量。例如，某消费者重视身份地位，尊重需要就是一种驱策力。这种驱策力被引向某种刺激物——高级名牌西服时，就变为动机，然后做出购买反应。但他购买行为的发生往往取决于周围“提示物”的刺激，如看了有关电视广告、商品陈列后，才会完成购买。如果穿着很满意的话，他对这一商品的反应就会加强，以后如果再遇到相同诱因时，就会产生相同的反应，即采取购买行为。如反应被反复强化，就成为购买习惯了。

（三）态度

通过行为和学习，人们获得了自己的态度，而态度又反过来影响人们的购买行为。消费者对产品、品牌和企业的态度，可以建立在不同的基础上。例如，消费者认为“吸烟有害健康”，是基于知识储备；认为“汽车越小越省油”，则可能是建立在“见解”的基础上。而消费者一旦形成对某种产品或商标的态度，往往不易改变，企业应设法适应消费者持有的态度，也要努力去改变消费者的态度。

（四）个性

个性是指在不同环境中显现出来的，区别于他人的、相对稳定的，影响人的外显和内隐性购买行为模式的消费心理特征的总和，包括个性心理特征和个性倾向性。

1. 个性心理特征

个性心理特征包括气质、性格、能力等，是典型个人生理活动及行为差异的基本水平的反映和保证，使消费者行为表现出独特的色彩，构成丰富多彩的消费市场。

【同步案例 3-1】

扫一扫，看学习资料

赢得“00 后”消费者

与“60 后”“70 后”“80 后”“90 后”相比，“00 后”成长的环境史无前例：价值观更多元，环境更复杂，迭代更快速。这使得他们的性格、眼界、能力、“三观”与前人有着质的差异。“00 后”已逐渐形成了自己的消费观念和消费行为特点。未来 10 年，他们将成为各消费领域的核心人群。了解“00 后”的特点和喜好，拥抱他们的价值理念，对进一步释放他们的消费势能、做好消费领域的针对性布局具有重要意义。《腾讯“00 后”研究报告》显示，“00 后”的世界观、人生观、价值观和消费观等属性都表现出明显的不同，呈现出更多元化、包容化、自主化的特点。

该份报告显示逐渐“接棒”的“00 后”在消费态度上存在六大特点：

①更向往专注且有态度的品牌。

②愿意为自己的兴趣付费。

③在自己的能力范围内付费。

④KOL（意见领袖）的影响力在降低。

⑤内容 = 社交工具。

⑥国产品牌不比国外品牌差。

问题：1. 扫码阅读《腾讯“00 后”研究报告》，找出影响“00 后”消费者购买行为的因素有哪些？

2. 商家应如何赢得“00 后”消费者？

分析提示：“00 后”会比任何一个时代更加理想主义，“00 后”在成长的过程中不需要过多考虑经济上的问题，更加放心大胆地追求自己喜欢的事物，有机会体验新鲜事物。同时，他们在思想上更加独立自主、更能做到不被社会同化。准确把握他们的共性和个性才能真正打动这个群体。

（1）气质

消费者有各自不同的气质类型，这使他们的消费行为表现出特有的活动方式和表现方法。消费者气质类型包括：多血质、胆汁质、黏液质、抑郁质。大多数人都是近似某种气质类型，或是几种气质类型的混合，只是其中的某种类型更为突出。一般情况下，多血质和胆汁质消费者决策速度快一些，与售货员接触比较主动，相处比较容易；而黏液质与抑郁质消费者则相反，但他们在消费体验方面更深刻些。几种典型气质的心理行为表现如表 3-1 所示。

表 3-1　典型气质的心理行为的表现

气质类型	消费行为表现
多血质	随机型： 善谈——善于与营业员、其他消费者交流 善交往——乐于交际 善变——商品外表影响大，容易见异思迁
胆汁质	冲动型： 快——需求、动机的产生，购买决策、行为都很快 新——喜欢新颖、新奇的商品 急——心急口快，情绪易变，易冲动，靠感觉
黏液质	理智型： 冷静——善于控制，反应慢，认真、冷静、慎重地挑选 稳定——通过观察、比较后再买 自信——很自信，过多语言和过分热情会引起其反感
抑郁质	敏感型： 细致——观察商品认真仔细，决策优柔寡断 敏感——对他人将信将疑，犹豫不决 拘谨——行为拘谨，不愿与人沟通

(2)性格

消费者性格是指消费者在对待客观事物的态度和社会行为方式中所表现出的较为稳定的心理特征。它是一个人最本质、最核心、最有代表性的生动体现。具有不同性格的人，购买行为差异是很大的。消费者千差万别的性格特点，不仅表现在现实生活中，而且也表现在他们在商品购买活动中对各种事物的态度和习惯化的购买方式上。有的性格表露非常充分，非常明显，有的因周围环境的影响，只是表露出一部分。营销人员可以根据消费者的动作姿态、眼神、面部表情和言谈举止等判断其性格特点。

(3)能力

消费者能力包括对商品的辨别力、挑选力、评价力、鉴赏力、决策力等，每一方面都因人而异。消费者能力包括一般能力、特殊能力、人际交往能力、应变能力和消费者对自身权益的保护能力。消费者在购买商品的过程中，也需要运用多种能力。比如，购买服装时，就需要手的感觉能力，摸一摸服装的质地；需要观察力，观察服装的颜色是否适合，款式有无缺陷，制作是否精致，质量是否过关；还需要同其他服装比较一下，看看哪一种更适合自己的需要，哪种款式更好等。

2. 个性倾向性

个性倾向性主要包括个人需要、动机、兴趣、爱好、理想、信仰、价值观等，是决定个人行为态度表现的因素。消费者倾向于购买那些与他们具有相似“个性”的产品或那些使他们感到能使自己的某些个性弱点得到弥补的产品。

(1)需要

消费者需要是指消费者生理和心理上的匮乏状态，即感到缺少些什么，从而想获得它们的状态。个体在其生存和发展过程中会有各种各样的需要，如饿的时候有进食的需要，渴的时候有喝水的需要，在与他人交往中有获得友爱、被人尊重、自我实现的需要等。

(2)动机

消费者的动机是消费者购买并消费商品时最直接的原因和动力。在现实生活中，消费者受到某种刺激，其内在的需要就被激活了，进而产生了一种不安的情绪(紧张、不自在)。这种内在的不安情绪与可能解除生理缺乏的消费对象结合，演化成一种动力，即消费动机的形成。对消费者而言，消费动机激发消费者的需要，推动消费者去寻找能满足自己需要的东西，采取购买、消费行为，从而使生理上的不安情绪得到消除。

(3)兴趣

消费者兴趣是消费者对客观事物特殊的认识倾向。消费者对某种事物产生兴趣时，总是有喜欢、高兴、满意等情感相伴随。消费者如对某种商品产生兴趣，往往会主动收集有关信息，积累知识，为未来的购买活动打下基础。例如对汽车有兴趣的人，可能会为购车做长期的准备工作；对集邮、钓鱼、种花等有兴趣的消费者，会经常地去光顾有关商品的专业市场，会重复购买与此兴趣有关的商品。

(五)自我意识

自我意识是个体对有关自己一切方面的知觉、了解和感受的总和，是指自己可意识到的执行思考、感觉、判断的部分。它涉及“我是谁”“我是什么样的人”“我应该是什么样的人”等一些基本的价值判断。自我意识与生活方式有着非常密切的关系，在很多情况下，生活方式就是一个人自我意识的外在表述。在一定的经济收入和能力条件下，一个人所选择的生活方式在很大程度上受他的自我意识影响。如某消费者拥有一套豪华别墅，那他本人往往把自己看作是成功的和富有的。因为拥有豪华别墅说明他很富有，而富有是大多数人眼里成功的象征。

(六)生活方式

生活方式是一个人生活中表现出来的他的活动、兴趣和看法的整个模式，影响他对品牌的看法、喜好。营销者往往可以通过生活方式理解消费者不断变化的价值观及其对消费行为的影响。越来越多的企业按照消费者的生活方式来细分消费者市场，并且按照生活方式不同的消费群来设计不同的产品和安排市场营销组合。

(七)人口统计变量

1. 消费者的年龄

消费者对产品的需求会随着年龄的增长而变化，在生命周期的不同阶段，相应需要各种不同的商品。如在幼年期，需要婴儿食品、玩具等；而在老年期，则更多需要保健品和延年益寿产品。

2. 消费者的性别

性别是影响人们购买服装、鞋帽、化妆品等的重要因素，烟酒类产品较多为男性消费者购买，而女性消费者则喜欢购买时装、首饰和化妆品等。

3. 消费者的职业和地位

不同职业的消费者，对商品的需求与爱好往往不相同。如工人、农民、军人及教师，对不同产品及品牌会表现出不同的看法和购买意向，有不同的消费习惯。一个从事教师职业的消费者，一般会较多地购买书报杂志等文化商品；而对于时装模特儿来说，漂亮的服饰和高雅的化妆品则更为需要。消费者的地位不同也影响着其对商品的购买。身在高位的消费者，将会购买能够显示其身份与地位的较高级的商品。

4. 消费者的经济状况

消费者的经济状况即消费者的收入、存款与资产、借贷能力等经济状况会强烈影响消费者的消费水平和消费范围，并决定着消费者的需求层次和购买能力。消费者经济状况较好，就可能产生较高层次的需求，购买较高档次的商品，享受较为高级的消费。相反，消费者经济状况较差，通常只能优先满足衣食住行等基本生活需求。

二、环境因素

（一）文化

文化是人类欲望和行为最基本的决定因素。每一个社会和群体都有自己的文化，人们通过家庭、学校、组织等其他社会组织学习、模仿和接受本社会最基本的价值观、社会规范、宗教信仰、风俗习惯等一系列行为准则。这些都会影响人们对产品的评价和选择。不同的文化造就了不同的消费者购买观念。能满足文化需求的产品较易获得消费者的认可，反之会导致企业营销活动的失败。

【资料 3-1】

中西方饮食文化差异

中国人有句话叫“民以食为天”，可见中国人将吃饭看作头等大事。中国菜注重菜肴色、香、味、形、意俱全，甚至超过了对营养的注重，既要好吃又要好看，营养反而显得不重要了。西方的饮食比较讲究营养的搭配和吸收，是一种科学的饮食观念。西方人多注重食物的营养而忽略了食物的色、香、味、形、意如何，他们的饮食多是为了生存和健康，似乎不讲究味的享受。

（二）亚文化

一种文化会因各种因素影响，使价值观、风俗习惯及审美观等表现出不同特征，形成亚文化。它包括种族亚文化、宗教亚文化、民族亚文化和地域亚文化等。同一种亚文化的成员具有更明确的认同感和集体感，许多亚文化构成了重要的细分市场，营销人员就根据这些亚文化成员的需要设计产品、制定营销策略。

【资料 3-2】

地域亚文化

图 3-2 是中国部分省份拟人图。这些卡通形象可爱有趣，在无形中介绍了各省的特色，体现出一种地域亚文化。

图 3-2　中国部分省份拟人图

(三)社会阶层

人们根据职业、收入、教育、财产等因素，把社会划分为不同的社会阶层。在每一个社会阶层中，其成员的价值观、生活方式、行为方式有相似性。处于不同社会阶层的消费者，由于收入水平、职业特点不同，在消费观念、审美标准、消费内容和方式上存在明显差异，而所选择和使用的产品就会存在很大差异。因此，社会阶层不仅是影响消费者行为的重要因素，而且被用作细分消费者市场的重要依据。

在我国，上层消费者多拥有别墅，住宅区环境幽雅，室内装修豪华，家具和服装追求名牌，档次和品位也很高，拥有高档豪华轿车或者跑车；中层消费者住宅条件也较为不错，但他们中的一部分人对内部装修不是特别讲究，服装、家具不少但高档的不多，一般拥有家庭轿车；下层消费者的住宅环境较差，在服装与家具上投资较少，买不起家庭轿车。

(四)参照群体

参照群体也称相关群体或标准群体，是指对消费者的思想、态度、信念的形成具有一定影响的社会关系。消费者作为社会一员，在日常生活中要经常与家庭、学校、工作单位、左邻右舍、社会团体等发生各种各样的联系。这些参照群体是消费者经常接触，关系较为密切的一些人。由于经常在一起学习、工作、聊天等，消费者在购买商品时，往往受到这些人对商品评价的影响，有时甚至是决定性的影响。

（五）家庭

家庭是消费者最基本的相关群体，因而家庭成员对消费者购买行为的影响最强。现在大多数市场营销人员都很注意研究家庭不同成员，如丈夫、妻子、子女在商品购买中所起的作用。一般来说，夫妻购买的参与程度大都因产品的不同而有所区别。家庭主妇通常是一家的采购者，特别是在食物、家常衣着和日用杂品的购买方面，传统上更主要由妻子承担。但随着知识女性事业心的增强，男子参与家庭消费和家务劳动风气的逐步兴起，生产和销售基本生活消费品的企业应针对男性调整市场营销策略。当然，当家庭购买价值昂贵或是不常购买的商品时，其决策并不总是由丈夫或妻子单方面做出，往往由夫妻双方包括已长大的孩子共同做出。

家庭生命周期是一个以家长为代表的家庭生活的全过程，从青年独立生活开始，到年老后并入子女的家庭或死亡时为止。在不同阶段，同一消费者及家庭的购买力、兴趣和对产品的偏好也会有较大差别，具体如表 3–2 所示。

表 3–2 各生命周期的消费行为表现

家庭周期	消费行为表现
单身期	主要消费于服装、约会、音乐、餐馆、度假等
初婚期	主要是家常日用品及休闲、度假等，多注重文化体育旅游等精神方面的消费
满巢期	主要是子女的形象用品和生活用品；孩子参加工作、未婚前，更换家具、家用电器、举家外出旅游等
空巢期	主要消费健身器材、保健用品，享受或外出旅游等；很少购买大件商品，仅以日常消费品为主
解体期	依靠子女的老人消费基本上以吃和保健为主，穿、用方面的消费是很低的；有较多退休金的老人，花钱满足自身的嗜好，如养植花木、观鱼赏鸟或读书、作画、写字、收藏等

（六）社会角色与地位

社会角色是指个人在群体、组织及社会中的地位和作用。一个人在一生中会加入许多群体，如家庭、班级、俱乐部及其他多种社团组织。每个人在各个群体中的位置可用角色身份来确定，并随着不同阶层和地理区域而改变，在不同的环境中扮演着不同的社会角色，塑造不同的自我，具有不同的行为。例如，某人在父母面前是儿子，在子女面前是父亲，在妻子面前是丈夫，在工作单位是总经理……消费者往往结合自己的社会角色和地位做出购买选择，许多产品和品牌由此成为一种社会角色和地位的标志或象征。因此，社会角色地位的不同会在很大程度上影响消费者的购买行为。

（七）消费流行

消费流行是在一定时期和范围内，大部分消费者呈现出相似或相同行为表现的一种消费现象，具体表现为多数消费者对某种商品或时尚同时产生兴趣，而使该商品或时尚在短时间内成为众多消费者狂热追求的对象。此时，这种商品即成为流行商品，这种消费趋势也就成为消费流行。消费流行是对消费市场、消费者行为影响最突出、最直接的一种消费现象，既反映了一个社会的经济发展水平，也反映了特定历史时期的社会心理特点和社会行为倾向。

【同步案例 3-2】

酵母卖“疯”了，销售额是去年的 10 倍！发生了什么？

新型冠状病毒肺炎疫情期间，面粉和酵母已成为“爆品”。在上海的大型超市，销售人员表示，2020 年 2 月至今面粉销售有显著的增加，2021 年 3 月下旬出厂的面粉已经上架了。业内人士表示，各大品牌的面粉销售在 2021 年 2 月以来，销售额是去年同期的 4 倍，像蛋糕粉、淡奶油等烘焙相关的产品，销售额也同比增长了将近 300%，而酵母在 2 月上旬的销售额甚至达到了去年同期的 10 倍。

问题：什么原因使面粉、酵母成为厨房里的新宠？

分析提示：疫情期间，不管愿不愿意，大家都成了“御宅族”。面粉、酵母是继口罩、消毒用品、一次性手套等防护用品和厕纸之后又一市场紧缺商品。在家无聊时，很多人都把自己“宅”成了大厨，开始尝试各种面食和烘焙，导致对面粉、酵母的需求激增。

（八）消费习俗

消费习俗是指消费者受共同的审美心理支配，一个地区或一个民族的消费者共同参加的人类群体消费行为。它是人们在长期的消费活动中相沿而成的一种消费风俗习惯。在习俗消费活动中，人们具有特殊的消费模式，主要包括人们的饮食、婚丧、节日、服饰、娱乐消遣等物质与精神产品的消费。消费习俗促成了消费者购买心理的稳定性和购买行为的习惯性，强化了消费者的消费偏好，使消费者心理与行为的变化趋缓。

三、营销因素

（一）物质环境

物质环境可以包括很多方面，这里的物质环境主要是指与消费者购买行为有关的商店布局与商品陈列两个方面。

1. 商店布局

商店布局是指商店内外的布局与设计。商店的地理位置、招牌名称、店面设计及橱窗布置等都能对消费者产生或大或小的影响。

2. 商品陈列

商品陈列指的是商品在货位、货架和柜台内的摆放、排列等。从促销的角度看，商品陈列可以作为最直接的实物广告对消费者产生影响。

(二) 情境环境

情境既不是客观的社会环境，也不是可见的物质环境，而是与二者有关的独立于消费者和商品本身属性以外的一系列因素的组合，包括颜色、气味、声音、照明等物理环境，同伴和营业员等人际环境，以及购买时间、购买任务、人员密度、心境等。

(三) 商品因素

商品本身的因素，如商品名称、商标、包装等，不仅具有认识、识别及保护商品的作用，同时还能对消费者的行为产生影响，具有刺激或抑制消费者购买欲望的作用。

价格是商品价值的货币表现形式，而商品价格的高低，直接关系到买卖双方的切身利益，也直接影响消费者对某些商品的购买意愿和购买数量。所以，商品价格是消费者购买心理中最敏感的因素。价格作为客观因素，对消费者的购买心理必定产生影响，进而影响消费者的购买行为。

(四) 促销因素

企业为了取得营销活动的成功，就要采取适当的方式促进产品的销售。所谓促销是企业通过与消费者的信息交流来引起人们的兴趣并说服他们试用和购买其产品的活动。根据不同的情况，将人员推销、广告、营业推广和公共关系四种促销方式进行适当搭配，能使其发挥更好的整体促销效果。

第二讲　马斯洛需要层次理论

一、马斯洛需要层次理论

马斯洛指出，人们需要动力实现某些需要，有些需要优先于其他需要。马斯洛的需要层次理论是心理学中的激励理论，包括人类需要的五级模型，通常被描绘成金字塔内的等级。从层次结构的底部向上，需要分别为：生理需要、安全需要、社交需要、尊重需要和自我实现需要。

二、马斯洛需要层次理论的基本内容

(一) 生理需要

生理需要是指人类为维持和延续个体生命所必需的一种最基本的需要。如满足解饥、御寒、睡眠等所需的吃、穿、住等需要；维持生命而对水、阳光、空气的需要；为延续种族而对性的需要等。生理需要是人类最低层次也是最重要最原始的需要，只有人的生理需要得到满足或基本满足时，较高层次的需要才会成为人的行为的驱动力。

（二）安全需要

安全需要是指人类在社会生活中希望保护自己的肉体和精神不受危险和威胁，确保其安全的需要。安全需要是比生理需要较高一级的需要，它包括安全操作、劳动保护、健康保障、有稳定的职业、财产受到保护、失业保险等内容。

（三）社交需要

社交需要是指人们希望给予和接受别人的爱与感情，得到某些社会团体的重视和容纳的需要。社交需要包括愿意参加社会交往，寻找温暖或与他人保持良好关系，彼此之间得到友谊、关怀与爱护；希望得到爱情，异性之间相互倾慕，亲密交往，坚贞相爱，满足结合；希望自己有归属，即成为某个团体的被人承认的成员，参与其中的活动，得到互相关心、互相照顾等。

（四）尊重需要

尊重需要是指人类在社会生活中希望有一定的社会地位和自我表现的机会，获得相应的荣誉，受到别人尊重，享有较高的威望等需要。尊重需要一般来说是与人们接受教育的程度及其经济、社会地位密切相关的。人们接受的教育程度和社会地位越高，尊重需要就越强烈。相反，尊重需要就相应减弱。尊重需要是人的高层次发展需要。

（五）自我实现需要

自我实现需要是指人们希望充分发挥自己的才能，干一番事业，获得相应成就，实现理想目标，成为自己所期望的人。马斯洛指出，如果一个人要从根本上愉快的话，音乐家必须搞音乐，艺术家必须画画，诗人必须做诗。自我实现需要是人们在以上四种需要得到一定程度满足之后所追求的最高层次的发展需要。

【小思考 3-1】

问题：从马斯洛需要层次理论出发，识别《西游记》团队需要的层次，讨论如何激励项目团队成员一心向西。

分析提示：西游记的团队取得成功的要素，在于针对每个人的需求给予满足，从而激励大家一路向西。同理，消费者的需求是多种多样的，了解清楚消费者的需求有助于根据结果调整自己的产品策略和营销策略。

三、马斯洛需要层次理论的基本观点

马斯洛认为，人类的五种基本需要是相互联系的。一个人生理上的迫切需要得到满足，就会去寻求保障他的安全，只有当基本的安全需要满足以后，社交需要才会成为主要推动力，以此类推，具体如图 3-3 所示。

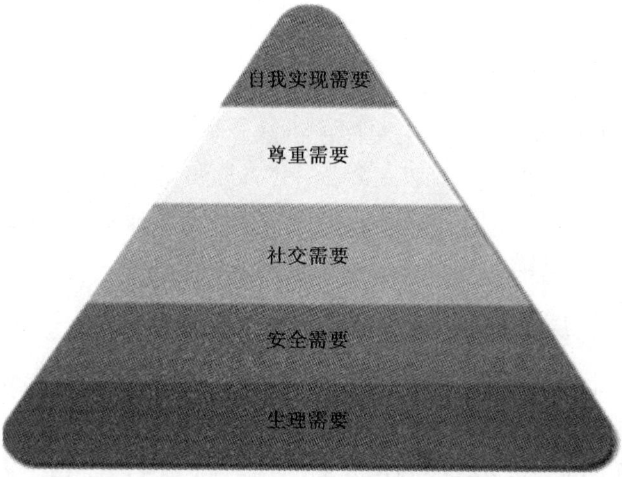

图 3-3 人类的五种需要

(1)五种需要按阶梯从低到高，按层次逐级上升，但是顺序并不是完全固定的，可以变化，也有种种例外情况。

(2)某一层次的需要相对满足了，追求更高一层次的需要就成为驱使行为的动力。相应地，获得基本满足的需要就不再起主要激励作用。

(3)五种需要可以分为高低两级，各层次的需要相互依赖和重叠，高层次的需要产生和发展后，低层次的需要仍然存在，只是对行为影响的程度大大减小。

(4)一个国家多数人的需要层次结构是同这个国家的经济发展水平、科技发展水平、文化和受教育的程度直接相关的。

四、马斯洛需要层次理论在市场营销中的应用

消费者的需要是形成消费者购买欲望的基础，商家只有积极了解消费者的各种需要，并根据消费者的需要和动机，设计生产出适合的产品，做出相应的营销策划，才能达到良好的营销效果，实现经济效益。因此，马斯洛提出的需要层次理论被广泛地应用到市场营销活动中。

(一)马斯洛需要层次理论应用于市场细分

成功的市场细分是企业选择目标市场和进行市场定位，从而制定相应市场营销策略的前提。市场由具有待满足的需要、有购买能力和购买愿望的消费者构成。受年龄、性别、收入、文化程度、地理环境、心理等因素的影响，不同的消费者通常有不同层次的消费欲望和需要，并产生不同的购买行为和购买习惯。营销者可以按照这些因素把市场细分为若干个不同的市场部分或子市场。因此，马斯洛需要层次理论直接作用于消费者需要的分析工作，同时间接作用于市场细分策略工作的展开，从而影响整个市场营销活动的运作。

（二）马斯洛需要层次理论应用于产品改进

随着时代的进步，消费需要并不是一成不变的，不同时期对同类型的产品也有着不同层次的需要。比如在衣食住行上，中华人民共和国成立初期人们生活贫困，粗茶淡饭，清一色穿着蓝灰色工装、中山装或列宁装，住房也仅仅是遮风避雨的场所。改革开放后，人们的生活水平不断提高，消费理念、需要层次也随之发生了翻天覆地的变化。人们在穿着打扮上追求穿出个性；在饮食上不但要求吃饱，还注重营养均衡，粗细搭配，绿色食品深入人心；在住房上也追求舒适、品质和品味。因此，企业只有通过对消费者需要层次进行分析，紧跟时代步伐，不断升级和创新产品，才能长远发展。

（三）马斯洛需要层次理论应用于营销策略制定

目前企业较为普遍的营销策略是打折促销、网络直销、活动宣传和投放广告。这一系列的营销策略如何开展才会取得理想的效果呢？归根结底还是要回到消费者需要层次上来。比如，现在市场上的手机，既能满足人们的日常社交通信需要，又能满足人们的尊重需要（主要是指高端机）。那么二者哪个是营销宣传的重点呢？问题的解决还是依赖于对消费者需要层次的分析研究，只有把人们的需要层次研究透彻了，才能准确地把握消费者的购买欲望和消费心理，进而选择理想的营销策略。

【小思考3-2】

问题：如何理解不同消费层次的消费者对产品的需要有所不同？请举例说明。

分析提示：以衣服为例，第一层次“生理需要”，消费者关注的是“产品确实是衣服”，所以会选择价格最便宜最实用的衣服。第二层次“安全需要”，消费者关注的是衣服的质量，所以在价格相差不是很大的情况下，都会选择质量较好的衣服。第三层次“社交需要”，消费者关注的是产品的形象或品牌等对交际的影响，比如款式等附加功能以及品牌的形象，所以这一层次能让消费者愿意支付更高的价格。第四层次“尊重需要”，消费者把产品当作一种身份的标志，希望从中获得别人的认可。所以，最优秀的技术、特殊的包装、独一无二的功能，甚至包括最高的价格都是他们选择的理由。第五层次“自我实现需要”，消费者已经满足了1~4层次的各种需要，他们对衣服的认识逐渐转变为品牌对其生活的影响，在精神上认可某个品牌，也就是衣服的品牌精神内涵对他们的选择影响很大。

第三讲　洞察消费者需求

消费者洞察，是要发现消费者真实的需求和偏好，并将之应用于企业的营销实务，是发现新的市场机会、找到新的战略战术，从而提高营销成效和摆脱市场肉搏的有效途径。“消费者洞察”在 Merlin Stone 于 2004 年出版的书中是这样被描述的：“消费者洞察意味着对消费者的深入理解，并有意识地将这样的理解用于帮助消费者实现他们的需要。消费者洞察也意味着智慧的机构能够以此更好地定位自己，从而满足消费者或者利益相关者的需求、获得盈利、控制预算、安心和合乎道德。”

洞察消费者需求，是营销的第一直觉。营销学之父菲利普·科特勒说："营销是发现需求、满足需求的过程。所以对于营销人员来讲，只有先洞察、挖掘市场的需求，才能根据市场和客户的实际情况，推广或预售相应的产品，从而在满足市场或客户需求的同时，实现产品及自我的价值。"

一、消费者需求

消费者需求是人们为了满足物质和文化生活的需求而对产品和服务的具有货币支付能力的欲望和购买能力的总和。消费者需求可以从不同的角度来加以分类。

（一）按消费者的购买目的不同，可分为生产性需求和生活性需求

生产性需求是为满足生产过程中物化劳动和活劳动消耗的需求。如企业的生产需要劳动力，需要厂房、土地和机器设备，需要原材料、水、电、汽等，这些都属于生产性消费。生活性需求是指为满足个人和家庭生活所需，而对各种物质产品和精神产品产生的需求，如人们生活中对衣食住行等物质产品的需求，对文化、教育、艺术等精神生活的需求。

（二）按消费需求满足的对象不同，可分为社会集团需求和个人需求

社会集团需求是指为实现社会的集体消费基金而统筹安排用来满足公共消费需求的部分。个人需求主要是指居民有货币支付能力的生活消费需求。社会集团需求在我国的社会需求总量中占有相当的份额。随着市场经济的发展，个人需求的领域将不断扩展，内容会更丰富多彩，消费需求的满足程度也将大大提高。

（三）按消费需求的实质内容不同，可分为物质需求和精神需求

这也是对生活需求进行分类的一种方法。物质需求是指人们对物质生活用品的需求。精神需求是指满足人的心理和精神活动的需求，如人的自尊、发挥自己的潜能、精神上的娱乐等需求。与物质需求相比，精神需求是高一层次的需求。

（四）按消费需求的实现程度不同，可分为现实需求和潜在需求

现实需求是指目前具有明确消费意愿和足够支付能力的需求。按需求的实现程度不同，现实需求又可分为已实现的需求和未满足的需求两种。已实现的现实需求，是指由于购买到商品而得到实际满足的那部分需求；未满足的现实需求，是指由于市场上缺少购买者所需要的消费特性的商品，而未得到满足的那部分实际存在的有支付能力的需求，它直接表现为市场上的"消费热点"。如果某一个时期内某种商品出现短缺，那么市场上就会出现相当数量的未满足的需求。潜在需求是指消费者虽然有明确的欲望，但由于种种原因还没有明确显示出来的需求。一旦条件成熟，潜在需求就转化为现实需求，为企业提出无限的商机。

二、洞察消费者需求的方法

(一)从消费者的麻烦和痛点入手

在产品推广初期，消费者的需求意识相对薄弱，如果你直接以“你有哪些需求”“你的需求是什么”等问题询问消费者，他们能说的信息大概寥寥无几；但是如果你请他们回忆，在使用过程中遇到过哪些麻烦和困扰，那消费者可能就会有很多抱怨。因此，从消费者麻烦和痛点入手往往是明智的选择，因为此时虽然消费者的需求意识是稀薄、模糊的，但“问题意识”却有可能是丰富、清晰的。这些问题意识经过合理的“翻译”，就有可能转化成有价值的需求信息。

然后，我们可以把这些麻烦和痛点转化成包含细节的需求描述，例如把“下班后经常买不到最新鲜的面包”改成“在我去购买时总能提供新鲜出炉的面包”，然后通过调查问卷去印证是不是用户最希望实现的优化项。

【小思考 3-3】

问题：如何理解乔布斯所说的“不必做市场调查，因为消费者自己也不知道自己想要什么”？

分析提示：很多调研中充斥着大量无意义的提问，根本无助于我们理解需求。对于用户需求，现在我们知道了更好的办法是倒转 180 度，反过来从消费者的麻烦和痛点入手，同时要避免“环境好”“服务好”这类笼统的问法。另外，还要注意不要把少数人的麻烦和痛点当成大多数人的需求。

(二)了解消费者不消费、不使用产品(品牌)的原因

这方面的工作，恰恰是很多洞察项目中的盲区，因为常规的营销调研一般都会强调了解顾客的“购买理由”；但是从另外一个角度来看，探讨人们为什么“不买你，不用你”也同样重要。而且，这些信息往往会比消费者解释他们的购买原因更加可信。

在日常的消费行为中，要消费者说清楚自己为什么消费是困难的，这其中有很多潜意识因素连消费者自己也不了解。但是与此相比，要消费者解释自己为什么不消费却是相对容易的。因此，了解消费者不消费、不使用的原因，也就让我们有了依据去判断消费者“尚未”从既有品牌(品类)中获得需求的满足，同时还能为我们识别出某些制约品牌成长的关键隐匿因素。

(三)关注消费者的“非正常产品使用行为”

在现实中，并不是所有消费者都会以营销人预期的方式来看待、使用产品。一个经典的例子是恒顺集团的醋。该产品本来只是一种调味品，但是随着醋的不同妙用被发现，消费者将醋用于更多的用途。恒顺集团根据消费者对醋产品的各种“非正常使用行为”，洞察到消费者的不同需求，先后开发了发酵型、药食同源型、保健型的醋产品，具有降血脂、润肠通便、降低化学性肝损伤等功效。在包装上，也结合本地文化，尝试更多更新的形式。理念的提升，

带来的不仅仅是利润增长高于销售增长的好成绩，更是普通食醋到高端醋转型的营销创新。

这就告诉我们要多关注消费者的生活方式，从一种更宏观的角度来思考目标消费者想要变得更好的意识有哪些？此时，我们要做的是从一个新的角度，在品牌和消费者的需求之间建立起某种连接。

（四）需求嫁接技术

能否将一种原本看起来与品牌并不相关的其他需求“嫁接”到你的品牌上，是我们进行需求洞察的第四种方法。简单来说，就是让消费者意识到你的产品“竟然还有这种价值”的可能性。营销人要做的是从一个新的角度，在品牌和消费者的典型欲望之间建立起某种连接。在很多时候，并不是我们的产品缺少什么价值，而是我们不知道该建立何种连接。比如，子女都有买东西孝敬长辈的需求，而脑白金的成功，恰恰在于它在保健品品类中第一个站出来匹配了这一需求，建立了此种连接。

【同步案例 3-3】

南孚电池创意广告

南孚电池做过一个广告，宣传其电池“经久耐用”。虽然这在同类型产品的广告中并不新颖，但这支广告传递信息的角度却与众不同：广告首先展现了一家人其乐融融、孩子玩着各种玩具的场景，没一会儿，玩具相继没电了，孩子流露出失落的神情，此时文案出——“电池不耐用，玩玩具经常被打断，孩子容易分心，影响其专注力”。

问题：该广告的成功之处在哪？

分析提示：这个广告巧就巧在创造了一种看待产品的新观点，将“玩玩具被打断”这种鸡毛蒜皮的小事，指向了“影响孩子专注力”这个所有家庭都关心的头等大事上，从而更有效地激活了目标顾客的需求意识。

（五）洞察消费者的情感与意识形态需求

洞察消费者的情感与意识形态需求是传统市场调研的盲区。营销人往往了解消费者的功能需求，仿佛消费者对品牌的感性价值毫不在意一样，然而现实刚好相反，人们的消费行为中包含着丰富的情感动因。比如，一位女性可能会因为价值主张的共鸣而喜欢某一运动品牌，在她的意识形态当中，品牌象征了“不甘平庸”的生活态度。但在调研中，她或许只会谈及跑步体验这类“更容易说清楚”的内容。拙劣的市场调研很少触及人们的意识形态。

【同步案例 3-4】

《战狼 2》营销制胜

2017 年，《战狼 2》火爆刷屏，当时正值建军 90 周年，影片中的一句台词“中国护照不能带你去很多地方，但它能从任何地方把你接回家”更是戳中了无数观众的泪点，其票房高达 56.83 亿元人民币。

问题：《战狼 2》营销制胜的关键是什么？

分析提示：《战狼2》最后画面出现中华人民共和国护照(见图3-4)时，赚足了国人泪水。这句台词更是激发了大众的爱国主义情怀，实现了火爆传播。

图3-4 中华人民共和国护照示意图

洞察消费者的意识形态需求，有一个十分重要的思维前提，那就是我们要理解品牌为消费者提供的“营销供给物”并非只有产品，还包括可以满足其内心需求的感性体验。与洞察消费者的功能需求不同，意识形态需求洞察通常都不会太“具体”，它总是隐藏在人们的意识深处，这意味着我们应该通过消费者洞察，努力揭示人们的某些深层感受，因为这里常常蕴含着品牌创新的重要契机。

第四讲 洞察消费者偏好

一、消费者偏好的定义

消费者偏好是反映消费者对不同产品和服务的喜好程度的个性化偏好，是影响市场需求的一个重要因素，主要由当时当地的社会环境、风俗习惯、时尚变化等对整个消费者群体或某个特定群体产生的影响所决定。消费者偏好是指消费者对特定的商品、商店或商标产生特殊的信任，重复、习惯地前往一定的商店，或反复、习惯地购买同一商标或品牌的商品。消费者根据自己的意愿对可供消费的商品或商品组合进行排序，这种排序反映了消费者个人的需要、兴趣和嗜好。属于这种类型的消费者，常在潜意识的支配下采取行动。

二、消费者偏好的类型

(一)影响型偏好

此类消费者对自己的偏好不了解，因此易被影响，易被企业劝说相信其定制化供给是令人满意的，是真正符合他们喜好的。如果消费者的偏好不稳定又含糊，提供给他们一个满意的解决方案以满足其偏好是不可能的。然而，如果企业能成功说服消费者接受其定制化供给，这些消费者就会认为，该定制化符合了他们先前的偏好，并以此为基础形成他们以后的偏好。

（二）接受型偏好

此类消费者知道自己没有稳定、清晰的偏好，他们对供给的评估很有可能建立在其外观的吸引力上，而不是是否真的符合他们的偏好。若能为他们提供有助于他们分辨自己偏好的建议和帮助，这一类型的消费者可能表现出最好的接受性。例如有很多人喜欢喝茶，但是又清楚知道自己没有这方面知识，可能会非常乐意接受有关茶方面的教育和消费建议。

（三）判断型偏好

此类消费者可能最少，喜欢做判断、做决定、做出评价、做各种计划且按计划行事，以此来掌控自己生活和工作的方方面面。他们对于消费有着稳定的消费偏好，这些偏好引导着他们的选择，但是他们却并没有清楚地意识到偏好对他们消费选择的驱动性。例如，他们可能自认为选择是建立在理性、客观评判的基础上的，而实际上他们的选择主要考虑的是情感因素或审美因素。因此，这些消费者要么可能会错误地接受那些实际上并不符合他们偏好的定制化供给或选择标准，而最终导致不满意。要么，可能选择拒绝那些真的能符合他们偏好的定制化供给或选择标准。

（四）感知型偏好

此类消费者更喜欢体验生活、感知世界、搜集信息，而不喜欢做选择和决定，除非环境逼迫不得不做决定。他们既有清晰的消费偏好，又足够了解自己的偏好，所以他们能正确判断一种定制化供给是否真的符合他们的偏好。因此，这些消费者可能是定制化供给很好的潜在顾客，对于营销者为了解他们偏好所做的努力，他们会产生更多的满意感。然而，正由于他们对自身偏好的了解，他们可能很少依赖营销者的建议。

【同步案例 3-5】

喝茶的年轻人越来越多

根据百度 2020 年 7 月搜索数据来看，年轻人成为找茶的主要人群，20~39 岁的群体占比相对较高，分析主要原因，40 岁以上的中年人消费已经形成固定茶品牌偏好习惯，精准找茶品牌购买，搜索频次较少。而年轻人不同，他们正处于购物习惯养成的关键阶段，会经常性先搜索了解再购买。

问题：分析年轻人和中年人对茶品牌的偏好。

分析提示：中年人在信息搜索时会精准查找某茶品牌，说明他们有了较稳定的茶品牌偏好，这些偏好引导着他们的选择；而数据显示年轻人对茶有兴趣，将成为茶叶消费主力，但对茶不了解，茶品牌认知更是不清晰、不稳定。各大茶品牌要抓住新生代，必须深入分析新生代消费群体的思维和消费行为习惯偏好，给予引导，帮助他们分辨和形成自己的偏好，形成习惯性消费行为。

三、消费者偏好的形成

（一）消费价值观形成的消费偏好

消费价值观是消费群体对消费对象整体化的评价或价值取向，是消费者心理结构的核心。不同的国家、民族和地区的消费者由于所处的文化背景不一样，价值评估和取向有差异性，表现出不同的消费行为特征。消费者购买商品，一方面是为了获取它的使用价值，另一方面则是为了追求商品的文化价值。只有当企业提供的商品所蕴含的价值取向与消费者的价值取向产生共鸣时，消费者才会为实现对这种取向的认同而进入购买过程。

（二）消费审美取向形成的消费偏好

消费审美取向是指人们对消费对象的欣赏和情趣的感受，它是文化环境与人的心理交互作用的衍生物。文化的民族性和国度性在消费者的审美取向上都有深刻的反映，这造成消费者的求美消费行为具有文化的选择性。同种文化中的消费者的审美标准和审美情趣具有高度的趋同特征，它作为一种消费需求反映在市场活动中构成了同质市场。

（三）民族性格倾向形成的消费偏好

长期生活在一种文化中的人们，在其性格塑造过程中必定会打上文化的烙印。最能反映文化对性格形成作用的、在大多数民族成员身上都体现出来的典型特征，构成了民族性格。不同的文化形成不同的民族性格，不同的民族性格造成了消费行为倾向的差别。

（四）民风民俗形成的消费偏好

由于自然环境、物质生活条件、经济发展水平和历史的作用，不同的国家和民族都有自己独特的、习惯化的生活方式，在生活的各个方面都形成了一些有别于其他国家和民族的传统风俗习惯。这些民风民俗促使人们形成了不同的消费偏好，各民族成员对自己民族的风俗习惯都十分尊崇，它明显地反映在衣食住行等各种消费活动中，以市场需求的方式形成了不同的消费导向。

【资料 3-3】

习近平广西行：火红石榴籽共画“同心圆”——走进广西民族博物馆

2021 年 4 月 27 日上午，正在广西南宁考察调研的习近平，来到广西民族博物馆，参观壮族文化展，观看三月三“歌圩节”壮族对歌等民族文化活动展示，了解促进民族团结进步和民族文化保护传承等情况。

壮族三月三，又称“歌圩节”“歌仙节”，是壮族最具代表性的节庆活动之一。每年农历三月三，壮族群众制作五色糯米饭，祭祀祈福、走亲访友，特别是要赶歌圩，青年男女在山坡、草坪、晒场，互相唱山歌对答，随编随唱，以歌会友，以歌传情。

第五讲　洞察消费者的常见心理

一、从众

从众心理也叫羊群效应。经济学里经常用“羊群效应”来描述经济个体的从众跟风心理。羊群是一种很散乱的组织，平时在一起也是盲目地左冲右撞，但一旦有一只头羊动起来，其他的羊也会不假思索地一哄而上，全然不顾前面可能有狼或者不远处有更好的草。消费者在很多购买决策上会表现出从众倾向。比如：购物时喜欢到人多的商店；在选择品牌时，偏向那些市场占有率高的品牌；在选择旅游点时，偏向热点城市和热点线路。我们经常听到一个词“爆款”就是典型的从众跟风购买的模式。

【同步案例 3-6】

开进武汉的茶颜悦色，凭什么炒到 500 元一杯？

2020 年 12 月 1 日，茶颜悦色湖南省外首店在武汉正式营业，随之而来的就是让人绝望的长队。在武汉站乘坐 G66 次列车前往长沙南站，喝上一杯茶颜悦色再返程，总耗时为 3.5 小时左右。但如果你想在武汉喝上一杯茶颜悦色，排队时间最长可能超过 8 小时。这就是武汉人面临的一次艰难选择。这个消息立刻冲上了热搜首位——武汉茶颜悦色门外排起长队，获得了近 10 亿人次的阅读量和超 10 万人次讨论。

茶颜悦色将排队文化玩出了花。相比同行的排队，品牌总是以排队人群为傲，而茶颜悦色却反其道而行之，温馨提示消费者在某阶段排队需要等待的时间，并劝消费者选择改天购买。

问题：为什么茶颜悦色这么火？

分析提示：我们可以从品牌产品、营销、包装以及品牌仪式感等方面去窥探茶颜悦色火爆的营销密码。茶颜悦色通过反向营销最大限度地博取用户眼球，为品牌获得流量。茶颜悦色通过温馨提示的方式告知用户排队需等待的时间，让排队购买用户有心理准备，展现品牌对用户的关怀。同时，排队购买反映出产品受欢迎的程度，能够引发用户的好奇心并跟风购买，进而便于开发新客户，为品牌赢得更多的用户群。

二、炫耀与攀比

炫耀就是我或我们的事物比别人好的满足感通过张扬的甚至是挑衅的方式向外宣示的行为。自我炫耀心理的升级就是攀比心理。攀比炫耀的心理是大多数人都有的，如炫耀谁在市中心买了套房、谁买了新车等。所以，在行为上，主动晒单，愿意关注排名，都是炫耀和攀比的心理。这种心理极易造成追逐消费热点、负债超前消费乃至抢购等怪现象。如在公司里，一大帮女同事都在讲高档化妆品、口红、包包，有些人还拿出来给你展示，而你却什么都没有的时候，你就会妒忌、攀比，进而去做一些超出自身消费能力的购买动作，千辛万苦去省钱，就为了买个包，更有甚者会贷款买奢侈品。但有时也正是因为为了面子，有了比较的精神，很多人才得以成长，得以不断进取，最后获得自己想要的东西。

三、虚荣

虚荣心是一种被扭曲了的自尊心，是自尊心的过分表现，是一种追求虚表的性格缺陷，是人们为了取得荣誉和引起普遍注意而表现出来的一种不正常的社会情感。每个人都或多或少地有虚荣心，我们希望被他人、被社会特别对待，我们期待着能做到最好，能出类拔萃。品牌最常见的利用消费者的虚荣心理的方式就是实行 VIP 会员制，让消费者感觉到能够与其他人区别对待，进而形成强烈的优越感，这就是身份的象征、荣誉的象征。

【同步案例 3-7】

少年卖肾买 iPhone

小李是一个 17 岁的高中青少年，十分喜欢苹果系列的产品。但是，小李的家境很一般，家庭收入也很难保证他如愿获得自己想要的苹果产品。在苹果公司新出了一款手机后，小李瞒着家人通过黑中介卖掉了自己的一个肾，以此换来了两万元。随后，小李就用这两万元去买自己心仪的苹果手机。本以为自己年轻而且身体也有两个肾，卖掉一个也应该无妨。但是，出乎小李意外的是，他的身体发生了很大的变化。

如今，那个曾经卖肾的少年已经 25 岁了。卖肾后的他身体变得十分虚弱，身体素质也下降得很快，整个人变得很消瘦。同时，由于肾功能的缺陷，医院将其评定为三级残疾，小李的下半生也将在病床上度过了。因为每隔一段时间就需要做透析，医院的治疗费用让这个家庭开销严重透支，也因此欠下了很多债，如今的现状实在令人唏嘘。

问题：是什么原因让小李做出这种伤害自己身体的事？

分析提示：毛泽东在给儿子毛岸英的一封信中说："一个人无论学什么或做什么，只要有热情，有恒心，不要那种无着落的与人民利益不相符合的个人主义的虚荣心，总是会有进步的。"现代社会存在很多诱惑，不少年轻人因为社会经验不足，心智尚未成熟，很容易被自己的虚荣心引诱至一个个深渊。虚荣心和错误的消费观作为精神世界的糟粕，会对孩子的正常成长造成伤害。例如原本有些孩子家庭经济条件并不好，为了满足自己的需求，会选择走“旁门左道”来购买自己想要的昂贵的奢侈品，甚至不惜卖肾，这会伤害到自己的身体，也会给社会带来不良影响。

四、厌恶

厌恶是一种主观的感受，可以不喜欢，但是这种不喜欢往往会让我们发酵出一些情绪，这种状态本身对自己是没有益处的。例如，当产品达不到预期的时候，消费者一定希望把感受说出来。因此，我们也愿意去看各种商品的评论，大众点评应运而生。而为了避免差评，除了产品、服务等做得好之外，也要注意对消费者的预期管理，切不可之前说得天花乱坠，最后产品相去甚远。

【同步案例 3-8】

外卖小哥持刀行凶后，是谁在给差评“补刀”？

2020 年 12 月 22 日下午，武汉市洪山区南湖一商场内发生凶杀案：一名穿外卖制服的男子持刀将一男子捅倒在地，等警方赶到制服外卖小哥后，倒在地上的男子已无生命体征。

让人诧异的是，杀完人后，外卖小哥席地而坐，从容地掏出香烟抽了起来。或许他当时在想：终于解脱了。

关于外卖小哥置人于死地的原因，最初的说法是小哥不满顾客给了差评，因此持刀前往，在争议中手刃了顾客；最新的说法是，双方因为货品问题发生口角，外卖小哥最终将顾客杀死。

问题：你怎么理解这个案例？

分析提示：血案发生后，有人同情死者，毕竟我们普遍认为死者为大；有人同情外卖小哥，生存不容易……根据《消费者权益保护法》第十四条，消费者享有对商品和服务以及保护消费者权益工作进行监督的权利。消费者按照自身消费体验给出好评或差评，都是行使监督权。因此作为买家，当产品不达预期，投诉或者星级点评自然成了发泄的工具，当然，这些发泄的工具同样也是监督企业改进自新的动力。站在外卖员的角度，安全准时地把外卖送到客户手上，一声谢谢，或许是对外卖员风里来雨里去最好的安慰，但当因各种原因，遭遇投诉，也就相当于一天的辛苦付之东流。对于差评，买卖双方都应理性看待。卖家要从中汲取教训，尊重消费者的评价权，宽容对待差评。在遇到差评时，首先反思自身产品质量和服务水平是否存在不足，有针对性地加以改进。同时，耐心地做好沟通解释工作，通过回复评价说明相关情况，提供积极、合理的解决方案，赢得消费者的谅解。

五、好奇

好奇是一种天性，每个人都不能摆脱好奇对消费行为的影响。在消费中，除了产品本身外，产品的包装、宣传等都有可能触发消费者的好奇心理。在我们的现实生活中，越是禁止的、掩盖的东西或信息，越是能勾起我们的好奇心和求知欲，我们会想用一切代价来获取。比如有些商品写着“禁止触摸”“禁止偷看”，在没有监控探头且没什么触摸成本的时候，一部分人会忍不住摸一下、看一下。对于以“为什么他们既有诗和远方，又能日进斗金”为标题的公众号文章，人们就倾向于点开看一下。

六、贪婪

贪婪的可怕之处，不仅在于摧毁有形的东西，而且能搅乱一个人的内心世界。贪婪，是人性的弱点。在营销实践中，我们经常能看到，在“清仓、免费、大减价、五折起、1 元抽大奖”等招牌下，消费者无法抑制地热血上涌，不能自制地兴奋、激动，进行原本不需要的额外、过度或者超前的消费。

七、恐惧

恐惧，是人类和人性最大的弱点。人会对贫穷、肥胖、疾病、失去爱、年老、死亡、危险感到恐惧。当我们面临这些恐惧时，会去寻求缓解恐惧的方法。各大商家也通过引燃或者放大消费者的恐惧，来实现对商品的营销。我们常见的保险、药品、保健品等都十分擅长此类技巧，一举击中相关目标客户群。在教育方面，孩子家长怕孩子落后于人；对于女性，女性怕自己变得肥胖，怕自己随着时间流逝不再年轻。恐惧也是心底的不安全感，是对不确定性的反应，在营销上体现在喜欢货到付款，选择黄钻多的网店购物，信任品牌带来的质量背书等。

八、惰性

网购“购物车”的功能，帮助消费者实现了比价、先行存放的需求，把信息汇总筛选起来，给消费者提供方便。这个特点就符合“惰性”的弱点，也给了营销很多切入点。比如，美团外卖让消费者不再需要亲自前往门店，同时也节省了消费者寻找门店所需要的时间；又如，今日头条的出现，通过新闻找人的方式，让消费者能够根据阅读习惯第一时间看到想要的新闻资讯。

恐惧让我们不断创造安全，好奇不断拓宽认知的边界，惰性让我们提高效率，所有的弱点都是潜在的改变。了解弱点，通过合适的方式切入，朝正确科学的方式引导，能够让营销更精准，工作更高效，消费者更满意。

即学即用

1. 观看创投节目《合伙中国人》中“遇岛项目”成功拿到 750 万投资的视频。

思考回答：视频中遇岛项目创始人是如何通过对消费者和投资人进行需求分析，最终成功融资 750 万的？

2. 案例分析

2012 年 3 月 21 日在成都正式发布的“江小白”品牌，自诞生之日起就备受关注。江小白的核心产品是“表达瓶”，以及“三五挚友”和“拾人饮”，现在做调味基酒，这种产品的思路很有消费者的场景感。江小白的创始人陶石泉在设计江小白卡通形象的时候，给设计师提了一个要求：必须是“80后”“90后”的一个大众脸，任何人看了都觉得像自己。一张大众脸，再加上江小白风格的语录（目前已经有50多条，而且还在不断地增加），一个文艺青年的形象就跃然“瓶”上。“我就是我，我站在这里，我就是江小白，你喜欢就喜欢，可以参与进来；不喜欢就不喜欢，我也不去讨好你。”这恰恰是“80后”“90后”内心的表白。

思考回答：江小白仅用8年时间就创造了销售超20亿元的成绩，请从洞察消费者需求的方法入手分析江小白崛起的真正秘密是什么。

要点巩固

1. 论述影响消费者购买行为的因素。
2. 论述马斯洛需要层次理论的应用，说说你自己属于哪个层次？
3. 洞察消费者需求的方法有哪些？
4. 消费者的需求偏好有哪几种类型？
5. 你如何看待利用人性的弱点进行营销？

课堂延伸

1. 扫码阅读《2018埃森哲中国消费者洞察——新消费 新力量》，了解新消费浪潮全新的五大趋势。

扫一扫，看学习资料

2. 阅读书籍：《洞察力：让营销从此直指人心》。

项目四

争夺市场
——竞争战略

项目概述：

主要介绍竞争的含义、竞争者分析、三大竞争战略和处于不同市场地位的企业的竞争策略。

教学目标：

学会识别和分析竞争者；

理解竞争者的分类；

掌握五种竞争力模型；

掌握三大竞争战略；

了解处于不同市场地位的企业的竞争策略。

教学重点：

五种竞争力模型；

三大竞争战略。

教学难点：

竞争者的分类；

处于不同市场地位的企业的竞争策略。

学前问题

消费者是企业的上帝还是竞争对手?

思政先行

市场监管总局依法对阿里巴巴集团“二选一”垄断行为做出行政处罚

2020年12月，市场监管总局依据《反垄断法》对阿里巴巴集团控股有限公司(以下简称阿里巴巴集团)在中国境内网络零售平台服务市场滥用市场支配地位行为立案调查。

市场监管总局成立专案组，在扎实开展前期工作的基础上，对阿里巴巴集团进行现场检查，调查询问相关人员，查阅复制有关文件资料，获取大量证据材料；对其他竞争性平台和平台内商家广泛开展调查取证；对本案证据材料进行深入核查和大数据分析；组织专家反复深入开展案件分析论证；多次听取阿里巴巴集团陈述意见，保障其合法权利。本案事实清楚、证据确凿、定性准确、处理恰当、手续完备、程序合法。

经查，阿里巴巴集团在中国境内网络零售平台服务市场具有支配地位。自2015年以来，阿里巴巴集团滥用该市场支配地位，对平台内商家提出“二选一”要求，禁止平台内商家在其他竞争性平台开店或参加促销活动，并借助市场力量、平台规则和数据、算法等技术手段，采取多种奖惩措施保障“二选一”，要求执行、维持、增强自身市场力量，获取不正当竞争优势。

调查表明，阿里巴巴集团实施“二选一”行为排除、限制了中国境内网络零售平台服务市场的竞争，妨碍了商品服务和资源要素自由流通，影响了平台经济创新发展，侵害了平台内商家的合法权益，损害了消费者利益，构成《反垄断法》第十七条第一款第(四)项禁止“没有正当理由，限定交易相对人只能与其进行交易”的滥用市场支配地位行为。

根据《反垄断法》第四十七条、第四十九条规定，综合考虑阿里巴巴集团违法行为的性质、程度和持续时间等因素，2021年4月10日，市场监管总局依法做出行政处罚决定，责令阿里巴巴集团停止违法行为，并处以其2019年中国境内销售额4557.12亿元4%的罚款，计182.28亿元。同时，按照行政处罚法坚持处罚与教育相结合的原则，向阿里巴巴集团发出《行政指导书》，要求其围绕严格落实平台企业主体责任、加强内控合规管理、维护公平竞争、保护平台内商家和消费者合法权益等方面进行全面整改，并连续三年向市场监管总局提交自查合规报告。

2020年11月16—17日召开的中央全面依法治国工作会议产生的最重要成果，就是首次提出并系统阐述了习近平法治思想。公平竞争法治观作为习近平法治思想的重要内容，是新时代指导我国市场化法治化改革的方法论，也是指导我国实现竞争性发展转型和加强市场法治建设的行动指南。企业的一切经营和营销活动，必须践行和维护公平竞争法治观。

(资料来源：新华网 https://cn.chinadaily.com.cn/a/202104/10/WS60710358a3101e7ce97487ea.html)

思政学习园地

扫一扫，看学习资料　扫一扫，看学习资料

1.《习近平法治思想中的公平竞争法治观》。
2.《反垄断法大修 首次拟将公平竞争审查制度入法》。

理论精讲

改革开放40多年来，中国的营销环境发生了翻天覆地的变化。中国市场从商品匮乏走到了商品泛滥，从营销稀缺走向了营销同质，许多行业产能严重过剩，竞争异常激烈，辛辛苦苦打造起来的竞争优势可能一夜消失殆尽。市场的参与者既要从需求的角度看待和分析市场，辨明市场需求，又要紧盯竞争者，找寻对手的弱点，锻造企业的核心竞争力，扩大自己的优势，赢得市场。这就是竞争战略的基点。

行业竞争是一盘难下的棋，必须树立战略思维。“战争是流血的政治，营销是流血的经济”，企业在市场中的不同地位决定了其市场营销战略的不同，企业应根据自己所处的地位，采取有效的防御和竞争手段。市场竞争是市场经济的基本特征，正确的市场竞争战略，是企业成功地实现其市场营销目标的关键。企业要想在竞争激烈的市场中立于不败之地，获得竞争优势，不仅要考虑目标消费者的需求，还要树立竞争观念，制定正确的市场竞争战略，努力取得竞争的主动权。

第一讲　识别竞争对手

市场经济就是一种竞争经济，谁在竞争异常激烈的环境中获胜谁就能立于不败之地，“知彼知己，百战不殆”。要想在竞争中占有一席之地，就必须识别自己的竞争对手，了解竞争对手，对他们进行评估以及就其反应模式采取应对措施。

识别竞争对手是指企业通过一定的分析方法识别出竞争对手，并对它们的目标、资源、市场力量和当前战略等要素进行评价。其目的是为了准确判断竞争对手的战略定位和发展方向，并在此基础上预测竞争对手未来的战略，准确评价竞争对手对本组织的战略行为的反应，估计竞争对手在实现可持续竞争优势方面的能力。对竞争对手进行分析是确定组织在行业中战略地位的重要方法。

一、竞争对手的定义

竞争对手的含义有广义和狭义之分。狭义的竞争对手一般是指那些与本企业提供的产品或服务相同或相似，并且所服务的目标顾客也相同或相似的其他企业。但是越来越多的公司都趋向于在更为广泛的范围内确定自己的竞争对手，一般将会影响到企业利益获得的角色认为是企业广义的竞争对手。

二、竞争对手的分类

竞争对手可以从行业和市场两个角度来进行分类(见图4-1)。

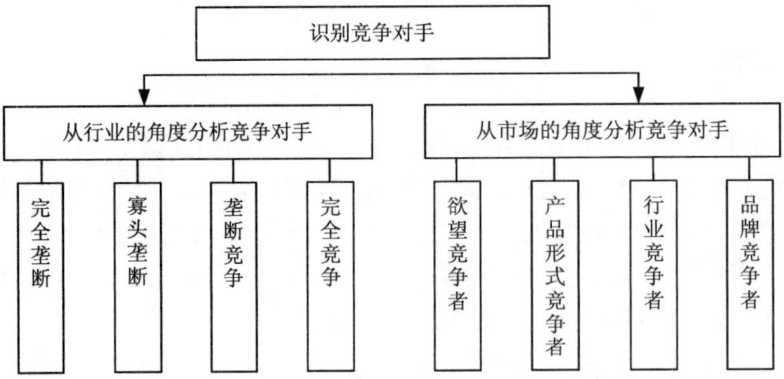

图4-1 竞争对手分类

(一)从行业的角度

一个企业要想成为某行业的领先者，就应该明白该行业的竞争模式。行业是一组提供一种或一类密切替代产品的相互竞争的公司。密切替代产品指具有高度需求交叉弹性的产品。因此，如果一种产品的价格升高会引起另一种产品的需求增大，这两种产品就是密切替代产品。如果惠普打印机价格上升会引起三星打印机需求增加，二者则互为替代品。

根据行业内企业数量的多少，我们把竞争分为：完全垄断、寡头垄断、垄断竞争、完全竞争四种形式。

1. 完全垄断

完全垄断指在一定地理范围内某一行业只有一家公司供应产品或服务，如电力公司和电信公司。由于缺少替代品，公司可以在价格制定方面占有很大的主动权。

2. 寡头垄断

寡头垄断指某一行业内少数几家大公司提供一种产品或服务占据绝大部分市场并相互竞争。寡头垄断是现实中存在较多的一种竞争形式，根据提供的产品是否有差别又分为完全寡头垄断和不完全寡头垄断。比如钢铁、石油构成的是完全寡头垄断。寡头企业之间的相互牵制导致每一个企业只能按照行业的现行价格水平定价，不能随意变动，竞争的主要手段是改进管理、降低成本、增加服务等。

不完全寡头垄断，又叫差别寡头垄断，指某一行业内少数几家大公司提供的产品或服务占据绝大部分市场且顾客认为各公司的产品存在差异，对某些品牌形成特殊偏好，其他品牌不能替代。西方国家的汽车、飞机、电脑等行业多为不完全寡头垄断。顾客愿意以高于同类产品的价格购买自己所喜爱的品牌。寡头垄断企业对自己经营的受顾客喜爱的名牌产品具有垄断性，可以制定较高价格以增加盈利。不完全寡头垄断竞争的焦点不是价格，而是产品特色。

3. 垄断竞争

垄断竞争指某一行业内有许多卖主且相互之间的产品有差别，顾客对某些品牌有特殊偏好，不同的卖主以产品的差异性吸引顾客，开展竞争。比如一些轻工业品，服装、食品等。企业竞争的焦点是扩大本企业品牌与竞争品牌的差异，突出特色。应当注意，产品的差异性有些是客观上存在的，易于用客观手段检测或直观感觉证实；有些则是购买者主观心理上存在的，不易用客观或主观方法加以检测。

4. 完全竞争

完全竞争指某一行业内有许多卖主且相互之间的产品没有差别。卖方和买方任何一方都不能决定产品的价格，买卖双方都只能按照供求关系确定的现行市场价格来买卖商品。完全竞争大多存在于均质产品市场，如食盐、农产品、水泥等。

行业竞争类型对比如表 4-1 所示。

表 4-1　行业竞争类型

市场类型	厂家数目	产品差别	对价格控制程度	进出一个行业的难易程度	接近哪种产品
完全垄断	唯一	唯一的产品，且无相近的替代品	很大程度，但常受管制	很困难，几乎不可能	公共事业，如水、电
寡头垄断	几个	有差别或无差别	相当程度	比较困难	石油、钢铁等
垄断竞争	很多	有差别	有一些	比较容易	轻工业品，服装、食品等
完全竞争	很多	完全无差别	没有	很容易	均质产品，食盐，水泥等

（二）从市场的角度

根据产品的替代性可以把竞争对手分为以下几种类型：

1. 欲望竞争对手

企业把提供不同产品以满足消费者不同需求的竞争对手称为欲望竞争对手。如很多消费者收入水平提高后，可以把钱用于旅游，也可用于购买汽车或购置房产。因而，这些企业间存在相互争夺消费者购买力的竞争关系。消费支出结构的变化对企业的竞争有很大影响。可概括表述为“用不同产品满足消费者不同需求的竞争者”。

2. 产品形式竞争对手

企业把提供不同种类的产品，但满足和实现消费者同种需求的企业称为产品形式竞争对手。如航空公司、铁路客运、长途客运汽车公司都可以满足消费者外出旅行的需求，当火车票价上涨时，乘飞机、坐汽车的旅客就可能增加，相互之间争夺满足消费者的同一种需求。可概括表述为“用不同产品满足消费者同一需求的竞争”。

3. 行业竞争对手

企业把提供同类但规格、型号、款式不同的产品，以满足同一种需求的竞争对手称为行业竞争对手。所有同行业的企业之间存在彼此争夺市场的竞争关系。如生产家用空调与生产中央空调的厂家、生产高档汽车与生产中档汽车的厂家之间的关系。可概括表述为“用不同规格和价位的同种产品满足消费者同一需求的竞争者”。

4. 品牌竞争对手

企业把同一行业中以相似的价格向相同的顾客提供类似产品或服务的其他企业称为品牌竞争对手。如家用空调市场中，格力空调、海尔空调、三菱空调等厂家之间的关系。品牌竞争对手之间的产品相互替代性较高，因而竞争非常激烈，各企业均以培养顾客品牌忠诚度作为争夺顾客的重要手段。可概括表述为“用不同品牌的同规格同种产品满足消费者同一需求的竞争者”。

企业通常可能认为只有品牌竞争对手才是自己真正的竞争对手，例如“百事可乐”知道“可口可乐”是其主要竞争对手，“麦当劳”知道“肯德基”是它的主要竞争对手。对于行业竞争对手、产品形式竞争对手和欲望竞争对手则视为较远的竞争对手。企业应该要避免这种“竞争对手近视症”，一旦有这种想法，对其长远发展来说是一件非常危险的事情。其实每一种竞争对手类型都是企业必须关注的对象，比如旅游和房地产虽然是两个不相关的行业，但对于消费者来说，在一定的收入条件下，选择了旅游可能会延期对住房的需求。因此，企业必须识别自己的竞争对手，并针对不同类型的竞争对手采用不同的应对措施。

【小思考 4-1】

问题：A 公司是电动车生产企业，下列情况下 A 公司和 B 公司各属于哪种类型的竞争对手？

①A 公司向市场提供电动车的档次、价格与 B 公司相同。

②A 公司生产的电动车约为 0.3 万元，消费者也拥有准备购买的钱，他将需要在花费相同的彩电、空调、电脑、家具、摩托车等商品中进行选择。

③A 公司与自行车、小轿车等生产者存在竞争关系。

④A 公司与所有电动车生产者存在竞争关系。

分析提示：分别属于品牌竞争对手、欲望竞争对手、产品形式竞争对手和行业竞争对手。

（三）五种竞争力模型

哈佛大学商学院迈克尔·波特(Michael E. Porter)教授指出，在一个行业中，存在着五种基本的竞争力量，即行业内现有的竞争对手的竞争能力、潜在进入者的能力、替代品的替代能力、供应商和顾客的讨价还价能力，具体如图 4-2 所示。

1. 行业内现有的竞争对手的竞争能力

在同行业内部，现有企业之间是一种相互依存、相互竞争的关系，每个企业或多或少地影响其他竞争对手。行业内的竞争对手往往是五种竞争力量中最强大的竞争力量，为了赢得市场地位和购买者的青睐，它们通常不惜代价，“无计不施”。竞争对手之间的竞争，在一家或几家竞争厂商看到了一个能更好满足客户要求的机会或处于改善其产品性能的压力之下时，就会变得更加激烈。

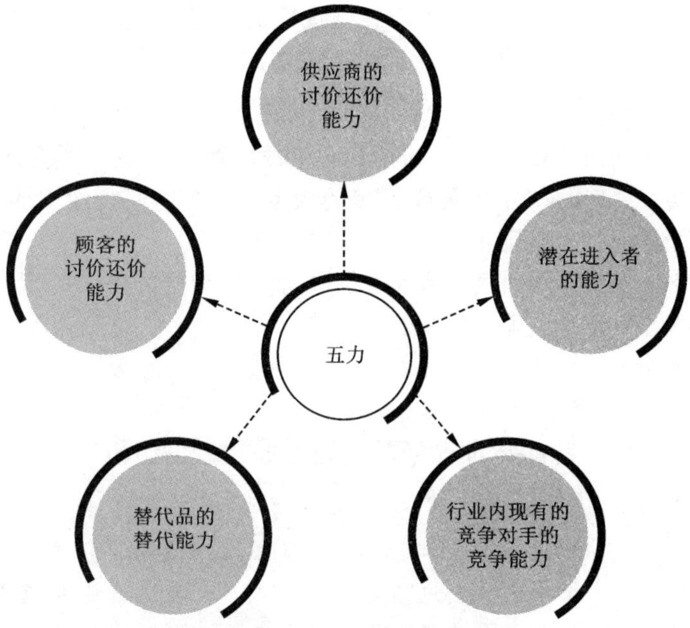

图 4-2　波特五力竞争模型

2. 潜在进入者的能力

行业外有可能并准备进入该行业的企业称为潜在进入者。事实上，任何一种产品的生产经营，只要有利可图，都会有潜在进入者。这些潜在进入者一旦加入，既可能给行业经营注入新的活力，促进市场的竞争和发展，也势必给现有企业造成压力。因为潜在进入者在加入某一新领域时，会向该行业注入新的生产能力和物质资源，以获取一定的市场份额，其结果可能导致原有企业因与其竞争而出现价格下跌、成本上升、利润下降的局面。这种由于竞争力量的变化而对行业内原有企业产生的威胁称为进入威胁。新竞争者进入特定行业的可能性大小，取决于三大因素：一是该行业对潜在进入者设置的进入障碍大小；二是该行业内现有企业对进入者的预期反应；三是规模经济效益。进入障碍也称进入壁垒，是指那些能阻止行业外企业进入的因素。进入障碍的存在使新进入者的进入成本提高，加大了一个企业进入某行业的难度。

3. 替代品的替代能力

还有一种竞争力量是替代品的替代能力，即其他行业的产品可以与该行业的产品一样满足消费者的相同需求。一家公司很多时候并不是被市场现有的竞争者打败，而更多的是被替代品打败的。比如 VCD 在当时并不是被同行的 VCD 竞争者打败，而是被开发新技术的 DVD 打败的，电影业并不是被自己的同行打败，而是被家庭影院打败的，所以一家公司除了要关注现实竞争对手之外，还要关注潜在的替代品。

4. 供应商的讨价还价能力

供应商是指向企业及其竞争对手提供生产产品和服务所需要资源的企业或个人。供应商提供的资源主要包括原材料、设备、资金、能源、劳务等。供应商提供这些生产要素时会对企业产生两方面的影响：一是这些企业能否根据本企业的要求按时、按质、按量地提供所需的生产要素，这影响着企业生产经营规模的维持和扩大。二是这些企业提供供应品时要求的价格在相当程度上决定着企业生产成本的高低，从而影响企业的获利水平。

5. 顾客的讨价还价能力

对行业中的企业来讲，顾客也是一个不可忽视的竞争力量。顾客所采取的手段主要有：要求压低价格、较高的产品质量或更多的服务，甚至迫使行业中的企业互相竞争等。所有这些都会降低企业的获利能力。

综上所述，企业应从不同角度，深入分析决定竞争结构的各个因素，关注竞争形势的变化，以更好地适应和赢得竞争。

【同步案例 4-1】

哈根达斯在华营销五力竞争模型分析

中国消费者众多、消费潜力巨大。自改革开放之后，中国市场对于全世界来说，都是一个越来越有吸引力的市场。在进入中国市场之时，哈根达斯不仅要面对雀巢、联合利华等国外大品牌的压力，由于中国冰淇淋市场大而分散，哈根达斯还要与我国当地冰淇淋企业像蒙牛、伊利等进行激烈竞争。哈根达斯深知要想在中国吸引低收入客户放弃中国本土冰淇淋品牌尤为困难，因此，哈根达斯决定把最终目标定位于挑剔的高端消费者，原因是高端消费者往往会表现出更大的忠诚度。根据哈根达斯的前期数据可知，企业形象很重要，会影响顾客的选择偏好。哈根达斯进入中国市场时，把目标核心客户群体定位于 20~35 岁有可支配收入的消费者，并把上海作为哈根达斯在中国的第一站，原因是看重了上海消费群体注重生活质量、渴望享受的生活方式及生活态度。哈根达斯在中国的门店都选在繁华的地方，一般不会入驻超市、零售店，加强了其超高的价格和高端的品牌形象。

哈根达斯的行业环境对其长期获利能力具有决定性作用，主要因为它们关系到哈根达斯的价格、成本，以及在竞争中必须投入的资本。现有竞争对手的激烈竞争会吞噬哈根达斯的利润，新进入者的威胁会限制哈根达斯的整体利润，替代品的威胁可能会影响消费者对现有产品的认可度，有实力的客户和供应商也会为自身的利益讨价还价。

（资料来源：《国际市场营销案例分析》，经济科学出版社）

问题：哈根达斯在华营销面临的五种竞争力是哪些？

分析提示：中国冰激淋市场现有竞争对手的竞争能力、冰激淋市场潜在进入者的能力、冰淇淋的替代品的替代能力、顾客和供应商的讨价还价能力。

第二讲　分析竞争对手

竞争对手分析可以从五个方面进行：分析竞争对手的现行战略、评估竞争对手的相关实力、识别竞争对手的目标、分析竞争对手的优势和劣势、预测竞争对手的反应，具体如图 4-3 所示。

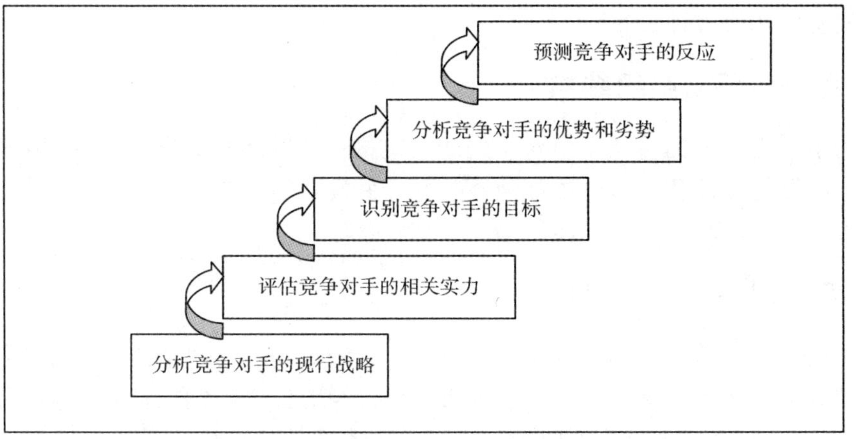

图 4-3　竞争对手分析

一、分析竞争对手的现行战略

竞争对手的现行战略可以通过竞争对手的市场行为反映出来，这方面的信息在竞争对手分析中是比较容易获得的。竞争对手之间采取的战略越相似，竞争程度就越激烈。分析竞争对手的现行战略有利于企业制定正确的战略决策。

二、评估竞争对手的相关实力

在评估竞争对手的相关能力时主要分析以下内容：

①竞争对手的核心能力是什么？

②竞争对手各部门的能力如何？

③竞争对手的最佳能力在哪个部门？

④竞争对手的最佳业务是什么？

⑤竞争对手的发展趋势是什么？

三、识别竞争对手的目标

每个企业都有一系列目标组合。企业在确认竞争对手后，必须了解竞争对手的目标是什么。同时，还要了解每个竞争对手的行为动力是什么。竞争对手的目标是由多种因素决定的，其中包括经营理念、组织结构、财务目标和控制系统等。

（一）竞争对手的经营理念

竞争对手的经营理念包括竞争对手是否想成为市场领导者、行业的发言人、行业标新立异者、技术领导者；竞争对手是否重视产品开发和产品质量；竞争对手是否对营销地区有特殊偏好；经营理念是否成为全体员工的行为指南；是否存在已成为企业惯例化行为的特定营销战略或职能方针；等等。

（二）竞争对手的组织结构

竞争对手的组织结构包括竞争对手的职能结构；这种结构对资源分配、定价和产品换代等关键性决策的责任和权力分配如何；竞争对手最高领导层的背景和经历如何；竞争对手对企业管理人员的培养要求和激励措施如何；等等。

（三）竞争对手的财务目标

企业必须了解竞争对手的当前利润、市场份额增长情况、现金流，还有竞争者在长期和短期营销业绩之间的权衡；竞争对手在利润和收入增长之间的权衡；竞争对手在获利能力、市场占有率、销售增长率、风险期望水平等因素之间的权衡；等等。

（四）竞争对手的控制系统

竞争对手的控制系统包括竞争对手的会计制度如何评估库存、分配成本、计算通货膨胀；竞争对手企业各级人员的报酬；竞争对手股份分布情况；竞争对手营销业绩评估措施；等等。

四、分析竞争对手的优势和劣势

企业需要分析竞争对手的优势和劣势，了解竞争对手执行各种既定战略的情报，以及是否达到了预期目标。竞争对手的优势和劣势只有通过比较才能发现。企业通过识别竞争对手，可以发现有的竞争对手是比较强大的，而另一些是比较弱小的。企业必须分析竞争对手的优势和劣势，以便能回答竞争对手能够做什么之类的问题。可以通过以下三个指标来评估竞争对手的优势和劣势：市场占有率、顾客心理占有率和情感占有率。市场占有率是指一家公司的产品在某一市场上所占的比例。顾客心理占有率是指在回答“举出这个行业中你首先想到的一家公司”这个问题时，提名竞争对手的消费者占全部消费者的比例。情感占有率是指在回答“举出你最喜欢购买其产品的一家企业”这个问题时，提名的消费者占全部消费者的比例。

五、预测竞争对手的反应

竞争对手的反应可以受它的各种假设的影响，也可以受它的经营指导思想、企业文化和某些起主导作用的信念以及其心理状态的影响。竞争对手的反应模式应该从以下几个方面来考虑：

（1）假设我方进入了某个竞争对手的市场或改变了本企业的战略，竞争对手将会如何反应？具体有几种反应的可能性？每种反应的详细情形是怎样的？

（2）在竞争对手做出反应之后，我方该如何去应对？

（3）继续下去的话，我方要如何做？

(4)这样竞争的结局是什么?

公司还要深入了解竞争对手的心理状态，估计竞争对手在遇到攻击时可能采取什么行动和做出何种反应，这样有助于企业正确地选择攻击对象、因素和力度，实现每一次竞争行动的预期目标。竞争对手主要有以下反应类型：

(一)从容型

从容型是指一个竞争对手对某一特定竞争对手的行动没有迅速反应或反应不强烈，通常采取漫不经心的态度。选择从容型的原因可能是它深信消费者的忠诚，也可能待机行动，还可能是缺乏反击能力等。

(二)选择型

选择型是指竞争对手可能只对某些类型的攻击做出反应。如20世纪80年代初，苹果电脑遭到来自IBM公司和泰迪公司电脑的攻击，被压得喘不过气来。当时苹果公司势单力薄，既不像IBM公司拥有那么多直销人员，又不像泰迪公司拥有卓越的经销网络。于是，苹果公司将反击法宝押在促销上。苹果公司抢占黄金时间，在电视上大做广告，在美国各地开展贸易展览，以此提高自己的知名度，赢得消费者的信心，从而削弱IBM公司和泰迪公司的攻势。

(三)凶狠型

这类公司对自己所拥有的领域的任何进攻都会做出迅速而强烈的反应。采取这种反应的多属实力强大的大企业。比如宝洁公司对任何竞争对手的竞争都会采取强烈的反击。

(四)随机型

随机型即不会表现可预知的反应行为，对竞争对手的反应不可预知，可能采取反击，也可能不采取反击。采取这种反应的一般都是一些小公司。

第三讲　竞争战略

美国著名战略学家迈克尔·波特提出公司通常的竞争战略有三种形式：总成本领先战略、差异化战略和集中化战略。

一、总成本领先战略

总成本领先战略又叫低成本战略，是指尽可能以低于竞争对手的成本进入市场。采取低成本战略的一般是一些大公司，它们往往凭借其规模经济获得更多利润。

(一)总成本领先战略的优点

(1)在与竞争对手的竞争中，处于总成本领先状态的企业，能够更好地进行价格战；

(2)面对购买者要求降低产品价格的压力，处于总成本领先的企业仍可以获得很好的收益；

(3)总成本领先的企业由于具有规模经济效应，在与供应商讨价还价时可以占有主导地位；

(4)总成本领先的企业容易形成行业壁垒。

(二)总成本领先战略的缺点

(1)投资较大；

(2)企业将过多的精力集中在降低生产成本上，消费者的偏好与需求容易发生改变；

(3)采用低成本战略，可能会造成更多的竞争对手模仿。

(三)总成本领先战略的适用条件

(1)现有竞争企业之间的价格竞争非常激烈；

(2)企业所处行业的产品基本上是标准化或者同质化的；

(3)实现产品差异化的途径很少；

(4)多数消费者使用产品的方式相同；

(5)消费者的转换成本很低；

(6)消费者具有较大的降价谈判能力。

二、差异化战略

差异化战略又叫差别化战略或独特化战略，是指为使企业产品与竞争对手的产品有明显的区别，形成与众不同的特点而采取的战略。

(一)差异化战略的优点

(1)易形成消费者对其特色的偏爱和忠诚；

(2)形成强有力的进入障碍；

(3)增强企业对供应商讨价还价的能力；

(4)削弱消费者的讨价还价能力；

(5)在与替代品的较量中，比其他同类企业处于更有利的地位。

(二)差异化战略的缺点

(1)由于实行差异化，很可能导致企业的经营成本上升，利润较低；

(2)竞争对手很容易模仿；

(3)并非所有的顾客都愿意为差异化支付较高的价格。

(三)差异化战略的适用条件

(1)可以有很多途径创造企业与竞争对手的产品之间的差异，并且这种差异被消费者认为是有价值的；

（2）消费者对产品的需求和使用要求是多种多样的，即消费者需求是有差异的；
（3）采用类似差异化途径的竞争对手很少，即真正能够保证企业是“差异化”的；
（4）技术变革很快，市场上的竞争主要集中在不断地推出新的产品特色上。

【小思考 4-2】

问题：企业怎样能形成差异化战略？

分析提示：可以从产品差异化、服务差异化、人事差异化、形象差异化几个方面考虑，具体实施途径有：使用具有独特性能的原材料和其他投入要素、开展技术开发活动、进行严格的生产作业活动、开展特别的营销活动、扩大经营范围等。

【同步案例 4-2】

宜家的竞争战略

宜家（IKEA）是一家家居用品零售企业，2016 年已经在全球 28 个国家或地区拥有 340 个门店，主要出售家具、配件、浴室和厨房用品等，已经成为全球最大的家居零售企业。2016 财年（2015 年 9 月 1 日到 2016 年 8 月 31 日），宜家集团的总销售额为 342 亿欧元，净利润 42 亿欧元。近年来，宜家在中国市场的经营业绩非常突出，宜家中国 2016 财年销售额超过 125 亿元，同比增长 18.9%，宜家商场接待了约 8930 万的顾客，比 2015 年增加了 19%。宜家在保证产品质量的同时确定较低的大多数人能负担得起的价格，不但要求设计有所创新，也需要对成本进行严格的管理。

（资料来源：《国际市场营销案例分析》，经济科学出版社）

问题：宜家采取了何种竞争战略？

分析提示：差异化战略和总成本领先战略。

三、集中化战略

集中化战略是指企业把经营的重点目标放在某一特定消费者集团，或某种特殊用途的产品，或某一特定地区上来建立企业的竞争优势及其市场地位。

（一）集中化战略的优点

（1）可以集中企业的资源；
（2）全面把握市场，获取竞争优势；
（3）实现规模效益。

（二）集中化战略的缺点

（1）该行业的其他企业如果也采用集中化战略，会对企业的经营带来威胁；
（2）由于政治、经济、文化、消费者的需求等环境发生变化，会导致企业的竞争优势消失；
（3）采用集中化战略的企业要有能够抵制多元化经营带来高利润诱惑的能力。

（三）集中化战略的适用条件

（1）具有完全不同的用户群，这些用户或有不同的需求，或以不同的方式使用产品；
（2）在相同的目标细分市场中，其他竞争对手不打算实行集中化战略；
（3）企业的资源不允许其追求广泛的细分市场；
（4）行业中各细分部门在规模、成长率、获利能力方面存在很大差异，致使某些细分部门比其他部门更有吸引力。

【同步案例 4-3】

甲公司的竞争战略

甲公司是美国本土一家软饮料公司。美国软饮料市场几乎被百事可乐和可口可乐两大巨头占领。甲公司企业规模较小，无法通过规模经济实现总成本领先，最终甲公司决定专门致力于果蔬饮品的生产。由于碳酸饮料容易使人发胖，人们也越来越关注健康，甲公司的果汁饮品始终强调"营养健康"，并根据不同人群特征，研究开发出不同的技术，生产不同类型的产品，比如针对女性顾客，推出益气补血的枣类饮品、富含维 C 的番茄汁、胡萝卜汁等，针对肥胖人群推出低糖、减肥的果蔬饮品等，始终秉承"营养健康"的理念。甲公司在果蔬饮品上越做越出色，在激烈的软饮料市场为自己赢得了一席之地。

问题：甲公司采取的是何种竞争战略？

分析提示：集中化战略是指企业把经营的重点目标放在某一特定购买者集团，或某种特殊用途的产品，或某一特定地区上来建立企业的竞争优势及其市场地位。甲公司在众多的软饮料中选择了果蔬饮料进行专门化的生产，由此可以看出甲公司采取的是集中化竞争战略。

第四讲　不同竞争地位的企业竞争策略

一、企业竞争地位分析

根据企业在行业里所占市场份额的多少，可以将企业的竞争地位分为以下几种类型：

（一）市场领导者

市场领导者是指在一个行业里市场份额居第一位的企业。绝大多数行业都有市场领导者。它通常在价格变动、新产品开发、分销模式和促销强度等营销策略模式上对其他公司起着领导作用，如宝洁公司是日化用品市场的领导者，可口可乐公司是软饮料市场的领导者，沃尔玛是零售业市场的领导者等。市场领导者是在市场竞争中形成的，其地位并不一定一成不变。

（二）市场挑战者

市场挑战者是指在行业中处于次要地位（第二、第三甚至更低地位）的企业，如富士是摄影市场的挑战者，高露洁是日化用品市场的挑战者，百事可乐是软饮料市场的挑战者等。市场挑战者往往试图通过主动竞争来扩大市场份额，提高市场地位。

（三）市场追随者

市场追随者是指在行业中居于次要地位并安于次要地位，在战略上追随市场领导者的企业。在现实市场中存在着大量市场追随者。市场追随者的最主要特点是跟随。在技术方面，它不做新技术的开拓者和率先使用者，而是做学习者和改进者。在营销方面，不做市场培育的开路者，而是搭便车，以减少风险和降低成本。市场追随者通过观察、学习、借鉴、模仿市场领导者的行为来发展壮大。

（四）市场利基者

市场利基者又叫市场补缺者，多是行业中相对较弱小的一些中、小企业，它们专注于市场上被大企业忽略的某些细小部分，在这些小市场上通过专业化经营来获取最大限度的收益，在不为大企业关注的市场中求得生存和发展。市场利基者通过生产和提供某种具有特色的产品和服务，赢得发展空间，甚至可能发展成为“小市场中的巨人”。

二、竞争策略

（一）市场领导者的竞争策略

市场领导者在市场上占有40%左右的份额，是市场竞争的先导者，也是其他企业挑战、效仿或回避的对象。其主要竞争策略有扩大市场总规模、保护市场占有率和提高市场占有率。

1. 扩大市场总规模

对市场领导者来说，扩大市场总规模有三种形式：发现新用户、开辟新用途和增加使用量。

（1）发现新用户

每类产品总有吸引购买者的潜力，购买者或者根本不知道有这类产品，或者因为其价格不合理或缺少某些性能而拒购。一个制造商可以通过以下三种方式寻找新用户：市场渗透、开辟新市场、地理扩展。市场渗透是指企业采取种种更积极的措施在现有市场上扩大现有产品的销售。比如，近年来，强生公司用它的婴儿洗发露发展新用户阶层获得了巨大的市场成功。当出生率逐渐下降时，该公司对未来的销售成长忧心忡忡。它的营销人员注意到家庭中其他成员偶尔也使用婴儿洗发露洗头。管理层决定向成人开展一个广告活动。在短时期内，强生公司的婴儿洗发露就成了整个洗发露市场的领先品牌。开辟新市场是指说服那些尚未使用企业产品的新顾客使用产品。地理扩展是指将产品销售到国外或是其他地区市场。

(2)开辟新用途

可以通过发现和推广产品的新用途来扩大市场。凡士林最初只不过被作为一种简单的机器润滑油，但若干年后，其产生了许多新用途，包括用作皮肤软膏、痊愈剂和发蜡等。小苏打被用了125年后，公司发现它可以用作冰箱除臭剂，后来公司又发现消费者用它来消除厨房里的油脂火种，这种用途一经促销，也获得了巨大成功。甘蔗最初用来制糖，现在还可以用来造纸。尼龙最初用于制造降落伞和衣服，现在还可以用于汽车制造业，成为轮胎、坐垫的原料。这充分说明了开发产品新用途有利于市场需求总规模的扩大。

(3)增加使用量

第三个市场扩展策略是说服人们在各个使用场合更多地使用该产品。洗发露制造企业在洗发露瓶子上印上“泡沫，冲洗，重复”，试图说服消费者更多地使用洗发露。它使人们认识洗发露洗头的效果，每次洗两遍比一遍更佳！美国人一周平均有三个早晨吃早餐麦片。如果麦片制造厂商能说服人们在一天的其他时间吃麦片，便可获利。牙刷制造商希望消费者一天多刷几次牙，这样更有利于牙齿的健康，打出“牙科医生建议每三个月更换一次牙刷”的广告，其目的是让消费者通过更换牙刷来增加牙刷的使用量。另外，提高消费者的购买频率也是增加使用量的一种有效的方法。服装制造商每年每季都要不断推出新的流行款式，刺激消费者不断购买新的服装，提高消费者的购买频率。

2. 保护市场占有率

市场领导者除了扩大市场总规模之外，还必须防备其他竞争者的挑战。保护市场占有率有阵地防御、侧翼防御、反击式防御、运动防御和收缩防御等几种形式。

(1)阵地防御

阵地防御是指企业在现有阵地周围建立防线。这是一种静态的和被动的防御，是防御的基本形式。如果将所有力量都投入这种消极的防御中去，企业最后很可能会走向失败。现在可口可乐公司虽然已经发展到年产量占全球可乐半数左右的规模，但仍然积极从事多元化经营，如打入酒类市场、兼并塑料制品和海水淡化设备等产业。

(2)侧翼防御

市场领导者不仅要保卫好它的领域，而且还应该建立一些侧翼或前沿阵地，以保护一个薄弱的前沿阵地或作为在必要时可能进行反攻的出击阵地。例如，20世纪70年代美国的几大汽车公司没有注意到小型汽车的需求，以致遭到日本小汽车的攻击，失去了很大的市场，就是因为没有有效地进行侧翼防御。星巴克咖啡公司为了在诸多竞争对手面前保持领先地位，在使用一系列的防卫方式。其中之一是它正在不断地试着推出新产品，即其他与咖啡无关的产品——如茶和果汁的混合物——Tiazzi。并且，它正在小心翼翼地在超级市场出售豆类产品及进入餐饮行业。

(3)反击式防御

反击式防御是一种“先发制人”的防御。它的战略选择可以是正面回击进攻者，或者向进攻者的侧翼包抄，或者开展一个钳形运动。西北航空公司收益最高的一条航线是从明尼阿波利斯到亚特兰大的航线。一家小航空公司发动了一次大幅度的机票削价和大量的广告宣传活动，以扩大它在这个市场的份额。西北航空公司通过削减这家小公司的主要航线——明尼阿波利斯至芝加哥的费用予以反击。由于主要的收入来源受到损害，这家小公司只得把其从明尼阿波利斯到亚特兰大的机票价格恢复到正常水平。

(4)运动防御

运动防御是指不但保护现存领土，并向有潜力的领域扩展。在运动防御中，市场领导者把它的范围扩展到新的领域中去，而这些领域在将来可以成为防守和进攻的中心。扩展到这些新领域的方法是市场拓宽和市场多样化。例如，“石油公司”被要求改为“能源公司”意味着它们的研究领域包括石油、煤、原子能、水力发电和化学工业。国内很多大型公司也在采取运动防御策略，比如海尔、华为就是采取多元化经营方式。

(5)收缩防御

收缩防御即放弃薄弱领域，集中资源于优势领域，主要是缩小经营范围。收缩防御并不是放弃企业现有的细分市场，只是在特定时期，集中企业优势，应付来自各方面的竞争威胁和压力。松下电器公司早在20世纪80年代就将其产品大类削减到1200个；五十铃公司则放弃了轿车市场，转而集中生产占优势地位的卡车；美国西屋电器公司将其生产的冰箱品种由40个缩减为30个，竞争力大大增强。

3. 提高市场占有率

对于市场领导者来说，可以通过以下几种形式提高市场占有率：

(1)产品创新

产品创新是指不断开发新产品。可口可乐是饮料行业的领导者，能一直占据市场领先者地位与它不断开发新产品和大量开展促销活动是分不开的。

(2)多品牌

多品牌即企业在销路较大的产品项目中，扩大企业同种产品的品牌系列，采用多品牌营销。比如宝洁公司在洗发水方面推出了海飞丝、飘柔、潘婷、沙宣等多种品牌。

(3)质量领先

质量领先即通过不断向市场提供质量超过其他竞争者的产品，以获得质量溢价，同时也可以保持自己质量优异的品牌形象，从而吸引更多的顾客购买，扩大市场份额。

(4)大量广告和强力促销

大量广告和强力促销是指通过大量广告和促销活动来促使消费者经常保持对自己的品牌形象的认知，增加其对品牌熟悉程度和产生偏好。

(二)市场挑战者的竞争策略

市场挑战者是指市场占有率为30%左右的企业。它们主要采取进攻的策略，选择进攻的对象有本行业领先者、与自己实力相当的竞争者和地方性小企业。例如，施乐公司通过开发出一个较好的复印方法(用干印法代替湿印法)，从而从3M公司夺走了复印机市场。佳能公司通过引进台式复印机，又从施乐公司的市场上掠取了大量的份额。后来，佳能公司也以同一途径，通过开发更方便使用者的台式复印机夺去了施乐公司数量可观的市场份额。

市场挑战者选择进攻的方式主要有以下五种：

1. 正面进攻

正面进攻就是集中全力向对手的主要市场阵地正面发动进攻，针对的是对手的强项而不是弱项。这种进攻风险很大，但又具有很大的吸引力。正面进攻需要企业投入大量的资源或成本，所以对企业来说需要慎重选择。

2. 侧翼进攻

侧翼进攻就是寻找和攻击对手的弱点，有时可采取“声东击西”的策略，佯攻正面，实则攻击侧面或背面。寻找对手弱点的主要方法是分析对手在各类产品和各个细分市场上的实力和绩效，把对手实力薄弱或绩效不佳或尚未覆盖而又有潜力的产品和市场作为攻击点和突破口。这又可分为两种情况：一种是地理性侧翼进攻，即在全国或全世界寻找对手力量薄弱的地区，在这些地区发动进攻。比如，一些大公司易于忽略中小城市和乡村，进攻者可在那里发展业务。另一种是细分性侧翼进攻，即寻找领先企业尚未为之服务的子市场，在这些小市场上迅速填补空缺。侧翼进攻使各公司的业务更加完整地覆盖了各细分市场，因而符合现代市场营销观念——发现需求并设法满足它。

侧翼进攻也是一种最有效和最经济的策略形式，比正面进攻有更多的成功机会，它避免了攻守双方为争夺同一市场而造成的两败俱伤的局面。例如，IBM公司的某些竞争对手如霍尼韦尔公司在小城及小镇推销它的业务，而在那里，它不会与IBM公司大量的销售人员打营销战。

3. 包围进攻

包围进攻是一种全方位、大规模的进攻策略。挑战者只有在拥有优于对手的资源并确信围堵计划的完成足以打垮对手时，才可采用这种策略。例如，日本的精工手表在国际市场上就是采用这种策略形式，它在美国市场上提供了约500多个流行款式，几乎占据了每个重要的商店，并通过各种促销方式吸引了很多消费者，取得了巨大的成功。

4. 迂回进攻

迂回进攻是一种最间接的进攻策略，企业完全避开对手的现有阵地迂回进攻，主要适用于规模一般、力量较小的企业。具体做法有三种：一是发展无关的产品，实行产品多元化；二是以现有产品进入新地区的市场，实行市场多元化；三是发展新技术、新产品以取代现有产品。例如美国高露洁在面对强劲的竞争对手宝洁公司的竞争压力时，积极扩充其在海外的市场，并在美国国内采取多元化竞争，如通过收购纺织品、医药产品、化妆品、运动器材和食品等行业来应对竞争对手的竞争。

5. 游击进攻

规模较小、力量较弱的企业通常采用游击进攻策略。游击进攻的目的在于向对手有关领域发动小规模、断断续续的进攻，逐渐削弱对手力量，使自己最终夺取永久性的市场领域。游击进攻的主要方法是在某一局部市场上有选择地降价、开展短促的密集促销及向对方采取相应的法律行动等。游击进攻能够有效地骚扰对手、消耗对手、牵制对手、误导对手并瓦解对手的士气，打乱对手的战略部署而己方不冒太大的风险。适用条件是对方的损耗将不成比例地大于己方。应该注意的是，不能认为游击进攻一定适合财力不足的小企业，持续不断的游击进攻，也是需要大量投资的。而且，如果要想打倒对手，光靠游击战很难达到目的，还需发动更强大的攻势。在20世纪80年代，本田与亚马哈在轻便摩托车方面展开了激烈的竞争。20世纪70年代，日本的本田推出了一种造型小巧、启动方便、适宜于女性或白领人士通用的63000日元的轻便摩托车。亚马哈却推出了一种并步式，穿裙子者不用跨腿即能骑乘，售价为6万日元的轻便摩托车。本田说它的产品是跨腿骑乘，刹车时能立即用脚着地，十分安全，暗指亚马哈的并步式轻便摩托车缺乏安全感；而亚马哈亦毫不示弱，强调自己的产品“重心低，所以更放心”。

（三）市场追随者的竞争策略

市场追随者在市场上占有20%左右的市场份额，没有实力与市场领导者抗衡。与市场挑战者不同，市场追随者不是向市场挑战者发动进攻并图谋取而代之，而是只追随市场领导者的产品策略和营销策略，努力维持其市场份额，但并不希望通过竞争扰乱市场局面。比如在钢铁、肥料、化工等资本密集型的同质行业中普遍存在着市场追随者。在这些行业中，产品的差别不是很明显，服务质量也相仿，所以价格竞争非常激烈。

市场追随者主要采取跟随战略，具体有三种形式：紧密跟随、距离跟随和选择跟随。

1. 紧密跟随

紧密跟随指在各个细分市场和产品、价格、广告等营销组合策略方面模仿市场领导者，完全不进行任何创新。由于是利用市场领导者的投资和营销组合策略去开拓市场，自己跟在后面分一杯羹，故被看作依赖市场领导者生存的寄生者。但只要它不从根本上侵犯市场领导者的地位，就不会发生直接冲突。可有些紧密跟随者却成为名牌货的伪造者或仿制者，这些“跟随者”在国际市场上十分猖獗，它们的存在对于许多国际驰名的大公司而言是一个巨大的威胁。对此，应寻找行之有效的打击办法。

2. 距离跟随

距离跟随指在基本方面，如目标市场、产品创新、价格水平和分销渠道等方面都追随市场领导者，但又与市场领导者保持若干差异。如果这类跟随者不对市场领导者发起挑战，市场领导者也不会介意。在钢铁、肥料和化工等同质产品行业，不同企业的产品相同、服务相近，不易实行差异化战略，价格几乎是吸引购买的唯一手段，价格敏感性高，随时可能爆发价格大战。正因如此，各企业常常模仿市场领导者，采取较为一致的产品、价格、服务和促销策略，市场份额保持着高度的稳定性。

3. 选择跟随

选择跟随指在某些方面紧跟市场领导者，在某些方面又自行其是。他们会有选择地改进市场领导者的产品、服务和营销策略，避免与市场领导者正面交锋，选择其他市场销售产品。例如，雷格波控股公司销售与市场领导者相类似的品牌名称的谷物食品，包装盒也类似，但它的甜品、水果圈和米饼的销售稍低于市场领导者品牌1美元左右。这种追随者通过改进并在别的市场壮大实力后有可能成长为挑战者。

（四）市场利基者的竞争策略

市场利基者在市场上占有约10%的市场份额，主要通过专业化精心服务于市场中某些细小部分，而不与主要的企业竞争来占据有利的市场位置。

1. 一个理想的市场空缺（补缺基点）应具备的条件

（1）足够的市场潜量和购买力；

（2）利润有增长的潜力；

（3）对主要竞争对手不具有市场吸引力；

（4）企业具有占领此空缺所必要的资源和能力；

(5)企业既有信誉足以对抗竞争对手。

2. 市场利基者采用专业化策略

(1)最终用户专业化，指专门致力于为某类最终用户服务，例如，航空食品公司专门为民航生产提供给飞机乘客的航空食品。

(2)垂直专业化，指专门致力于分销渠道中的某些层面，如铝制品厂可专门生产铝锭和铝制部件。

(3)顾客专业化，指专门为某一种规模(大、中、小)的客户服务，如有些小企业专门为那些被大企业忽略的小客户服务。

(4)质量和价格专业化，指专门生产经营某种质量和价格的产品，如专门生产高质量产品或低质量产品。

(5)服务项目专业化，指专门提供某一种或几种其他企业没有的服务项目，如美国有一家银行专门承办电话贷款业务，并为客户送款上门。

(6)分销渠道专业化，指专门服务于某一类分销渠道，如专门生产适于超级市场销售的产品。

市场利基者为了分散经营风险，往往选择两个或两个以上的细分市场，以此来确保企业的生存和发展。

即学即用

观看余世维时代光华管理课程视频：差异化战略和成本领导竞争战略。

请思考回答以下问题：

1. 视频中提到的立波啤酒是如何一步步实现差异化战略的？

2. 视频中空中客车公司以总成本领先战略击败波音公司取得巨额订单，请说说总成本领先战略适用的条件有哪些？

要点巩固

1. 如何识别广义的竞争对手？

2. 主要从哪些方面分析竞争对手？

3. 请用五力竞争模型为淘宝做竞争力量分析。

4. 什么样的市场条件下适合采用差异化竞争战略？

5. 请说出以下表述中，A 公司与 B 公司、其他公司分别是什么类型的竞争者。

(1)A 公司向市场提供的电视机的档次、价格和 B 公司相同。

(2)A 公司生产的是 25 英寸等离子电视，但消费者购买的是 B 公司的 34 寸液晶上网彩电。

(3)某消费者本想买一台 A 公司生产的液晶电视机，后来买了 B 公司一台大尺寸的计算机，现在看电视都是在计算机上看。

(4)生产电视的 A 公司与计算机、小轿车等的生产者。

课堂延伸

1. 观看中央电视台《对话》节目对马云的访谈视频，从中找出阿里巴巴集团的竞争对手。

2. 阅读文章：《基于波特基本竞争模型的实例分析——以苹果公司为例》，杨玥，载于《新商务周刊》2017 年第 12 期。

3. 阅读书籍：《市场营销案例精选》。

占领心智
——市场定位

项目五

项目概述：

主要介绍如何通过有效的市场细分，科学选定目标市场，并做好市场定位。

教学目标：

了解市场细分、目标市场及市场定位的概念和作用；

熟悉市场细分的依据；

学会如何选择目标市场及应用目标市场策略；

掌握市场定位的步骤和方法。

教学重点：

市场细分、目标市场及市场定位的概念和作用；

市场细分的依据；

市场定位的步骤和方法。

教学难点：

市场细分的依据；

市场定位的步骤和方法。

学前问题

有人说“市场定位就是回答用什么样的产品来满足什么人群的什么需求”。你同意这种说法吗?

思政先行

塞涅卡说过:“如果一个人不知道他要驶向哪个码头,那么任何风都不会是顺风。”不管一个人出身如何、相貌如何、学历如何,只要你能选定一个合适的位置,把握一个准确的方向,坚定一个正确的信念,勇敢地走下去,成功便近在咫尺、触手可及。也只有这样,你的生命和生活才会有收获、有意义。

在实际生活中,由于个人性格、兴趣爱好、文化程度、社会阅历、人际交往等各方面的差异,每个人都会对自己有不同的人生定位。要寻找合适的人生定位,首先就要认识自己、了解自己,时常不断地反思,从给自己重新定位的角度审视自己,结合实际面对的情况和问题,及时发现自己的不足,脚踏实地、循序渐进地加以改进,从而不断完善和塑造自己。其次,要注重个性的培养,在充分认识自我的前提下,注意完善自己的个性,提高自己调控情绪的能力即情商,主动适应和融入社会,让自己的理想与现实的条件有效地结合,对自己所处的环境和应该持有的心态做最准确的把握。最后,要对自己充满信心,要有战胜和克服困难的勇气和决心,磨炼抗挫折能力即逆商,学会以阳光的心态面对每天的事情,对于出现的复杂问题采取积极、冷静的态度,正确、合理地选择和决策,始终认清人生正确的方向,用热情和执着去开创属于自己的一片蓝天。(改编自赵天祥网络作品)

人生定位就是要在人生这个“大市场”里寻找到自己合适的位置,然后采取合适的策略,通过不懈的努力,不断精进达成人生的定位目标。蓝印花布印染技艺传承人吴元新就是这样的一个例子,通过找准自己的人生定位,坚定地走在蓝印花布保护和传承的道路上,在蓝印花布不被认可、没有市场的困局中,通过将蓝印花布重新定位,不断开发蓝印花布的创意产品和市场,迎合近几年兴起的国潮风,主动服务习近平总书记提出的国内国外双循环战略,将蓝印花布成功推向市场,实现了对蓝印花布的生产性保护,也成就了自己不一样的精彩人生。

思政学习园地

扫一扫,看学习资料　扫一扫,看学习资料

1.《青年人生理想的风帆要靠奋斗来扬起》。
2.《敬业绘就“最美”人生》。

理论精讲

营销大师科特勒曾说:“现代战略营销的中心,可定义为 STP 市场营销——就是市场细分(segmentation)、目标市场(targeting)和市场定位(positioning)。在巨大、广阔及多样化的市场中，一个公司不可能为所有的顾客服务。然而，企业可以根据消费者不同的需求和欲望将其划分为不同的消费群体或细分市场。之后，还得识别出自己能为之有效服务的细分市场。在做出这些营销决策时，企业需要对消费者行为有深刻的认识和谨慎的战略思考。

在产品越来越趋于同质化的市场，如何有效进行市场的细分，找到产品的目标市场，并做出恰当的市场定位，从而制订更好的营销计划，需要管理者了解每个细分市场的独特因素。

第一讲　市场细分

一、市场细分的概念

市场细分是现代营销学中的一个重要概念。市场细分就是对消费群进行分类的过程。具体来说，市场细分就是企业在调查研究的基础上，根据消费者在需求、购买动机及其购买行为方面的差异，把市场划分为若干具有某种相似特征的消费群的过程。人们一般把市场细分以后的每一类消费群称为"市场"或"细分市场"。

市场细分是美国市场营销学家温德尔·斯密斯(Wendel Smith)在20世纪50年代中期提出来的。这是他在总结了企业营销活动实践经验的基础上提出来的新概念。这个概念提出来后，受到工商企业家和理论界的重视，已成为市场营销理论的重要组成部分。

将整体市场划分成若干个细分市场，首先，是由消费者需求的差异性所决定的。在市场上，每个消费者由于各自条件不同及客观环境的差异，在购买商品时，在动机、欲望和需求上存在着一定的差异。这种差异性的存在，使得企业只能把需求大体相似的消费者划归同一群体，从而以相应的商品和服务去满足该消费者群体的需求。

其次，市场细分，还是由消费者需求的相似性所决定的。每个细分市场，之所以成为相对独立又比较稳定的市场，是因为在该群体的消费者中，有着相似的购买行为和购买习惯。这种相似性又使不同消费者需求再次聚集，形成相类似的消费群体，从而构成了具有一定个性特征的细分市场。

再次，市场细分，还是由各企业的营销能力的限制所决定的。任何企业，其经营范围、经营能力总有一定限度，不可能为市场提供所有消费者需要的全部商品，而只能使自己的营销活动限定在力所能及的范围内，去生产和经营某一方面或几方面的商品，去满足某一部分消费者的一个或几个方面的需求。这就要求企业将复杂、多变的整体市场进行细分，同中求异、异中求同，发挥自身的优势，更好地满足消费者的需求。

由此可见，市场需求的差异性和相似性，企业经营能力的局限性，是市场细分的客观基础。正是因为有了市场需求的差异性和企业营销能力的局限性这一矛盾，同时，又存在整体市场需求的差异性和细分市场的相似性，才使企业进行市场细分有了必要和可能。

图5-1很好地展示了同样是购买手机，但每位消费者购买手机的诉求各不相同。

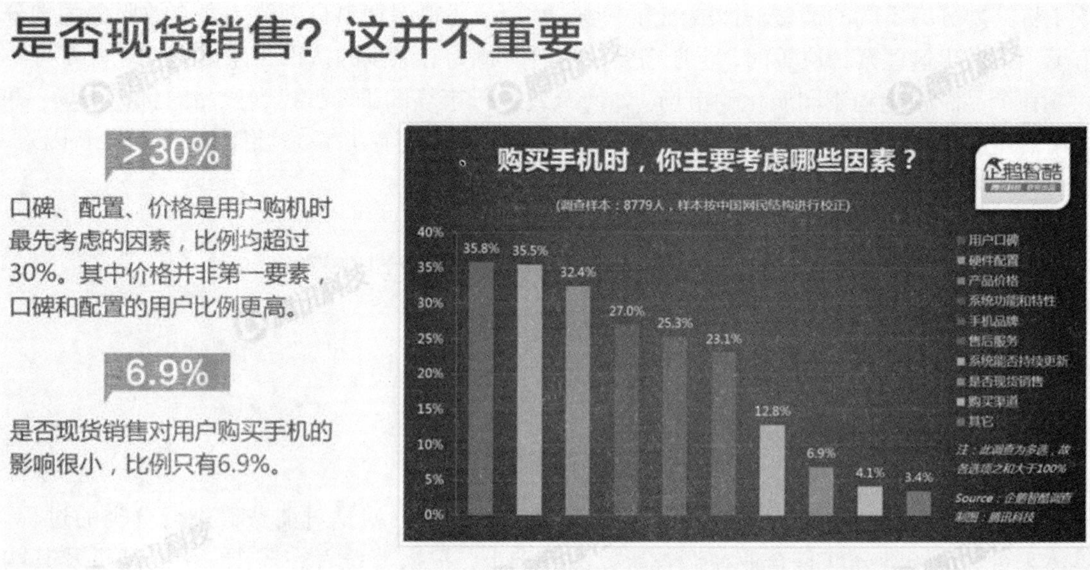

图 5-1　每位消费者购买手机的诉求各不相同(资料来源：企鹅智酷)

二、消费者市场细分的标准

消费品市场细分的标准，因企业不同而各具特色，但是有一些标准是共同的，即地理环境、人口因素、消费心理及行为因素等四个方面，四个方面又包括一系列的细分因素。

(一)地理环境

以地理环境为标准细分市场，就是按消费者所在的不同地理位置将市场加以划分，是大多数企业采取的主要标准之一，这是因为这一因素相对其他因素表现得较为稳定，也较容易分析。地理环境主要包括区域、地形、气候、城镇大小、交通条件等。由于不同地理环境、气候条件、社会风俗等因素影响，同一地区内的消费者需求具有一定的相似性，不同地区的消费需求则具有明显的差异。

按照国家、地区、南方北方、城市农村、沿海内地、热带寒带等标准来细分市场是必需的，但是，地理环境是一种静态因素，处在同一地理位置的消费者仍然会存在很大的差异。因此，企业还必须采取其他因素进一步细分市场。

(二)人口因素

人口因素是市场细分惯用的和最主要的标准，它与消费需求及许多产品的销售有着密切联系，而且这些因素又往往容易被辨认和衡量。按人口因素细分市场的营销要点如表 5-1 所示。

表 5-1　按人口因素细分市场的营销要点

	主要变量	营销要点
性别	男女构成	了解男女构成及消费需求特点
年龄	婴儿、儿童、少年、青年、成年、老年	掌握年龄结构、比重及各档次年龄的消费特征
收入	白领和蓝领；高收入者、中高收入者和低收入者	掌握不同收入层次的消费特征和购买行为
家庭生命周期	单身阶段、备婚阶段、新婚阶段、育儿阶段、空巢阶段、寡鳏阶段	研究各家庭处在哪一阶段，不同阶段消费需求的数量和结构
职业	工人、农民、军人、学生、干部、教育工作者、文艺工作者等	了解不同职业的消费差异
文化程度	文盲、小学、中学、大学等	了解不同文化层次人群的购买种类、行为、习惯及结构
民族	汉族、满族、回族、蒙古族等	了解不同民族的文化、宗教、风俗及不同的消费习惯

(三)消费心理

在地理环境和人口因素相同的条件下，消费者之间存在着截然不同的消费习惯和特点，这往往是消费者的消费心理差异所导致的。尤其是在比较富裕的社会中，消费者购物已不限于满足基本生活需要，因而消费心理对市场需求的影响更大。所以，消费心理也就成为市场细分的又一重要标准。

1. 生活方式

生活方式是人们对消费、工作和娱乐的特定习惯。由于人们生活方式的不同，消费倾向及需求的商品也不一样，如崇尚健康生活方式的人，会更愿意购买新鲜的绿色食品，而喜欢过宅生活的人，会更喜欢购买外卖。

2. 性格

不同性格消费者在消费需求上有不同特点，具体如表 5-2 所示。

表 5-2　不同性格消费者在消费需求上的不同特点

性格	消费需求特点
习惯型	偏爱、信任某些熟悉的品牌，购买时注意力集中，定向性强，反复购买
理智型	不易受广告等外来因素影响，购物时头脑冷静，注重对商品的了解和比较
冲动型	容易受商品外形、包装或促销的刺激而购买，对商品评价以直观为主，购买前并没有明确目标
想象型	感情丰富、善于联想，重视商品造型、包装及命名，以自己丰富的想象力去联想产品的意义
时髦型	易受相关群体、流行时尚的影响，以标新立异、赶时髦为荣，购物注重引人注意，或显示身份和个性
节俭型	对商品价格敏感，力求以较少的钱买较多的商品，购物时精打细算、讨价还价

不少企业常常使用性格变量来细分市场，他们给自己的产品赋予品牌个性，以适合相应消费者的个性。

3. 品牌忠诚程度

消费者对企业和产品品牌的忠诚程度，也可以作为细分市场的依据。企业借这一细分可采取不同的营销对策(见表 5-3)。

表 5-3　顾客忠诚程度细分

忠诚程度类型	购买特征	销售对策
专一品牌忠诚者	始终购买同一品牌	用俱乐部制等办法保持老顾客
几种品牌忠诚者	同时喜欢几种品牌，交替购买	分析竞争对手的分布、竞争对手的营销策略
转移忠诚者	不固定忠于某一品牌，一段时间忠于 A，一段时间忠于 B	了解营销工作的弱点
犹豫不定者	从来不忠于任何品牌	使用有力的促销手段吸引顾客

(四)行为因素

行为因素是细分市场的重要标准，特别是在商品经济发达阶段和广大消费者的收入水平提高的条件下，这一细分标准越来越重要。不过，这一标准比其他标准要复杂得多，而且也难掌握。

1. 购买习惯

即使在地理环境、人口因素等条件相同的情况下，由于购买习惯不同，仍可以细分出不同的消费群体。如购买时间习惯标准，就是根据消费者产生需要购买或使用产品的时间来细分市场的。新学期开学前学习用品热销，春节前副食品销售达到高峰，重阳节前各类保健食品吃紧。又如购买地点习惯，人们愿意去超市、便利店购买一般日用品，去大店名店挑选高档商品，这就为各类零售企业市场定位提供了依据。

2. 寻找利益

消费者购买商品所要寻找的利益往往是各有侧重的，据此可以对同一市场进行细分。一般地说，运用利益细分法，首先必须了解消费者购买某种产品所寻找的主要利益是什么；其次要了解寻找某种利益的消费者是哪些；再次要调研市场上的竞争品牌各适合哪些利益，以及哪些利益还没有得到满足。通过上述分析，企业可以挖掘新的市场机会。

三、有效细分市场的原则

并不是所有的细分都是有效的。例如，可以根据大米购买者性别的不同，将他们分为男性和女性，但是购买大米与性别无关。因此，要使市场细分有效，需要注意以下原则。

(一)差异性

差异性是指根据选定的细分标准划分出来的子市场，在需求、购买动机及其购买行为等方面，确实与其他子市场存在明显的差异性，足以作为一个单独的细分市场存在。例如，肉食品等商品有必要按汉族和回族细分，而食盐就不必按民族细分了。

（二）可衡量性

可衡量性是指用以细分市场的标准应该是可以衡量的，或者说为了将消费者分门别类，划分不同的群体，公司必须能对消费者的特点和需求进行衡量。细分市场的规模大小和购买力水平也应该是可以衡量的，这样企业才能决定相应的生产规模，进行合理定价，决定渠道类型和促销方式。例如，我们可以根据年龄将一个班的学生分类，却很难根据脾气的大小将班级学生分类。

（三）足量性

足量性是指细分市场的大小和利润值得单独营销的程度，即划分出来的细分市场必须是值得采取单独营销方案的最小单位，并且能保证企业获得足够的经济效益。如果容量太小，销量有限，得不偿失，则不足以成为细分依据。例如，有些罕见病的药很难买到，研发进展也比较慢，有一部分原因是不少企业并没有将患者数量稀少的罕见病用药市场作为一个专门的细分市场。

（四）可接近性

可接近性是指企业根据拥有的资源，通过市场营销组合能够有效地进入细分市场，并能较好地满足细分市场需求的程度。如果商品无法通过一定的分销渠道抵达市场，或者有关的营销信息无法对该市场的潜在消费者进行传播，那么该细分市场对企业是没有意义的。例如像军事工业、石油等关系国民经济命脉的行业，不是所有企业都能轻易接近和进入的。

第二讲 目标市场选择

一、目标市场的概念

所谓目标市场，是指通过市场细分被企业所选定的，准备以相应的产品和服务去满足其现实的或潜在的消费需求的那一个或几个细分市场。

可见，市场细分与目标市场的选择有着密切的关系，它们既有联系，又有区别。市场细分是按不同的消费需求划分消费者群体的过程，而目标市场则是企业选择的一个或几个作为自己营销对象的细分市场。因此，市场细分是选择目标市场的前提，选择目标市场则是市场细分的目的。

目标市场与市场定位也存在着密切关系。目标市场指的是作为企业今后营销对象的那一个或几个细分市场；而产品市场定位，是指企业在目标市场上为自己的产品创造一定的特色，树立良好的市场形象，以满足目标市场消费者需求的活动。

二、目标市场选择战略

（一）集中战略

所谓集中战略，就是不把整个市场作为自己的服务对象，而只是以一个或少数几个细分市场或一个细分市场中的一部分作为目标市场，集中企业营销力量，为该市场开发一种理想的产品，实行专门化生产和销售。集中战略如图 5-2 所示。

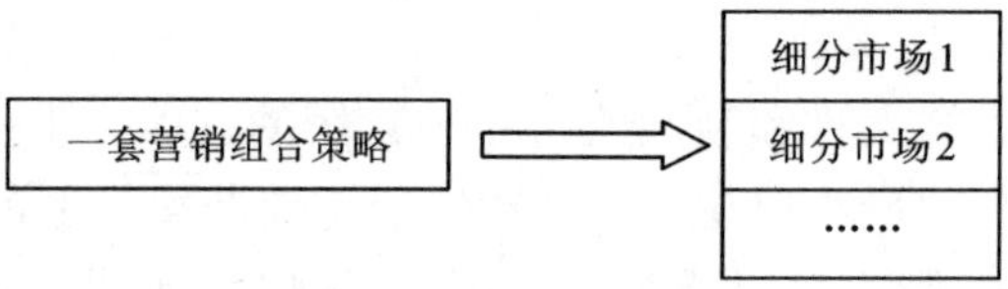

图 5-2　集中战略

采取这种目标市场战略的企业，追求的不是在较大的市场上占有较少的份额，而是在较小的市场上占有较多的份额。企业面对若干细分市场，并不希望尽量占有市场的大部分以至全部，宁可集中全力争取一个或极少数几个细分市场，而不是将有限的人力、物力、财力分散用在广大的市场上。

【同步案例 5-1】

日本“尼西奇”公司的尿布

日本“尼西奇”公司起初只是一家生产雨衣、尿布、游泳帽、卫生带等多种橡胶制品的小厂，由于订货不足，濒临破产的边缘。一次，他们从日本政府发表的人口普查资料中得到启发，日本每年大约有 250 万个婴儿出生，尿布是不可缺少的，如果每个婴儿用两条，全国一年就需要 500 万条，这是一个多么广阔的市场啊！像尿布这样的小商品，大企业根本不屑一顾，而小企业的人力、物力和技术尽管有限，如果能独辟蹊径，必定有所作为。商品不在于大小，只要市场需要，同样能成为畅销货，做成大生意。基于这样的考虑，尼西奇公司当即做出了决策：专门生产小孩尿垫。经过几十年的努力，尼西奇公司依靠独特的销售方式和不断创新的精神，终于使小小的尿垫成为与丰田汽车、东芝彩电、夏普音响一样有名的商品。在日本婴儿所使用的尿垫中，每三条中有两条是尼西奇公司所生产的，使该公司成为名副其实的“尿垫大王”。

问题：尼西奇公司如何从多样产品化战略转入集中战略，你怎么看待这个问题？

分析提示：日本尼西奇公司是一个有多种产品的小规模公司，但产品多样化面向的市场也是多种的，只有采用集中战略，才能围绕一个特定的目标进行密集型的生产经营活动，才能比竞争对手提供更为有效的服务。公司一旦选择了目标市场，便可以通过产品差异化或总成本领先的方法，形成集中战略。就是说，采用集中战略的公司，基本上就是特殊的差异化或特殊的总成本领先公司。

（二）差异化战略

所谓差异化战略，是指企业根据各个细分市场中消费需求的差异性，设计生产出目标顾客需要的多种产品，并制订相应的营销策略，去满足不同顾客的需要。差异化战略如图5-3所示。

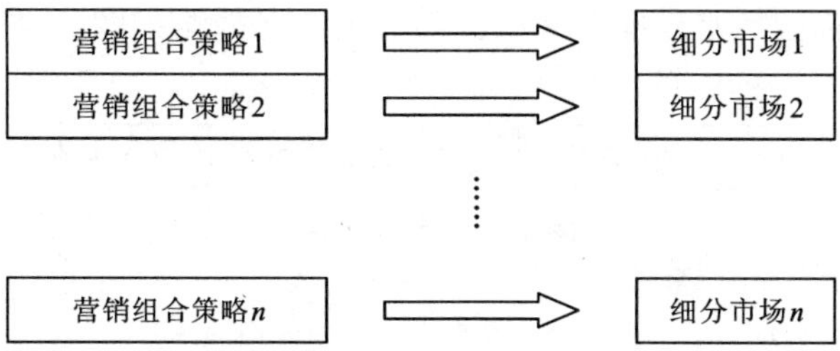

图5-3 差异化战略

这种战略的优点是：①体现了以消费者为中心的经营思想，能满足不同消费者的需求，有利于扩大销售额；②企业同时在几个细分市场上占优势，有利于提高企业声誉，树立良好的企业形象，增进消费者对企业和商品的信任感，提高市场占有率。其缺点是：①企业资源分散于各细分市场，容易失去竞争优势；②商品生产成本和营销成本较高，因采取多种营销组合措施，促销费用较多。

【同步案例5-2】

梦之岛差异化战略

南宁是广西商业的重镇，是百货零售商家大展宏图之地。南宁百货、梦之岛、百盛、巴黎春天、广州友谊、沃尔玛等国内外百货零售云集，此外还有经营专项产品的国美、苏宁等家电巨头。就在这样激烈的市场竞争环境下，梦之岛凭着清晰的战略定位和一流的品牌管理，创出了民营百货公司的种种经营奇迹。

梦之岛在南宁市设立了四大商场，设立的营销战略也采用了差异化战略，其中梦之岛购物中心（古城店）实施名牌战略，吸引世界众多品牌商家强势进驻；南宁梦之岛百货（民族店）定位于生活、购物、享受，服务于追求青春时尚的各界人士；南宁梦之岛水晶城百货有限公司设立于南宁市金源CBD，服务于追求高尚生活的时尚人士；梦之岛优购百货大卖场（人民路）的经管理念是以优异的质量和低廉的价格满足广大消费者的需求。

问题：梦之岛运用什么样的细分方法进行差异化营销？

分析提示：消费者购买行为和消费能力的差异化是梦之岛细分市场的依据。

（三）无差异战略

在无差异战略下，企业把市场作为一个整体，认为所有消费者对某种商品有共同的需求，因而不考虑他们实际存在的需求差异，依靠大众化的分销渠道和相同主题的广告，以求在消费者心目中建立起良好的印象。例如，美国的可口可乐公司在相当长的时间里，由于拥有世界性的专利，仅生产一种口味、一种大小和形状的瓶装可口可乐，连广告字句都一样。

这种战略的优点是成本较低。因为生产品种单一、批量大、销售面广、挑选性不强、广告投入少，生产成本和营销成本都比较低。一般说来，在卖方市场条件下，如果商品供不应求、竞争不激烈、消费者没有特殊要求，采取这种战略能取得较好的效果。但在买方市场条件下，竞争激烈，这种战略对多数企业来说都是不适当的。所以，这种战略只适用于少数大家都有共同需要、差异性不大的商品。无差异战略如图 5-4 所示。

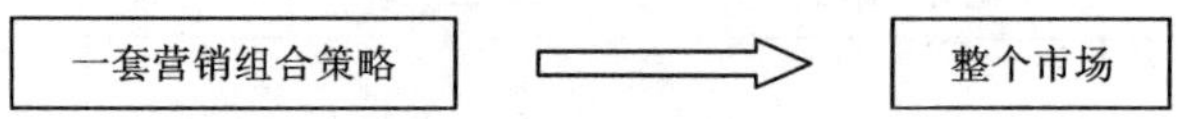

图 5-4　无差异战略

第三讲　市场定位

一、市场定位的概念

市场定位的概念是在 20 世纪 70 年代由美国两位资深的广告代理商阿尔·赖斯和杰克·特鲁塔首先提出的。这一概念一经提出，其战略思想很快就被世界各地市场营销学者和企业经营者所接受，并成为营销战略的一个重要环节。企业一旦选定了目标市场，就要在目标市场上进行产品的市场定位。市场定位是企业全面营销战略规划的一个重要部分。市场定位是指通过营销活动的策划与开展，为企业产品创造出一种明显区别于竞争对手的特色性差异，并把这种差异形象生动地展示给顾客，使企业产品在顾客心目中形成一种独特的、深刻的、鲜明的印象，从而形成目标市场上企业独一无二、不可替代的竞争优势。因此，市场定位的实质就是差异化营销。

二、市场定位战略

目标市场定位的实质是一种竞争战略。定位方式不同，竞争态势也不同。因此，企业只有与竞争对手在产品、促销、成本、服务等方面进行比较，了解自己的优势与劣势，明确自己的竞争优势，进行恰当的市场定位，才能打开市场。可供市场定位选择的战略有以下四种。

（一）直接对抗定位战略

直接对抗定位也称为针锋相对定位，指企业采取与细分市场上最强大的竞争对手同样的定位。也就是企业把产品或服务定位在与竞争对手相似或相同的位置上，同竞争对手争夺同一细分市场。一般来说，当企业能够提供比竞争对手更令顾客满意的产品或服务，比竞争对手更具有竞争实力时，可以实行这种定位战略。如百事可乐与可口可乐的竞争，肯德基与麦当劳的争斗，就是直接对抗定位的例子。由于竞争对手实力很强，且在消费者心目中处于强势地位，因此实施直接对抗定位战略有一定的市场风险，这不仅需要企业拥有足够的资源和能力，而且需要在知己知彼的基础上，实施差异化竞争，否则将很难化解市场风险，更别说取得市场竞争胜利了。

（二）市场补缺式定位战略

市场补缺式定位战略是指企业把自己的市场位置定位在竞争对手没有注意和没有占领的市场位置上的战略。当企业对竞争对手的市场位置、消费者的实际需要和自己经营的商品属性进行评价分析后，如果发现企业所面临的目标市场存在一定的市场缝隙和空间，而且自身所经营的商品又难以正面抗衡，这时企业应该把自己的位置定在目标市场的空当位置，与竞争对手形成鼎足之势。采用这种市场定位策略，必须具备以下条件：

(1)本企业有满足这个市场所需要的货源；

(2)该市场有足够数量的潜在购买者；

(3)企业具有进入该市场的特殊条件和技能；

(4)企业经营必须盈利。

（三）另辟蹊径式定位战略

另辟蹊径式定位战略也叫独坐一席定位战略。这种定位方式是指企业在意识到很难与同行业竞争对手相抗衡从而获得绝对优势定位，也没有填补市场空白的机会或能力时，可根据自己的条件，通过营销创新，在目标市场上树立起一种明显区别于各竞争对手的新产品或新服务，突出宣传自己与众不同的特色，在某些有价值的产品属性上取得领先地位。例如，日本一家公司的经理安峰百福，在回家的路上看到许多人挤在饭铺等吃热面条的情景，马上想到如果研制一种开水冲泡的面条，肯定会受欢迎。很快，方便面问世了。美国科学家贝尔发明了电话，却没考虑到公共电话细菌传播的问题。这无意中给企业留下了一个“冷门”。浙江省瑞安市中外合资蔡氏日用化工有限公司据此发明出电话长效清香型杀菌片，很受客户欢迎。做“冷门”生意是需要一双慧眼的，能够发现冷门生意有市场潜力而为之者不多，盈利当然不难了。

（四）重新定位战略

重新定位战略是指企业通过努力发现最初选择的定位战略不科学、不合理，营销效果不明显，继续实施下去很难成功获得强势的市场定位时，及时采取的更换品牌、更换包装、改变广告诉求策略等一系列重新定位方法的总称。企业重新定位的目的，在于能够使企业获得新的、更大的市场活力。当然，企业的市场定位并不是一劳永逸的，而是随着目标市场竞争者状况和企业内部条件变化而变化的。目标市场发生下列变化，企业就需要考虑重新调整定位的方向：①当竞争者的销售额上升，使企业的市场占有率下降，企业出现困境时；②企业经营的商品意外地扩大了销售范围，在新的市场上可以获得更大的市场占有率和较高的商品销售额时；③新的消费趋势和消费者群的形成，使本企业销售的商品失去吸引力时；④本企业的经营战略和策略做出重大调整时；等等。

【同步案例 5-3】

定位理论帮助瓜子二手车成功逆袭

2018 年 3 月，瓜子二手车拿下 8.18 亿美元 C 轮融资，7 个月后，再一次补充“弹药”。近日，瓜子二手车母公司车好多集团宣布获得 1.62 亿美元 C+轮融资。两轮融资下来，车好多已经融资 9.8 亿美元。

与此同时，官方也披露了其在本次融资之后的估值——66 亿美元。环顾市场上的二手车玩家，纳斯达克上市的优信目前市值 16 亿美元，2018 年完成 3 亿美元融资的人人车估值 17 亿美元。

瓜子二手车用 3 年时间，完成了二手车行业一次漂亮的“逆袭”。它是如何实现“逆袭”的呢？

瓜子二手车曾经掀起二手车行业的广告大战。而在这场看似毫无章法的混战背后，瓜子二手车是有清晰的理论支撑的，通过“二手车直卖”的定位和“没有中间商赚差价”的差异化价值，成功占领用户心智，后来居上。而后又以市场领军者的姿态主导了宣传战，通过“保卖”服务进一步夯实战果。再一步步进入新车、汽车后市场及线下零售业务，稳扎稳打，继续拉开与竞争对手的差距。

瓜子二手车项目的操盘手把瓜子二手车的创业方法论定义为“定位式增长黑客”。技术革新带来了各行各业的升级和重构，任何企业都可以借助定位在某个局部实现“心智登陆”。有了根据地之后，企业就能不断孵化出新品牌以延展业务，由此，企业一方面可以蚕食及改造传统经济，另一方面也将压制其他同赛道竞争对手，最终进化成为整个大行业的霸主。

瓜子二手车“定位”逆袭经过了两个阶段：

第一阶段：走出孵化，重新定位。

在赶集网与 58 集团合并之前，那时的瓜子二手车还属于赶集网孵化的一个子业务，名为“赶集好车”，准备发力二手车行业。但是操盘手在研究之后提出的第一个建议就是改名。

定位理论认为：一个拥有既有认知的品牌，很难在用户心智中代表全新的事物。赶集网虽有品牌知名度，但在用户认知中是“分类信息网站”。二手车交易业务如果沿用赶集品牌，必然造成认知混乱，竞争力不足。

要想走出孵化阶段就必须启用全新品牌，而且清楚告诉用户“你是谁”“为用户提供什么价值”。“赶集好车”要想做强做大，就必须摆脱赶集网的束缚，以更清晰的面目示人。

那么，如何改名？最重要的一步就是在优信、人人车等竞争对手已经先行一步的情况下，找准战略定位。二手车行业有多种网上交易模式，如 C2B、B2C 等，经过深入分析，最终决定是将 C2C 模式作为用户心智的“诺曼底”登陆口。定位是“二手车直卖网”，价值是“没有中间商赚差价”，体现定位理论最精髓的一点——调动用户心智的力量。“直卖”的定位会给用户以瓜子二手车是新一代二手车模式的认知，剩下的就是用闪电式的“心智抢位战”投入全部的资源加速布局，加速开战，在竞争对手醒悟过来之前，把这一定位植入消费者心智之中。

在定位理论看来，消费者心智层面和现实层面是可以分离的两个世界。企业首先要在心智层面建立"直卖"的认知，认为你是代表更优模式的全新物种，从而愿意选择你。这是一股无可比拟的强大力量。至于现实层面C2C模式的效率和体验问题，则可以通过业务的迭代来解决，坐实新一代模式。

要实现"定位式增长"，第一阶段最为关键。没有心智登陆，后面都是假的。

第二阶段：压制竞争，持续进化。

第一阶段的"心智抢位战"告一段落后，瓜子二手车的成交量已经实现了大反转，居于行业领先。这时，优信卷土重来，人人车加入战局，战略方针就变为压制竞争，牢牢占据行业领导者位置。

具体怎么做？在战略投入上继续保持全力快跑，同时及时注入新的认知优势，强化心智地位。这个阶段，瓜子二手车在"直卖"的基础上，强调"创办一年，成交量就已遥遥领先"的信息，及时为品牌注入了"热销"及"领导者"的认知，从而继续占据用户心智制高点，抵挡住竞争对手的冲锋。

而当竞争攻势终于开始退潮，市场领先位置已经初步稳固的时候，以C2C模式成功"登陆"的瓜子二手车就必须考虑模式朝2.0进化的问题了。

既要让业务模式不断进化，又不能破坏定位，由此提出了一种提升交易效率的居间服务——个人卖家把车寄售给瓜子二手车，瓜子二手车提前把大部分车款预付给卖家，承诺在规定时间内以不低于某个规定的价格将车卖给个人买家。车辆交割依然是个人到个人，守住"直卖"的定位的同时，大幅提升效率。

"保卖"服务由此横空出世，市场反响极好。目前"保卖"车已占到瓜子二手车整个二手车交易额的一半左右。最近，瓜子二手车团队进一步改进保卖业务，在全国开出了瓜子二手车严选直卖店，有几万平方米大型门店，提供金融、保险、维修、保养等一站式服务，俨然成为二手车行业的新零售代表。

问题：瓜子二手车是如何通过重新定位战略获取市场成功的？

分析提示：瓜子二手车在原有市场定位、竞争情况和市场需求分析的基础上，用"二手车直卖网"和"没有中间商赚差价"的定位填补市场空缺，成功抢占二手车C2C交易市场领导者的市场定位，并通过更好满足市场需求的"保卖"服务，进一步巩固其市场定位，将竞争对手甩在身后。

三、市场定位方法

（一）区域定位

区域定位是指企业在实施营销策略时，应当为产品确定要进入的市场区域，即确定该产品是进国际市场、全国市场，还是在某市场、某地等。只有找准了自己的市场，才会使企业的营销计划获得成功。

（二）阶层定位

每个社会都包含有许多社会阶层，不同的阶层有不同的消费特点和消费需求，企业的产品究竟面向什么阶层，是企业在选择目标市场时应考虑的问题。根据不同的标准，可以对社会上的人进行不同的阶层划分，如按知识划分，就有高知阶层、中知阶层和低知阶层。进行阶层定位，就是要牢牢把握住某一阶层的需求特点，从营销的各个层面上满足他们的需求。

（三）职业定位

职业定位是指企业在制定营销策略时要考虑将产品或劳务销售给什么职业的人。将饲料销售给农民及养殖户，将文具销售给学生，这是非常明显的，而真正能产生营销效益的往往是那些不明显的、不易被察觉的定位。在进行市场定位时要有一双善于发现的眼睛，及时发现竞争对手的视觉盲点，这样可以在定位领域内获得巨大的收获。

（四）个性定位

个性定位是考虑如何把企业的产品销售给那些具有特殊个性的人。这时，选择一部分具有相同个性的人作为自己的定位目标，针对他们的爱好实施营销策略，可以取得最佳的营销效果。

（五）年龄定位

在制定营销策略时，企业还要考虑销售对象的年龄问题。不同年龄段的人，有自己不同的需求特点。只有充分考虑到这些特点，满足不同消费者的要求，才能够赢得消费者。如对于婴儿用品，营销策略应针对母亲而制定，因为婴儿用品多是由母亲来实施购买的。

（六）性别定位

企业的产品究竟是销售给男士还是销售给女士，或者既销售给男士又销售给女士，对此要有明确的认识。性别定位不同，企业目标定位方法也要随之发生相应的改变。

（七）气候定位

产品适合于在哪种气候类型的地区销售，也是企业在营销时需要考虑的问题。比如暖气设备，最好把市场定位在北方，而空调则应以气温较高的城市为主要目标市场。当然，在全球气候变化的影响下，也会出现例外。如 2008 年初的暴风雪天气，尚未普及使用暖气设备的长江流域也许是个潜在的大市场。如果进行精心的调研，摸准情况，将其定位为特定暖气设备的销售市场，进行相应的市场营销方案策划和推行，同样可以获得巨大的营销成功。

（八）文化定位

不同国家、区域和不同民族有着不同的文化，针对文化进行分析研究，也是营销定位的一个重要方面。文化定位不仅可以大大提高企业产品的品位，而且可以使其形象独具特色。

(九)附加定位

附加定位是指企业通过加强服务等方式树立和强化企业产品形象的定位。对于生产性企业而言，附加定位需要借助产品实体形成诉求点，从而提升产品的价值，特别是情感价值；对于非生产性企业来说，附加定位可以直接形成诉求点。

四、市场定位的步骤

(一)研究竞争态势

通过市场调查与研究，了解消费者在心目中如何看待和理解本企业的产品或服务；本企业的产品或服务与竞争对手的差异所在。分析本企业及竞争对手所经营的产品是定位的良好起点。

(二)分析目标市场

描述出目标市场的轮廓，指出消费者的欲望、需求等特征，主要包括人口因素特征、地理因素特征、购买产品所追求的利益、品牌偏好以及使用率、生活方式等。企业营销可以以此评估潜在顾客对产品的需求的满足程度，帮助企业认清哪个细分市场对企业最具有吸引力，使企业理解如何运用企业能力为潜在顾客提供服务。

(三)选择竞争优势

应针对目标市场的消费者特征，描述出产品最有可能被接受或能受到青睐的特征，并力图使本企业的产品或服务被赋予这些特征。汽车不仅能提供出行的方便，更能彰显主人的身份、地位，满足某些心理需求，但同时又具有运动感、充满活力并富有浪漫情调等特征。

因此，企业可对市场调研所搜集到的信息加以分析，并按照目标市场的消费者、产品差异点以及竞争对手的市场定位等三要素，发现消费者尚有哪些最重要的欲望未被满足，拟订出最适合本企业进行市场营销的有利地位。

(四)实施定位优势

企业在确定自己的定位优势后，应在目标市场中开展有效的市场营销组合策略，即制定和实施产品策略、价格策略、分销渠道策略和促销策略，通过营销组合的实施，达成定位目标。

即学即用

观看时代光华管理课程视频：产品定位依据——消费者的心。

请思考回答以下问题：

1. 视频中提到的通用汽车公司采用的是哪种目标市场选择战略？

2. 视频中提到的 SWATCH 品牌采用了哪种市场定位战略？

3. 视频中提到的资生堂品牌采用了哪种市场定位战略？

要点巩固

1. 有效进行市场细分的原则是什么？

2. 七喜饮料一进入市场，就宣称“我不是可乐，我可能比可乐更好”，这采用的是什么市场定位战略？

3. 目标市场选择的战略包括哪些？

4. 简述完整的市场定位过程。

5. 如何运用市场定位理论，做好自己的人生定位？

课堂延伸

扫码阅读《互联网时代下，定位理论过时了吗？》，并对该问题形成自己的思考和看法。

扫一扫，看学习资料

满足需求
——产品策略

项目六

项目概述：

主要介绍产品整体概念、产品生命周期理论及其应用、新产品概念及其开发程序、品牌内涵及策略。

教学目标：

掌握整体产品和产品组合的含义；

理解产品生命周期各个阶段的市场特点及营销策略；

了解新产品的概念及其开发程序；

掌握品牌、商标及包装的基本知识及策略。

教学重点：

整体产品和产品组合的含义；

品牌、商标及包装的基本知识及策略。

教学难点：

新产品概念及其开发程序。

学前问题

向顾客推销商品房的时候，除了房子本身，我们还能推销什么？

思政先行

2021年3·15晚会曝光精装房质量问题

2018年11月，广州万科尚城业主在验房时发现自己的新房在楼上做蓄水试验，楼下的卫生间“秒变水帘洞”，其中最先收房的201户中，竟有146户出现漏水情况。那么，为什么精装修费高达每平方米10000元至13000元的房子，会漏得像“水帘洞”呢？2018年12月18日，万科回应称施工标准符合国家规范要求。而广州鸿力公司的工程师在查看现场后表示，卫生间漏水与主管道没封堵好有很大关系。2019年3月，开发商勉强给出了解决方案，但根据入住的业主反映，家里仍然有漏水情况，而且渗漏出来的是排粪水，臭味刺鼻，一栋楼就有十几户人家出现类似问题。

在浙江杭州，春秋华庭小区的业主们在收房时也遭遇了类似的遭遇。合同中约定房屋每平方米28000元，其中6000元为精装修费。当业主们按照合同约定的日期前来验房的时候，却发现地板还没铺上、地平也是潮湿的、厨房门随时都会掉落，房间还在施工。对此，开发商给出的方案是边验房、边收房、边维修的“强制收房”。后来，业主们陆续发现，问题越来越多，一套房子问题少则几十个，多则上百个。地暖开了没两三天，地板居然变黑了。在业主群里，每天都有业主曝出自家地板发黑的问题。

这样的精装修，实在令业主们头疼。地板变黑可以更换，但是有的问题，就没那么好解决了。一些业主家做了蓄水测试后，卫生间外墙出现了渗水现象，问题相当普遍。有渗水的，还有直接从墙里不停地往外喷水的。此外，有些业主还发现更大的安全隐患，煤气严重泄漏。开发商表示，煤气泄漏是因为管道没装好，无须担心。每平方米6000元的精修费，究竟有多少真正用在装修上，业主们不得而知，面对问题不断、如此粗糙的精装修，业主们有苦难言。

“十四五”规划纲要明确提出：“强化消费者权益保护，完善质量标准和后评价体系，健全缺陷产品召回、产品伤害监测、产品质量担保等制度，完善多元化消费维权机制和纠纷解决机制。”加强消费者权益保护，有助于消除消费者后顾之忧，对全面促进消费、加快释放内需潜力、增强经济发展动力具有重要托举意义，这也是深入实施扩大内需战略、加快培育完整内需体系的必然选择。因此，企业在做经营和营销的时候，要牢固树立产品质量和产品安全意识，始终把消费者的权益摆在重要位置，才能真正赢得市场。

思政学习园地

扫一扫，看学习资料

扫一扫，看学习资料

1.《人民时评：以消费安全助力高质量发展》。

2.《中华人民共和国产品质量法》。

理论精讲

第一讲　产品及其相关概念

一、产品的概念

从市场营销的角度来讲，产品是指能够满足人们需求和欲望的任何东西，包括有形物品，也包括无形物品，服务、人员、组织、场所、设计、软件、观念等都可以成为产品。它是市场营销活动的中心，是市场营销组合的最基本因素，产品直接影响和决定其他市场营销组合策略的制定，是企业整个营销组合策略的基础。

对产品的理解可以分为狭义的产品概念和广义的产品概念。狭义的产品概念认为，产品是指具有某种特定形态、功能和用途的，符合一定标准的物质实体，如汽车、电器、服装等。狭义的产品概念强调产品的物质属性，把产品的可见性作为产品的首要要素。广义的产品概念认为，产品是指能提供给市场，用于满足人们某种欲望和需要的任何事物，包括实物、服务、场所、组织、思想和主意等。

二、产品的层次

现代营销学认为，要正确、全面地理解产品的概念，产品整体概念不可或缺。关于产品整体概念，著名营销学者菲利普·科特勒认为，五层次的表达方式能够更深刻和更准确地展示产品整体概念(图 6-1)。

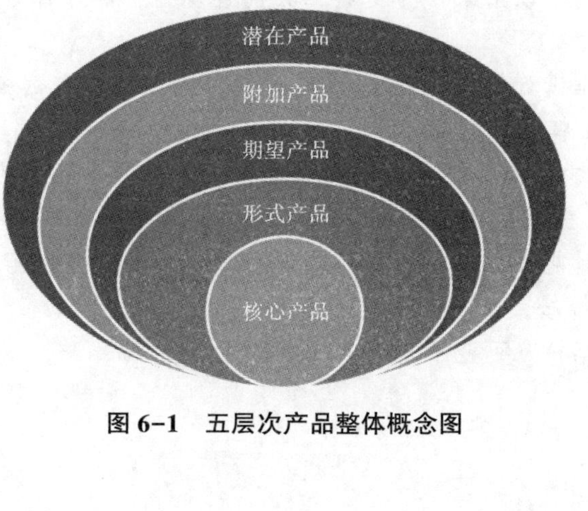

图 6-1　五层次产品整体概念图

（一）核心产品

最基本的层次是核心产品，即顾客真正需要的基本服务或利益。从根本上说，每个产品的实质都是为解决问题而提供的服务，如旅馆是提供休息与睡眠的场所，空调能够制冷和制暖。

（二）形式产品

第二个层次是形式产品，是实现核心利益必需的基础产品，即产品的基本形式，由五个特征构成，即品质、式样、特色、商标及包装，如旅馆房间就包括床、浴室、毛巾、衣柜、厕所等。

（三）期望产品

第三个层次是期望产品，即购买者在购买产品时一般会期望产品具备的一组特性和条件。酒店的顾客期望有干净的床、卫生的浴室和相当程度的安静环境。

（四）附加产品

第四个层次是附加产品，即提供超过顾客期望的服务和利益，以便把公司的提供物与竞争者的提供物区别开来。如旅馆设置有网络接口、提供免费早餐，会使顾客感到惊奇和高兴。

（五）潜在产品

第五个层次是潜在产品，即该产品在将来最终可能实现的全部附加部分和转换部分（产品将来的发展方向）。如旅馆业可能发展为家庭式旅馆行业。

【同步案例 6-1】

小汽车的产品层次分析

核心产品：小汽车可以用来作为交通工具代替步行，省时省力，还可以作为运输工具运输货物或其他东西。

形式产品：小汽车设计新颖，外表美观，豪华炫丽，有优美的弧线，做工精细，发动机马力大，质量过关，品牌认可度高。

期望产品：汽车的加速时间短，速度快，有省油优势，还能有油电混合系统，车内装饰新颖，舒适，空间大，拥有该汽车让人显得高贵有气质。

附加产品：购车时能够送汽车保险及人身保险，还能赠送汽车装饰品及配件，保修期内提供对产品的免费维修，售后服务好且等待时间短。

潜在产品：该汽车将来可能不需要人工驾驶而是自动驾驶，还可以水陆两用，甚至可以做住房用。

三、产品组合

(一)产品的组合及其相关概念

产品组合是指企业生产或销售的全部产品、产品项目结构或结合方式。

产品系列又称产品线或产品大类，指同一产品种类中在功能和销售网点等方面具有密切关系的一组产品。

产品项目是指同一产品线内不同的品牌、规格、式样、型号、价格的特定产品。

(二)产品组合的方式

以某公司为例，其产品线和产品组合如表 6-1 所示。

表 6-1　某公司产品组合示意图

产品组合宽度

产品组合深度

电脑	食品	家电
普通台式	方便面	冰箱
笔记本	饮料	洗衣机
平板电脑	水果	电视机
一体机	调味品	空调

产品组合方式是由产品组合的宽度、长度、深度和关联度决定的。

产品组合的宽度又叫广度，是该产品组合所包含产品系列的数量，即该产品组合拥有多少条生产线，如表 6-1 所示该公司的产品线宽度是 3。

产品组合的长度，是指每一条产品线内的产品品目数。如果一个公司具有多条生产线，将所有产品线的长度加起来，得到公司产品组合中的总长度，除以宽度则可以得到公司平均产品线长度，如表 6-1 所示，该公司的产品线长度是 12。

产品组合的深度，是指产品线中每一产品所提供的花色数量。

产品组合的关联度，是各种不同的产品线在最终用途、生产要求、分销渠道或其他方面关联的紧密程度。

产品组合的四个维度可以让公司从四个途径来拓展自己的业务：公司可以增加新的产品线来加宽自己的产品组合；可以使每一条产品线变长；可以增加每个产品的花色，加深产品组合；公司可以追求更大的产品线紧密度。为了做出这些产品和品牌的决策，进行产品线分析是有帮助的。

第二讲　产品生命周期

一、产品生命周期概念

产品生命周期是指一种产品从投放市场到被市场所淘汰的过程。它是产品的一种更新换代的经济现象，指的是市场寿命、经济寿命，而不是产品的使用寿命、自然寿命。

任何事物都有生有灭，产品的市场生命也不例外。产品市场生命周期主要受消费者需求变化、产品更新换代等多种因素的影响。企业应密切注意产品市场生命周期内各阶段的变化，以了解消费者的需求动向，通过不断地开发新产品或更新设备，使产品升级换代，以满足消费者的需求。那么对于营销人员来讲，应在不同的发展阶段制定相应的市场营销策略，灵活调整产品的营销方案，以吸引更多的顾客。

产品生命周期曲线如图 6-2 所示。

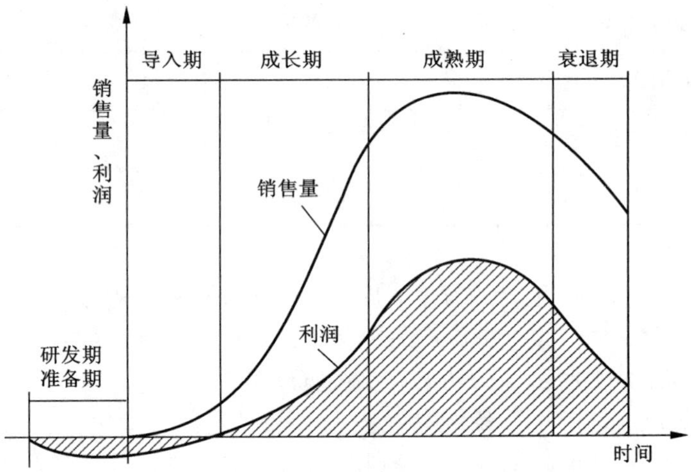

图 6-2　产品生命周期曲线

二、产品生命周期各阶段特点及营销策略

（一）导入期

1. 导入期

新产品投入市场，便进入导入期。此时，消费者对产品还不了解，只有少数追求新奇的消费者可能购买，产品的销量低。为了扩展销路，需要投入大量的促销费用对产品进行

宣传。在这一阶段，由于技术方面的原因，产品不能大批量生产，因而成本高，销售额增长缓慢，企业不但得不到利润，反而可能亏损。产品也有待进一步完善。

2. 导入期市场特点

(1)知晓新产品的消费者人数少，产品销量低，需要投入大量的促销费用开拓市场，使消费者了解产品，因此导入期的促销重点是介绍产品，吸引消费者试用。

(2)制造成本高，技术不完善，功能不健全。

(3)尚未建立完善的分销渠道。

(4)利润少乃至亏损，企业风险大。

(5)竞争者少。

3. 导入期市场营销策略

(1)宣传产品，使消费者了解并尝试使用新产品。

(2)运用促销与价格组合，根据市场和产品的实际情况而选择相应的策略。

(3)运用分销策略，给中间商优惠以提高其积极性，从而使新产品迅速到达消费者手中。

(二)成长期

1. 成长期

这时消费者已经熟悉产品，大量的消费者开始购买，市场逐步扩大。产品大批量生产，生产成本相对降低，企业的销售额迅速上升，利润也迅速增长。竞争者看到有利可图，将纷纷进入市场参与竞争，使同类产品供给量增加，价格随之下降，企业利润增长速度逐步减慢，最后达到生命周期利润的最高点。

2. 成长期市场特点

(1)消费者已经熟悉新产品，老顾客重复购买并带来新顾客，产品质量迅速提升。

(2)产品功能完备，生产成本下降，促销费用稳中有升，但占销售额的比率下降，利润迅速增长并达到最高水平。

(3)竞争者纷纷加入，市场竞争加剧。

(4)产品市场开始细分，分销渠道完善。

(5)产品价格开始走低。

3. 成长期市场营销策略

(1)改进产品质量，增加花色品种，完善生产工艺，扩大产品批量生产，以满足市场需求。

(2)为产品争创品牌，广告宣传的目标由导入期的以提高产品知名度为中心转为以争创产品名牌和树立良好企业形象为中心。

(3)进一步细分市场，扩大目标市场。

(4)开发新的分销渠道和分销机会，扩大分销面。

(三)成熟期

1. 成熟期

市场需求趋向饱和，潜在的顾客已经很少，销售额增长缓慢直至转而下降，标志着产品进入了成熟期。在这一阶段，竞争逐渐加剧，产品售价降低，促销费用增加，企业利润下降。

2. 成熟期市场特点

(1)产品销量逐渐上升达到最高峰，然后开始下降，销售利润在逐渐走低。

(2)市场竞争白热化，强势竞争者拥有自己的品牌优势，拥有自己的忠诚顾客群。

(3)产品差异化程度加深。

3. 成熟期市场营销策略

(1)市场改革，即开辟新的目标市场，寻求新顾客，包括争取竞争者的顾客。

(2)产品改进，即从产品的特性、质量、式样和附加产品等方面进行创新性改进，或发掘出产品的新用途，用于其他领域，以满足消费者日益增长的种种需要，从而延长产品的生命周期。

(3)市场营销组合改革，即对产品、定价、分销渠道、广告、推销、服务等加以改革，以促进销售额的回升。

(四)衰退期

1. 衰退期

随着科学技术的发展，新产品或新的替代品出现，将使顾客的消费习惯发生改变，转向其他产品，从而使原来产品的销售额和利润额迅速下降。于是，产品进入了衰退期。

2. 衰退期市场特点

(1)产品销售量迅速下降，价格降到最低水平，企业利润很少甚至为零。

(2)消费者需求偏好发生转变，大量竞争者退出市场。

3. 衰退期市场营销策略

(1)坚守策略。该策略似乎为逆水行舟，但坚守是相对的、有条件的。产品衰退期众多竞争者退出，有时反而使个别停留在原市场上的企业出现逆转。

(2)逐步放弃策略，即降低营销费用，以增加当前利润，还可从喜欢本产品的忠诚老顾客中得到利润，但要多考虑对该群体顾客的深度期望服务。

(3)立即撤出策略，即如果企业已准备好替代的新产品，当机立断，放弃经营。

【同步案例 6-2】

用产品生命周期看可口可乐

可口可乐是美国乔治莱州潘伯顿医生于 1885 年发明的。他在地窖里把碳酸水加苏打水搅在一起，成为一深色糖浆。他的合伙人罗宾逊从糖浆的两种成分中激发出命名的灵感，于是有史以来最为成功的软性饮料可口可乐诞生了。

在导入期，可口可乐定位为戒酒饮料，同时可乐本身含有一定量的可卡碱，使得可口可乐在初上市之后受到了很多医生和报界人士的大肆批评，很多消费者也不断抱怨和抗议可乐的药品形象。在这样的环境下，可口可乐开始了新的开发，把可卡碱的数量减少到原有含量的1/10。然后他们又寻找到最佳配方，使得口味更加符合大众的需求。这个配方成了绝密，也奠定了它在饮料届的巨无霸地位。

在成长期，可口可乐公司的利润迅速增长，公司改善产品质量并增加新的产品特色和式样，进入新的细分市场。公司在营销上启用了瓶装革命，把可口可乐装入瓶中，从而打开了遥远的乡村市场。可口可乐的销量直线上升。

可口可乐的巅峰期始于二战时期，日军偷袭珍珠港后，美国对日本宣战，被派往前线的美国士兵源源不断。就在这时，可口可乐公司突然意识到想要实现“让全世界喝可口可乐”，参战的美军就是最好的消费者和推销员。可口可乐的大老板洛普当机立断公开发表声明：“为了支持祖国的正义战争，不论我们的将士走到哪里，本公司将不惜成本，保证每位战士只花 5 美分就能喝到一瓶家乡的可口可乐。”可口可乐公司本想把装瓶的可口可乐直接出口，但是，尽管他们有特权，却还是没有办法享受军事船运的优先权。于是他们出了另一套计划：仿照美军使用脱水食物的方式，把可口可乐浓缩液装瓶输出，并设法在驻区设立装瓶厂。可口可乐公司一共派遣了 248 人随军到国外，这些人甚至有军职，被称为“可口可乐上校”，可以和修理飞机坦克的军人相提并论。随后，这批人随军辗转，从新几内亚丛林到法国里维拉那的军官俱乐部，一共卖了 100 亿瓶可口可乐。除了南北极以外，可口可乐在战时总共建立了 64 家装瓶厂。

二战后，可口可乐也进入了成熟期。可口可乐的对手百事可乐，也在 19 世纪 50 年代崛起。二强相争，愈演愈烈。可口可乐与麦当劳合作，百事可乐则买下肯德基。二者还展开价格战，竞相削价。双方压低成本，提高效率。不过可口可乐还没有进入衰退期，全球化使得它还在大步走向世界。

（资料来源：搜狐网，https：//m. sohu. com/a/277945739_754807）

问题：可口可乐是如何在不同生命周期采取不同营销策略的？

分析提示：从产品导入期、成长期和成熟期的不同特点和相应营销策略角度思考。

第三讲　产品卖点提炼和 FABE 推销模式

一、产品卖点

无论是世界 500 强企业，还是中小企业，在新产品推出或者产品竞争白热化的时候，一个强有力的卖点往往能够让产品快速打开局面，在消费者心中占据一席之地。例如：麻辣烫商家主打“山泉水烫菜，一小时换一锅，麻辣烫也能如此健康”；土鸡餐饮店商家主打“让你吃到 40 年前古法窑鸡的味道”；有机红茶商家主打“别人家的茶叶喝出农药味，我们家的有机茶只能喝到香味”。上述例子的卖点一看就觉得很有张力。这些卖点如此直击客户的内心，是通过什么原理或者方法论想出来的？

解决这个问题之前，我们要先弄懂什么是产品卖点。

（一）产品卖点的含义

营销学之父菲利普 · 科特勒在《营销管理》一书中对产品卖点进行了定义：产品卖点

包含两大要素，即差异化和优势。例如：加多宝凉茶在讲品牌故事的过程中，强调自己传承了凉茶创始人王泽邦第五代玄孙王健仪的独家配方，这是找出了差异，强调拥有独家配方，所以凉茶更正宗，这就是加多宝的卖点；慕思 T9 智慧睡眠系统将自己定位为“一张会主动思考的人工智能床垫”，用 AI 技术实时采集人体身高、重量、睡眠习惯等身体数据信息，以人为中心，自动识别、自动适应，自动调节床垫贴合身体曲线的睡眠软硬度，并自动适应个人的体型和睡姿，这对比传统床垫就是差异化，而减少睡眠中的清醒时长和次数，有效提升深度睡眠时长，提高睡眠质量，这是卖点；小罐茶用创新理念，以极具创造性的手法整合中国茶行业的优势资源，联合六大茶类的八位制茶大师，坚持原产地原料、大师工艺、大师监制，独创小罐保鲜技术，共同打造大师级的中国茶，这就是卖点。

（二）产品卖点提炼原则

在提炼产品卖点时，要注意同时符合以下原则。

1. 差异性

竞争对手做不到，竞争对手不敢承诺，竞争对手还没有宣传出来的，你却已经把它做到，并且能够承诺，你就应该率先提出，这样就很容易获取客户信赖。例如收趣 App，在移动互联网时代针对用户面临的信息过载、很难高效管理的窘境，主打“在一个 App 收集你感兴趣的一切”卖点，帮助客户将多个渠道的文章集中到一个 App 上，统一分类管理，获得一大批上班白领的追捧。

2. 可实现性

卖点不是忽悠客户的口号，而是强有力的承诺，必须经得起市场和客户的考验。如京东凭借自建物流推出“当日达”和“次日达”口号；每日优鲜通过在生鲜电商行业首创的前置仓模式实现最快 1 小时送达的承诺。假如没做到提出的，就会砸掉自己的招牌，陷入信任危机。

3. 价值性

满足差异性和可实现性的卖点，并不一定迎合市场的需求，一个成功的卖点必须是消费者渴望得到的，并且是可感知和可衡量的。

（三）产品卖点提炼方法

1. 价格

价格是影响消费者决策的重要因素，透明化或者可比性较强的产品以价格作为卖点，能够在很大程度上杀出一条血路。

例如：瓜子二手车的卖点是“没有中间商赚差价”，这就意味着车主可以花更低的价格买到质量相同的车；沃尔玛的卖点是“天天低价”，吸引家庭主妇每天光顾；无锡市某拉杆箱商家的卖点是“厂家直销，价格便宜 40%，比比就知道”。

虽然低价策略简单粗暴，但频频使用降价策略会损害自己产品的价值。采取低价卖点策略，一般是因为自己在控制产品成本方面具有优势（进货渠道、管理效率等），又或者是因为针对某些产品促销，能够带动后端产品的销售，从而使整体收益最大化。如沃尔玛的低价仅仅针对粮油产品，但日常产品的价格不比同行低，通过低价的粮油产品的销售带动日常产品的销售，从而获利。

2. 服务

顾客不仅仅消费产品，很多时候服务也是消费者购买会考虑的因素。这里的服务包括现场的服务和售后服务。如果能在服务上提出可衡量的标准，不仅可以瞬间吸引客户，还可以形成口碑传播。

海底捞凭借其不可撼动的服务标准让客户折服，上厕所洗手有服务员递上擦手纸，排队有专人帮你免费美甲、擦皮鞋等；某水果店的卖点是“购满 20 元，2 公里内加 1 元提供定时送货上门服务”；某麻辣烫店的卖点是“用山泉水烫菜，1 小时换一锅水”；在售后服务上，天猫、淘宝定义了行业标准 7 天无理由退货，让消费者在线上渠道购物有了保障。

以服务作为卖点的时候，一定是有数据有标准地宣传。如“提供最优质的服务是我们公司的使命”“客户是上帝”这类空洞的宣传，并不能吸引客户埋单。可以把一个产品从原料到消费者手中的每一个服务环节拆分，然后列成一张 excel 表格，在每个服务环节写下它比竞争产品好的地方，这是梳理服务卖点非常有用的方法。

3. 效率

人们都渴望快速获得自己需要的产品价值，尤其是在市场竞争激烈的背景下，高效率地满足客户的需求，是这个快节奏时代客户的要求。

例如：快餐店主打“半小时送到，否则半价”；建站网络培训教程主打“零基础 1 小时学会建站，否则退款”；快递公司主打“隔日送达”；润喉糖主打“金嗓子喉宝，入口见效”。

以效率为卖点一定要考量自己的能力，不能兑现的承诺，不要去承诺，否则客户投诉率将增加，客户对商家的信任将大打折扣。

4. 质量

产品质量是客户最关注的。假如自己产品质量过硬，请不要吝啬，大胆喊出来。

以质量作为卖点，一定要场景化描述，多使用动词，提升消费者的直观联想。例如，某羊毛衫的卖点是“水洗不变形，1 年变形免费换”；某牛仔裤的卖点是“高弹力牛仔裤，进店给你劈叉做演示!”

以质量作为卖点，还可以聚焦原材料、原产地和生产工艺，如：养生堂天然维生素 C，提取自巴西针叶林樱桃；西班牙原装进口橄榄油；华为手机的徕卡镜头。

以质量作为卖点，还可以宣传生产工艺，要么讲传统，要么讲先进，如：王的手创，云南当地少数民族传统手工刺绣；康师傅纯净水，纳米级净化。

5. 稀缺

“物以稀为贵”是对人性的深刻认知，不管是因为原材料的稀缺还是生产数量的稀缺，都会极大提升产品在消费者内心的价值感。

例如：某桃花酒的卖点是“采取祖传工艺酿制，每年限供 2000 坛”；某土鸡餐饮店的卖点是“因为农村土鸡量有限，每天仅为 50 个客人提供土鸡宴，需提前 3 天预定”。

稀缺性的使用能驱动消费者产生购买的冲动，制造紧迫感(限量发售、限时抢购、预定)能更好地辅助稀缺性卖点的发挥。

6. 方便

客户都喜欢方便，不愿意麻烦。假如你的产品和服务能够让客户方便，以此卖点宣传，能吸引一大批嫌麻烦的客户。

例如：某酒楼卖点是“内设停车场，提供特惠洗车服务”；某宾馆的卖点是“只要市内，一个电话，免费派车接送”；礼物说的卖点是“一个 App，帮你选全球好货的 App，带你逛遍全世界的好东西，送出感动 ta 的礼物”。

审视自己的产品有没有为客户减少什么不必要的麻烦，这将会是强有力的卖点，因为这是真正从消费者角度出发去分析考虑。

7. 实力

强大的实力能够让客户对企业的产品和服务放心，这种实力来源于过往的成绩、技术、产品资质等。

例如：某英语培训社的卖点是“70%的教师均为美国特聘外籍教师，英语发音最地道”；某音响公司的卖点是“10 年的品牌，服务的客户共计 12 万人次”；国内知名营销策划华与华在 2019 年帮助洽洽进行品牌升级时就采用了这个策略。他们发现洽洽在“干坚果贮藏与加工保质关键技术及产业化”方面荣获了国务院颁发的国家科学技术进步二等奖。抓住洽洽掌握关键保鲜技术这个卖点主打，能帮助一些家长解决坚果类产品不新鲜而对小孩子健康产生影响的担忧。

8. 附加值

在提供同样的主营产品时，如果你比竞争对手多提供价值，客户便会优先选择你。附加值产品要与主营产品搭配好，才能相得益彰。

例如：某早餐店的卖点是“买任意一款点心，即可免费获得一杯价值 5 元的豆浆”；某面馆的卖点是“消费任意一款面，均可获得一碗美味浓骨汤”；同样的服饰，无印良品通过包装将源于和式文化中极具代表性的禅意思辨的美学理念哲学传递出来，无疑额外给予了消费者价值。

9. 选择

客户会出现“货比三家”的情况，是因为人们往往喜欢有更多的选择进行对比，以挑选出自己最喜欢的东西。利用更多选择作为卖点，能吸引特定客户的关注。

例如：某自助餐的卖点是“只需要 50 元，108 种菜式任你随便吃”。当然，在某些行业，给客户很多选择，并不是优势。有的商家针对客户打造几类消费频率最高的种类，为了让客户购买更加轻松、高效。

10. 重塑认知

很多时候，商家会将行业内习以为常的产品特点和生产流程默认为共识，并不知道其实消费者并不知道这些。假如你把这些喊出来，消费者就会只认你家的产品。

1919 年，舒立兹啤酒面临非常严峻的挑战，因为无法有效区隔竞争对手，业绩一直不振，已经到了濒临倒闭的境地。但在营销策划师克劳德·霍普金斯的帮助下，仅仅通过几个月的时间，舒立兹啤酒销量就跃居第一名。他的秘诀仅仅是通过将所有啤酒生产商都要经历的生产流程告诉消费者，获得消费者优先选择的优势。

他告诉消费者，工厂坐落在歇根湖畔，挖掘了 4000 英寸深的深井，以获得优质纯净水源；经过 2500 种不同的试验，找到最佳口味的酵母菌；所有啤酒就在装有空气过滤系统的电镀房冷却，接着被提纯……

过去，饿了就吃正餐或者面包等干粮，如今谷粒多重塑消费者认知，主打“国际扛饿大品牌，谷粒多燕麦牛奶”。饮料也能解饿，直接冲击消费者的固有思维。

另外一种重塑认知的方法是通过新技术对原有的生产技术进行颠覆，例如之前提到的慕思 T9 智慧睡眠系统给人们提供“一张会主动思考的人工智能床垫”，就是用 AI 技术解决了睡眠质量差的问题。

11. 情感需求

消费者除了物质需求外，还有情感需求。刺激打动消费者的情感，也能够驱动购买。孝顺和公益是两种常用的打动消费者情感的方法。

孝顺：洗脚盆，给天下父母洗脚；茅台，小时候说有钱了就要犒劳父母，现在有钱了，今天过年给爸妈买瓶好酒，一起聚聚过个好年。公益：361°鞋买一捐一，消费者每买一双就等于给山区儿童捐送一双。“One cares One 买一善一”公益项目采用多元化的创新，尝试解决目前整个公益环境中的诸多窘境。

12. 社交需要

马洛斯需要层次理论提出了消费者具备社交需要。

例如：某某明星光顾过的餐馆，某“90 后”放弃百万年薪辞职做的品牌，这些都能够成为消费者的谈资，为产品传播助力。

13. 价值共鸣

价值共鸣是提炼卖点最高级的用法，是情感需要的升级版。价值共鸣能够聚集一批消费者，共同为某个价值点努力。而你的产品借助价值点能够获得这群消费者的喜爱。

常用的有独特人格魅力、匠人精神、可持续发展理念。例如：

独特人格魅力：过去锤子手机为什么能在国产品牌树立的一道一道竞争墙中有一席之地，主要是对罗永浩作为产品经理偏执人格魅力崇拜产生的需求。一句“彪悍的人生不需要解释”让多少热血青年动容。

匠人精神：益健优选为了推一款蜂蜜，详细描述了一位养蜂人老陈匠心养蜂的故事。

可持续发展：塑料难以降解导致环境污染一直是社会环保难题。阿迪达斯成功通过海洋中的塑料碎片制成一款新型球鞋 Ultra Boost（每双垃圾鞋子重复使用 11 个塑料瓶子，鞋面由 95% 的海洋塑料与 5% 的可回收聚酯纤维组成，鞋带、鞋帮和鞋垫也是由再生材料制成的）。这款鞋的发布与环保爱好者产生了价值共鸣，Ultra Boost 成为纽约市第五大道新店中最畅销的鞋子，也成为许多运动明星出席重要活动的标配。

当然，以上提及的 13 种卖点可以叠加使用，一个产品可以囊括 13 种卖点的一种或者多种。

（四）卖点证明

创造出很不错的卖点后，我们还需要一个步骤，叫卖点证明。没有事实证明的卖点都是夸夸其谈，缺乏说服力，消费者只会一笑置之。用实验、演示、对比、承诺赔付、客户见证、专家代言都可以设计一个卖点证明。

例如：销售洗碗机的商家为了证明自己“360 度去碗污渍”的卖点，只要客户进店，就给客户洗碗展示，并让客户参与进来，进而将卖点很好地植入消费者大脑；农夫山泉为了证明“我们只是大自然的搬运工”，将发现整个水源的过程用摄像机记录下来，并制作成广告；卖土鸡蛋的商家为了证明“纯正土鸡蛋”的卖点，拍摄大量现场喂食谷物及土鸡在山上吃虫子的照片，并且拉出横幅“不是纯正土鸡蛋，买就赔一万”，这个承诺足够震撼。

二、FABE 推销模式

FABE 推销模式也叫费比模式，是由郭昆漠总结出来的推销模式。FABE 推销模式将推销过程分为四个步骤。

（一）F（feature）：将产品特征详细地介绍给顾客

Feature 有特色、特征的意思，FABE 推销模式要求推销人员在见到顾客后，以准确的语言向顾客介绍产品的特征，内容应当包括产品的性能、构造、作用，使用的简易性及方便程度、耐久性、经济性、外观、优点及价格等，如果是新产品则应更加详细地介绍。如果产品在用料和加工工艺方面有所改进，也应介绍清楚。

（二）A（advantage）：充分分析产品的优点

Advantage 有优点、优势的意思，FABE 推销模式要求推销人员针对在第一步中介绍的产品特征，寻找产品特殊的作用，或者某项特征在该产品中扮演的特殊角色、具有的特殊功能等。如果是新产品，则务必说明该产品的开发背景、目的、设计时的主导思想、开发的必要性以及相对于老产品的差别和优势等。当面对的是具有较高专业知识水平的顾客时，则以专业术语进行介绍，并力求用词准确、言简意赅。

（三）B（benefit）：尽量列出产品将给顾客带来的利益

Benefit 有利益、好处的意思，这是 FABE 推销模式中最重要的一个步骤。推销人员应在了解顾客需求的基础上，把产品将给顾客带来的利益尽可能多地给顾客列举出来。不仅包括产品外表的利益，也包括产品将给顾客带来的内在的、附加的利益。从经济利益、社会利益、工作利益到社交利益，都应一一列举出来。在对顾客需求了解不多的情况下，应边讲解边观察顾客的专注程度和表情变化，在顾客表现出关注的主要需求方面要特别注意多讲解、多举例。

（四）E（evidence）：以证据说服顾客

Evidence 有证据、证明的意思，FABE 推销模式要求推销人员在推销中避免使用“最便宜”“最合算”“最耐用”等字眼，因为这些字眼已经令顾客产生反感而失去说服力了。因此，推销人员应该用真实的数据、案例、实物等证据打消顾客的各种疑虑，促使顾客购买。

FABE 推销模式与其他模式相比，其突出的特点是注重拜访前的准备工作。充分了解产品设计的特性、功能，并对顾客的需求进行分析，从而确定哪些特征、优点和利益是顾客所关注的和需要推销人员加以阐述的，并利用各种评价、证据对产品的介绍加以佐证，以取得消费者的信赖，最终形成购买行为。

【同步案例6-3】

煤炭公司运用FABE推销模式成功推销产品

山西某煤炭公司推销人员小林约见热电厂采购主管王强并向他进行煤炭推销。小林说："我们供应的是山西省的一级煤，炭块率在85%以上，这种煤热量大、烟灰少、含硫量低于0.5%，用于发电，热量大、效率高，经××厂使用，得到一致好评。今年，××厂又向我们下了订单。"

（资料来源：李冬芹，张幸花.推销与商务谈判[M].大连：大连理工大学出版社，2014）

问题：请具体分析推销人员小林是如何使用FABE推销模式进行推销的？

分析提示："炭块率在85%以上"是煤炭产品的F(特点)；"这种煤热量大、烟灰少、含硫量低于0.5%"是煤炭产品的A(优点)；"用于发电，热量大、效率高"是煤炭产品能给消费者带来的B(利益)；"经××厂使用，得到一致好评。今年，××厂又向我们下了订单"是煤炭产品能带来利益的证明E(证据)。

第四讲　品牌与品牌策略

一、品牌的概念

品牌是一个集合概念，它一般由品牌名称、品牌标志和商标组成。其目的是借以辨认某个销售者或某群销售者的产品或劳务，并使之同竞争对手的产品或劳务区别开来。

（一）品牌名称

品牌名称是指品牌中可以用语言来称呼和表达的部分，如"海尔""联想""可口可乐"等。

（二）品牌标志

品牌标志是指品牌中可被识别而不能用语言表达的特定标志，包括专门设计的符号、图案、色彩、文字等。例如，四个平行、两两相交的圆圈就是奥迪的品牌标志。

（三）商标

商标是一个专门的法律术语，是指经过注册登记受到法律保护的品牌或一个品牌的一部分。商标受到法律保护，享有长期使用权，是企业的一项很重要的无形资产。经注册登记的商标有"R"标记或"注册商标"字样。

二、品牌的作用

品牌有如下作用：

(1)有利于广告宣传和树立企业及产品形象。

(2)有利于产品组合的扩充。企业可以在品牌的产品线中增加新的产品项目，使新产品容易为消费者所接受。

(3)有利于扩大市场占有率。品牌的建立可以吸引消费者重复购买，也可以防止假冒伪劣产品的侵害，扩大市场份额。

(4)有利于监督、提高企业产品的质量。无论是创立品牌还是维护品牌，品牌都是公众监督产品质量的重要手段。

对于企业来说品牌是无形资产。品牌价值的高低取决于消费者对品牌的忠诚度、品牌知名度、品牌所代表的质量、品牌辐射力的强弱和其他无形资产，如专利、商标和商业渠道等。一个有影响力的品牌往往具有很高的品牌价值，是企业一项极为可观的无形资产，甚至比企业的产品本身、企业的设备都要意义深远。

三、品牌的策略

品牌的策略是一系列能够产生品牌积累的企业管理与市场营销方法，包括4P与品牌识别在内的所有要素，包括产品线扩展策略、多品牌策略、新品牌策略和合作品牌策略等。

(一)产品线扩展策略

产品线扩展指企业现有的产品线使用同一品牌，当增加该产品线的产品时，仍沿用原有的品牌。这种新产品往往都是对现有产品的局部改进，如增加新的功能，改进包装、式样和风格等。厂家通常会在这些商品的包装上标明不同的规格、不同的功能特色或不同的使用者。产品线扩展的利益有：扩展产品的存活率较高，而通常新产品的失败率在80%到90%之间；满足不同细分市场的需求；完整的产品线可以防御竞争者的攻击。产品线扩展的不利之处有：它可能使品牌名称丧失特定的意义；产品线的不断加长，会淡化品牌原有的个性和形象，增加消费者认识和选择的难度；有时因为原来的品牌过于强大，致使产品线扩展混乱，使得销售数难以冲抵它们的开发和促销成本。如果消费者未能在心目中区别出各种产品，则会造成自家产品线中新老产品自相残杀的局面。

(二)多品牌策略

多品牌即企业在同类产品中同时使用两种或两种以上品牌。这种策略可以给企业带来几方面的利益：①增加品牌的陈列面积，增加零售商对产品的依赖性；②吸引喜好新品牌的消费者；③使组织内部直接产生竞争，有利于提高企业的工作效率和管理效率；④满足不同的细分市场的需要，为提高总销售量创造条件。其存在的风险是：使用的品牌量过多，易导致每种产品的市场份额很小，使企业资源分散，而不能集中到少数几个获利水平较高的品牌上。

（三）新品牌策略

为新产品设计新品牌的策略称为新品牌策略。当企业在新产品类别中推出一个产品时，可能发现原有的品牌名不适合它，或是对新产品来说有更好、更合适的品牌名称，企业需要设计新品牌。例如，春兰集团以生产空调著名，当它决定开发摩托车时，采用春兰这个女性化的名称就不太合适，于是采用了新的品牌“春兰豹”。又如，原来生产保健品的养生堂开发饮用水时，使用了更好的品牌名称“农夫山泉”。

（四）合作品牌策略

合作品牌（也称双重品牌）是指两个或更多的品牌在一个产品上联合起来，每个品牌都期望另一个品牌能强化品牌的总体形象或消费者的购买意愿。

合作品牌的形式有多种。一种形式是中间产品合作品牌，如富豪汽车公司的广告说，它使用米其林轮胎。另一种形式是同一企业合作品牌，如摩托罗拉公司的一款手机使用的是“摩托罗拉掌中宝”，掌中宝也是公司注册的一个商标。还有一种形式是合资合作品牌，如日立的一种灯泡使用日立和 GE 联合品牌。

即学即用

观看余世维时代光华教学视频：注意核心利益，显示核心价值。

请思考回答以下问题：

1. 视频中提到的烧鹅仔餐厅案例中，烧鹅仔产品的卖点是什么？公司是用什么方法提炼出产品的卖点的？

2. 视频中提到劳斯莱斯车，如果你是销售人员，你会怎么向顾客推销它？

要点巩固

1. 如何理解产品整体概念的内涵？它对企业营销有哪些启示？

2. 产品组合的宽度、深度、长度和关联度在企业市场经营中的重要性体现在哪里？

3. 试述产品导入期和成熟期的市场特点及相应营销策略。

4. 提高品牌知名度的措施有哪些？

5. 企业营销过程中如何杜绝产品虚假宣传？

6. 泰国进口兰纳 Lanne 足贴的宣传广告内容为：“因为泰国进口兰纳 Lanne 足贴采用纯天然传统草药配方竹醋、姜根粉等成分，所以它具有 8 小时持续发挥作用，排除体内湿气，安眠祛湿，排除杂物的功效。用了这款泰国进口兰纳 Lanne 足贴，能加速湿气排出，提升睡眠质量。这是一些使用者使用这款泰国进口兰纳 Lanne 足贴过后的对比图。”请分析这则广告是如何运用 FABE 推销模式进行产品推销的。

课堂延伸

全聚德三个季度亏掉三年利润，百年老店即将败光

以往，到北京游玩，大家一定会去天安门广场看升旗礼、到长城走走，然后去全聚德吃烤鸭，如果说故宫、长城是北京的建筑代表，那么全聚德就是北京的食品代表。

全聚德烤鸭，可以说是北京烤鸭的代表了，成立于1864年，并于2007年成功上市。“烤鸭第一股”的全聚德156岁了，却很难拿出“156岁而已”的坦然。

2020年10月26日晚，全聚德发布的三季报显示，公司前三季度营业收入5.16亿元，同比减少56.71%，净亏损2.02亿元，同比扩大484.4%。单看第三季度，全聚德的营业收入为2.03亿元，同比降低53.08%；亏损5378万元，同比下跌364.60%，去年同期为盈利2032万元。扣非净利润为5813.22亿元，同比下降460.67%。全聚德2020年前三个季度就几乎亏光过去三年的利润。而这三年来其股价也一直呈下跌趋势，从最高23.5元/股降至10.17元/股，市值拦腰斩半。

近期“百年老店”总是接二连三出现问题，前段时间“狗不理包子”起诉差评者，近日又出了全聚德损失惨重的消息。我们不由想问：百年老店到底怎么了？就拿全聚德举例，当年也是京城的食品业大亨。可近160年过去了，调料和烹饪手段早就发生了翻天覆地的变化。也许100年前的全聚德烤鸭是顶级美食，但现在仅从味道方面来讲，真的很一般。面对传统的东西应该“取其精华，去其糟粕”。那么，全聚德的精华是什么？是取料考究、制作过程的严谨。其实就是敬业，再换个时髦的词——“匠人精神”。关于全聚德食品安全的大新闻倒是没有，但小新闻近几年似乎也不少。全聚德为了减少成本、方便开分店，甚至抛弃了传统的吊炉碳烤，采用智能型微电脑烤炉来制作烤鸭。传统的味道不知道是否保持了，但是情怀和意境肯定是丢得一干二净了。

近年来，在有关全聚德的热点新闻下，多数充斥着网友们有关其“消费高”“服务差”“菜品陈旧”的吐槽。在多次转型尝试无果而终之后，全聚德不得不公开承认，产品和服务滞后于市场需求，创新不足，经营模式和产品类型单一，销量连续下降。2020年因为疫情影响，北京的旅游人口大幅度下降，也把全聚德一直存在却掩盖的问题全都拉到了明面。老字号居然早已成了和火车站附近部分快餐店一样，不要回头客，指着客流量来一个赚一个的商家。何其哀哉！

但是，全聚德也在做出改变，如取消高额的服务费，加大对各个分店的管理。我们也希望“中华老字号”再次焕发新的生命力。

请思考：

全聚德这个老字号应该如何应对品牌老化，重新赢得消费者的心？

获得收益
——定价策略

项目七

项目概述：

主要介绍价格的作用、定价的程序、定价的影响因素、定价方法和定价策略。

教学目标：

了解定价的程序；

理解影响定价的主要因素；

掌握定价的方法；

学会运用定价策略。

教学重点：

影响定价的主要因素；

定价的方法；

定价策略。

教学难点：

定价策略。

学前问题

企业对产品的定价是越高越好，还是越低越好，或者应该遵循什么程序和规则？

思政先行

商家虚构原价后打折，可构成价格欺诈被追责

打折促销深受商家的青睐，更是受到众多消费者的喜爱。但是，细心的消费者都有这个体会，促销活动前后商品标价往往有较大出入，甚至部分商品打折后的价格和平常价格相差不大，消费者在商家的圈套中并没得到什么实惠。那么，这种行为是否构成侵权，以及应如何维权，消费者却不太清楚。

一件衣服去年售价300元，最近的最低售价是100元，现在降到80元，商家在促销时写上“原价300元，现价80元”，这种行为今后将视为价格欺诈。针对当前商家虚假优惠折价的促销行为，国家发改委出台了《禁止价格欺诈行为的规定》(简称《规定》)，明确规定抬价打折的行为属于价格欺诈。该《规定》已于2002年1月1日起执行，根据《规定》的解释意见，“原价”是指本次降价前7天内销售的最低价格，所以上述案例的“原价”应为100元。

物价局提醒，经营者要增强价格诚信意识，诚信守法经营；消费者要提高维权意识，维护自身权益。目前，“原价”“特价”以及“最低折扣”等广告宣传是消费者最常看到的，实际上这恰恰是消费者最容易中招的地方。在购物的过程中，如果看到类似的字眼，一定不要盲目购买。以“原价”为例，商品“原价”是指经营者在本次降价以前7天内在本交易场所成交的有交易票据的最低交易价格。如果前7天内没有交易价格，以本次降价前最后一次交易价格作为原价。“原价”必须是有真实成交记录的，有些商家虚构一个原价然后打折，这都属于价格欺诈。消费者在消费过程中要注重查看相关标示，如查看海报标价与现场标价是否一致。购物结算后，要注意核对结算价与现场标价签所标价格是否一致。

（资料来源：佰佰安全网 https：//www. bbaqw. com/cs/179882. htm）

思政学习园地

1.《禁止价格欺诈行为的规定》。
2.《反价格垄断规定》。
3.《深化价格改革　推进高质量发展》。

扫一扫，看学习资料　扫一扫，看学习资料　扫一扫，看学习资料

理论精讲

在营销组合中，价格是带来收入的唯一要素，也是最活跃的要素。在现代市场经济的竞争背景下，价格既是企业确定的向市场传递的价值定位，又是企业市场竞争战略中最灵活有力的工具。不同的消费者对同一商品有不同的价格认知。对同一消费者而言，他对某商品价

值的认知会随着竞争产品的不同而不同。所以，企业的合理定价，既能够提供消费者愿意接受甚至产生好感的价格，双方实现双赢，又能在与竞争对手的市场争夺中稍胜一筹；反之，则会使企业面临巨大困境。当企业要将其新产品投入市场时，或者将某些产品通过新的途径投入市场时，一般情况下都要给产品确定适当的价格；同时，为了有效地进行市场拓展，促进销售收入的增加和利润的提高，还需对已经确定的价格进行修改。本项目介绍企业产品定价的影响因素、常见的定价方法和定价策略，为企业产品定价提供理论基础。

第一讲　定价的作用与程序

一、定价在营销组合中的作用

（一）配置购买力

价格影响到购买者对厂商产品或服务的需求，购买者通过比较它们的价格，决定如何分配对各种产品和服务的购买力，价格的调整会产生不同的购买行为。

（二）传递产品质量信息

在购买者对产品品牌或供应商不熟悉，以及难以客观度量产品的性状或利益的情形下，往往以价格的高低作为质量的衡量尺，高价可能暗示产品的高质量，低价可能暗示产品是假货，而打折券或回扣可用于鼓励本来不想购买的人来购买。

（三）影响目标利润的实现

企业是一个经济组织，其核心使命是盈利。在营销组合中，创造收入的唯一因素是价格。

（四）竞争的重要手段

同行业内的竞争包括价格竞争和非价格竞争，价格竞争是同行业内最常见、最易仿效的竞争方式。

二、定价的一般程序

企业一般都会遵循科学的定价程序来确定每个产品的最终价格，以保证对各方面影响因素都进行分析和权衡。定价的一般程序如图 7-1 所示。

（一）选择定价目标

定价目标与企业的营销战略必须是一致的，企业如果制定了快速渗透市场的战略，目标指向的是提高市场份额，那么产品的价格最终不可能比竞争对手高。定价目标不同，定

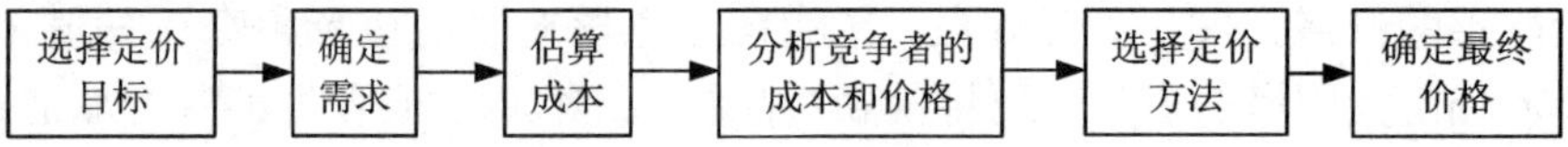

图 7-1　定价的一般程序

价的方法也会不同。

（二）确定需求

消费者需求的特征不同，对价格的影响是有差异的。如消费者对某种品牌的商品产生购买习惯后，价格小幅度提高，消费者仍然继续购买，需求量不会明显下降。所以企业在自己的定价目标下，还要仔细分析市场需求的具体特征，寻找适合消费者心理的最高价格。

（三）估算成本

需求决定了企业制定价格的最高限度，成本则决定了企业定价的最低限度。企业在制定价格时，要估算生产、分销和销售该产品的所有成本（生产成本和流通费用之和），还要适当考虑企业承担投资和决策风险应得到的报酬。不做亏本买卖，是所有企业最淳朴的目标。

（四）分析竞争者的成本和价格

在市场需求和企业总成本限定的价格范围内，企业还要参考同行业中竞争对手的现有成本和价格，并分析竞争对手可能的价格反应。分析竞争对手的成本，可以帮助企业获取控制成本的更多方法，有时也可以发现竞争对手内部固有的资源优势或劣势，相应地制定竞争策略。企业可以模仿竞争对手的价格策略，也可以以此寻找差异点，从而形成自己的价格策略，但竞争对手也有可能随时调整其价格。所以，竞争对手的价格（还有替代品的价格）只能成为企业的参考因素。

（五）选择定价方法

成本导向、需求导向和竞争导向这三种定价方法各有其合理性和适应性。企业在确定价格时，都会将成本、需求和竞争三方面因素综合起来考虑，但在选择定价方法上，最终只能以某种方法为主，以其他方法为辅。或者是在价格调整时，选择另一种定价方法。

（六）确定最终价格

定价方法基本上圈定了企业的市场价格范围，但是在确定价格时，企业还应当考虑其他的价格影响因素。比如地理、营销组合中的其他策略等。最终价格并不是永远不变的，企业的价格需要根据需求的变化、竞争对手的价格变动、产品生命周期的演变，以及企业经营目标、战略的调整而适时地调整。

第二讲　影响定价的主要因素

影响定价的因素是多方面的，包括定价目标、成本、其他市场营销组合因素等，详见图 7–2。在此，我们仅对一些主要因素进行分析。

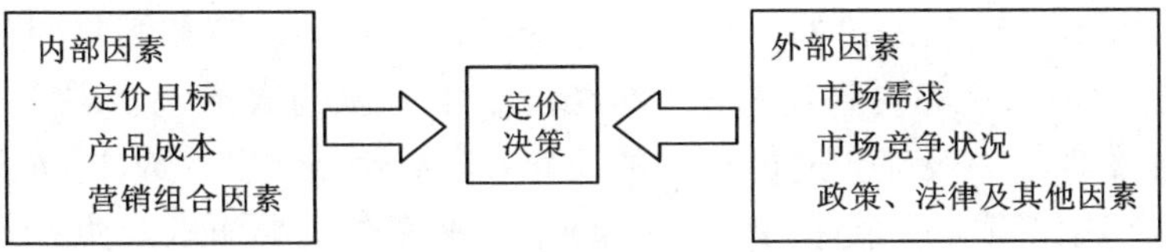

图 7–2　影响定价的主要因素

一、内部因素

(一)定价目标

在定价之前，企业必须对产品总战略做出决策。如果企业已经审慎地选择好目标市场和市场定位，那么确定营销组合战略，包括价格，就是一件容易的事了。

1. 维持生存

维持生存是企业处于不利环境中实行的一种特殊的过渡性目标。当企业遇到产品供过于求、成本提高、竞争加剧、价格下跌的冲击时，为避免倒闭、渡过难关，往往以保本价格甚至是亏本价格销售产品。在这种情况下，生存比利润更重要，只要价格能够补偿可变成本和一些固定成本，企业就能继续留在行业中。

2. 当期利润最大化

追求最大利润，几乎是所有企业的共同目标。但利润最大化并不等于确定最高价格。定价偏高，消费者不能接受，产品销售不畅，反而难以实现利润目标。同时，高价刺激竞争者介入和仿冒品增加，更有损市场地位。一般做法是，企业估计不同价格所对应的需求和成本，然后选择能够产生最大现期利润、现金流动和投资回报的价格。

3. 市场占有率最大化

市场占有率是衡量企业营销绩效和市场竞争态势的重要指标，因为，赢得最高的市场占有率之后，企业将享有最低的成本和最高的长期利润。为了成为市场份额的领导者，企业把价格尽可能地定低。

4. 应对竞争

除了上述三种目标外，企业还可能以应对当前的竞争态势作为定价目标，当市场趋于成熟，企业之间可能趋于达成共识，保持相对平衡的市场价格，从而避免恶性价格竞争。当然，企业仍然可以在其他领域开展营销较量，我们把这种现象称为非价格竞争策略。另外的情形，则是企业运用价格手段，通过价格的提高、维持或降低，以及对竞争者定价或变价的灵活反应等，来与竞争者争夺市场份额的一种竞争方式，即价格竞争策略。

（二）产品成本

产品成本是指产品在生产过程和流通过程中所花费的物质消耗及所支付的劳动报酬的总和。它是产品价格最基本的组成部分，也是企业定价的主要依据。产品成本是产品价格的下限。换句话说，产品的价格必须能够弥补产品生产、分销和销售时的所有支出，以及企业的努力和承担风险应得到的报酬（即经济学中所说的成本包含着正常利润）。企业在对产品进行定价时，一般都会遵循这样的思路：产品价格=生产成本+流通费用+企业利润+税金，这样才能保障实现企业再生产的条件。随着产量增加以及生产经验的积累，产品的成本不断发生变化，这便意味着产品价格也应随之发生变化。

任何企业都不能随心所欲地确定价格，某种产品的最低价格取决于这种产品的成本费用。从长远看，任何产品的销售价格都必须高于成本费用，只有这样，才能以销售收入来抵偿生产成本和经营费用，否则就无法经营。因此，企业在确定价格时必须估算成本。

（三）营销组合因素

在营销战略中，定价策略是最易受其他组合因素影响的。从企业追逐利润的角度看，任何一个企业都希望自己的产品尽可能地卖出高价获取利润。而消费者则是基于对产品的认知价值来判断产品的性价比，从而决定其愿意支付的最高价格。由此，企业只能通过其他营销策略来提高产品的认知效用，其制定的价格才能被市场所接受。同样，如果企业的产品策略和促销策略的重点在于降低成本费用，企业的产品便只能通过低价格来获取市场。例如，IBM 公司一直以高质量的商用机和完善的服务在业界享有良好的声誉，每年投入的巨额广告费用使它的品牌家喻户晓，它的产品在市场上占据绝对的高端地位也成为不争的事实。而 DELL 电脑却千方百计地采用直销、产品定制等方式节约成本，获取规模效益。在极少广告投入的情况下也得到了市场的认可，确定其低价格的优势。

二、外部因素

（一）市场需求

与成本决定价格的下限相反，市场需求决定价格的上限。在考虑需求对定价的影响时，应把握以下几点：

1. 供求关系

商品价格与市场供应成正比，与需求成反比。在其他因素不变的情况下，商品的供给量随价格的上升而增加，随价格的下降而减少。而商品的需求量则随价格的上升而减少，随价格的下降而增加。

2. 需求弹性

需求弹性指价格变动而引起需求量的相应变动的比例，反映需求变动对价格变动的敏感程度。不同产品具有不同的需求弹性，根据弹性的大小决定企业的价格决策，可考虑如下三种情况：

(1) 标准需求弹性，即反映需求量与价格等比例变化，商品价格的上升或下降会引起需求量等比例地减少或增加。

(2) 需求弹性大，即反映需求量的变化幅度大于价格的变化幅度，商品价格稍微上升或下降会引起需求量大幅度地下降或上升。对这类商品，企业可采用降价策略，以薄利多销达到增加利润的目的，而涨价则需慎重考虑，以免引起需求量锐减，影响企业收入。计算机、服装、装饰品、旅游等需求弹性较大。

(3) 需求弹性小，即反映需求量变化的幅度小于价格的变化幅度，商品价格的较大幅度的上升或下降仅会引起需求量较小幅度的下降或上升。对这类商品，低价对需求量的刺激不大，薄利也未必多销。大米、食盐、食油等生活必需品的需求弹性较小。

(二) 市场竞争状况

市场竞争状况是影响企业定价不可忽视的因素，企业必须考虑比竞争对手更为有利的定价策略，才能获胜。在现代经济中，市场竞争一般有四种状况。

1. 完全竞争

在完全竞争市场状况下，市场上企业很多，买卖双方的交易都只占市场份额的一小部分，彼此生产或经营的产品相同，企业不能用增加或减少产量的方法来影响产品的价格，也没有一个企业可以根据自己的愿望和要求来提高价格。在这种情况下，企业只能接受在市场竞争中现有的价格，买卖双方都只是“价格的接受者”，而不是“价格的决定者”，价格完全由供求关系决定，各自的行为只受价格因素的支配。完全竞争条件仅存在于理论上，在现实市场上是不存在的。

2. 垄断竞争

垄断竞争市场中的企业虽然很多，但彼此提供的商品或劳务是有差异的。这里存在着产品质量、销售渠道、促销活动的竞争。企业根据其“差异”的优势，可以部分地通过变动价格的方法来寻求市场利润。在这种市场条件下，各个卖主对其产品有很大程度的垄断，能控制其产品价格，卖主已不是价格的“接受者”，而是强有力的价格“决定者”。

3. 寡头竞争

寡头竞争指一个行业中几家少数的企业生产和销售的产品占此市场销售量的绝大部分，价格实际上由他们共同控制。各个寡头之间相互依存、影响，任一寡头企业调整价格都会引起其他寡头企业的连锁反应。因此，寡头企业之间互相密切注意对方战略的变化和价格的调整。

寡头又可分为完全寡头垄断和不完全寡头垄断两种。两种寡头都不是完全的垄断者，但每个寡头都会对价格产生重要作用。

4. 完全垄断

完全垄断指在一个行业中的某种产品或劳务只是独家经营，没有竞争对手。通常有政府垄断和私人垄断之分。这种垄断一般有特定条件，如垄断企业可能拥有专利权、专营权或特别许可等。由于垄断企业控制了进入这个市场的种种要素，所以它能完全控制市场价格。从理论上分析，垄断企业有完全自由定价的可能，但其价格也受消费者情绪及政府干预等方面的限制。

（三）政策、法律及其他因素

在现代社会中，政府扮演着调节和干预经济的重要角色。它可以通过行政的、法律的、经济的手段对企业定价及社会整体物价水平进行调节和控制。尤其是在经济全球化的今天，走向国际化经营的企业应注意了解东道国的相关政策、法律、法规，以确保企业的经营安全。

【同步案例 7-1】

珠宝定价

美国亚利桑那州的一家珠宝店采购到了一批漂亮的绿宝石。由于数量较大，店主担心短时间销售不出去，影响资金周转，便决心只求微利，以低价销售。本以为会一抢而光，结果却事与愿违。几天过去，仅销出很少一部分。后来店老板急着要去外地谈生意，便在临走前匆匆留下一纸手令：我走后若仍销售不了出，可按 1/2 的价格卖掉。几天后老板返回，见绿宝石销售一空，一问价格，却喜出望外。原来店员把店老板的指令误读成“按 1-2 倍的价格出售”，所以提价一倍，这才使绿宝石一售而空。

问题：这个案例中影响珠宝定价的主要因素是什么？

分析提示：这个案例中，影响珠宝定价的主要因素是消费者的心理。从消费心理看，人们购买商品时要求物美价廉，但这只是一种理想心态，高质高价才更符合消费者的常规心态。并且，人们在购买珠宝这一类昂贵的商品时，多数是希望通过它们的高价彰显自己的经济实力、社会地位和审美品位等，以满足自己求荣求美的心理。因此，提高价格才能更好满足这个心理，低价反而会导致商品销售不畅。

第三讲　定价的方法

一般情况下，产品成本确定了底价，消费者对产品价值的看法确定了最高价，而企业在设定价格时还必须考虑竞争者的价格以及其他的外部和内部因素，以便在最高、最低价之间找到合适的价格。确定价格时企业应全面考虑到这些因素，但是，在实际工作中往往只侧重某一方面的因素，因此企业定价有三种主要导向，即成本导向、需求导向和竞争导向。

一、成本导向定价法

成本导向定价法是一种主要以成本为依据的定价方法，包括成本加成定价法和目标利润定价法两种具体方法。其特点是简便、易用，所涉及的主要概念和关系见图 7-3。

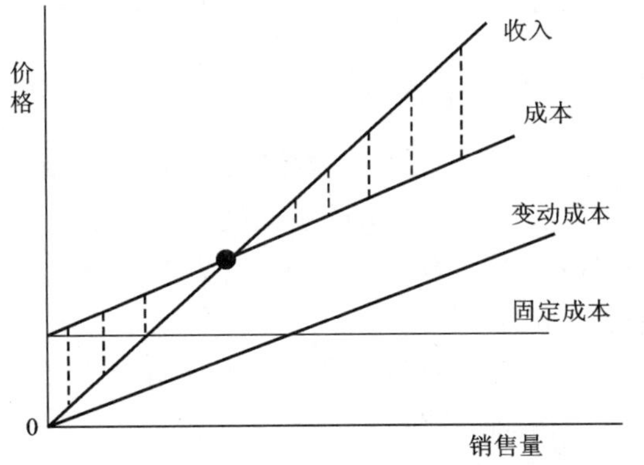

图 7-3 成本导向定价法主要因素关系图

（一）成本加成定价法

所谓成本加成定价是指按照单位成本加上一定百分比的加成来制定产品销售价格。加成的含义就是一定比例的利润。即以单位总成本加企业的预期利润定价，售价与成本之间的差额就是“加成”。

其计算公式为：单位产品价格=单位产品成本×(1+成本加成率)。

此种方法的优点是简便、易行，在正常情况下，可以使企业获得预期利润，也是大多数生产商最常使用的定价办法；但定价时只考虑产品成本，忽略了市场需求及竞争等因素，缺乏灵活性，难以适应变化的市场竞争。

（二）目标利润定价法

目标利润定价法即根据估计的总销售收入和估计的销售量来确定价格的方法。其价格用下列公式表示：

目标利润价格=总成本×(1+目标利润率)/预计销售量

目标利润定价法的价格是按预测销售量确定的，只要预测的销量较为准确，价格也就较为准确。这种方法如果使用得当，能保证企业目标利润的实现。但这种方法有一个缺陷，即企业以估计的销售量求出应确定的价格，但是价格恰恰是影响销售量的重要因素。因此，为了确保用所定价格来实现预期销售量的目标，企业应将价格、销售量与需求因素结合起来考虑。

二、需求导向定价法

需求导向定价法是一种以市场需求强度及消费者感受为主要依据的定价方法，包括认知价值定价法、反向定价法、需求差异定价法三种。

（一）认知价值定价法

所谓认知价值定价法，就是企业根据购买者对产品的认知价值来确定价格的一种方法。这是一种简易、常用的定价方法。消费者对商品价值的认知价值是他们根据自己对产品的功能、效用、质量、档次等多方面的印象，综合购物经验、对市场行情和同类产品的了解而对价格做出的评判，即人们购买商品时常说的“值”或“不值”，其实质是商品的效用价格比，其关键是消费者对价值的理解和认可。

既然认知价值定价法的定价标准在于市场对企业产品价值的认知和理解，那么，企业为了顺利销售产品并获得满意的利润，首先必须进行市场调研以准确地预测产品认知价值；其次也要利用营销策略中的非价格因素提升产品的认知价值。

（二）反向定价法

反向定价法是指企业依据消费者能够接受的最终销售价格，计算自己从事经营的成本和利润后，反向推算出产品的批发价和零售价。这种定价方法不以实际成本为主要依据，而是以市场需求为定价出发点，力求价格为消费者所接受。分销渠道中的批发商和零售商多采取这种定价方法。

企业一般在两种情况下采用反向定价策略：

1. 应付竞争

价格是竞争的有力工具。企业为了同市场上的同类产品竞争，在生产之前，会先调查产品的市场价格及消费者的反应，然后确定消费者易于接受又有利于竞争的价格，并由此决定产品的设计和生产。

2. 推出新产品

企业在推出新产品之前，会通过市场调研，了解消费者的购买力，拟定市场上可以接受的价格，以保证新产品上市时能旗开得胜、销路畅通。

（三）需求差异定价法

需求差异定价法以不同地点、时间、商品及不同消费者的消费需求强度差异为定价的基本依据，具体有以下几种做法：

1. 因地点而异

如国内机场的商店、餐厅向乘客提供的商品价格普遍要高于市内商店和餐厅的价格。

2. 因时间而异

如春节、五一、国庆三个长假日也是旅游、购物黄金假期，旅行社的报价有相应提高。

3. 因商品而异

在每次世界杯举行期间，标有世界杯会徽或吉祥物的T恤及小纪念品的价格会比没有印标志的其他同类商品的价格要高。

4. 因消费者而异

因职业、阶层、年龄等原因，消费者对同类商品的需求强度或价值认知不同，在定价时分别给予优惠或提价可获得良好的效果。

实施需求差异定价要求市场具备以下条件：市场必须能够按照不同的需求强度进行细分；细分后的市场一定时期内相对独立；细分市场中不会有竞争者低价竞销；价格差异不会引起消费者反感；不违反法律。

三、竞争导向定价法

竞争导向定价法通常有两种定价方法，即随行就市定价法和密封投标定价法。

(一)随行就市定价法

随行就市定价法又称流行价格定价法，是指企业按照行业的平均现行价格水平来定价。这种定价方法简单、易行，风险不大，不会加剧价格竞争，适合无特色的一般化产品的定价，或中小企业跟随大企业价格的定价，在完全竞争和寡头垄断的市场结构较普遍。采用随行就市法定价，对许多企业都比较重要，竞争越激烈，其运用价值就越高，意义就越大，是种较为稳妥的定价方法。在以下情况下往往采取这种定价方法：①难以估算成本；②企业打算与同行和平共处；③如果另行定价，很难了解购买者对本企业的价格的反应。

(二)密封投标定价法

密封投标定价法即通过投标竞争的方式确定商品价格的方法。此时，投标企业根据竞争对手的报价或招标企业标底的估计确定价格，而不是按企业自己的成本费用或市场需求。因为在国际通行的“做低价最优”的选择机制下，企业想要中标，必须使自己的报价在不低于成本的情况下，低于其他竞争对手。而在我国传统的“标底制”下，企业必须对由招标单位按有关规定制定的标底价格进行估计，争取与招标单位的标底相同或比竞争对手更为接近标底。换言之，企业必须同时考虑目标利润和中标概率，以确定最佳报价。其操作程序是在商品或劳务的交易中，由招标人发出招标公告，投标人竞争投标，密封递价，招标人择优选定价格。这种方法通常用于建筑包工、大型设备制造、政府大宗采购等。

第四讲　定价策略

消费者接受某一商品的价格，并不仅仅只考虑这个价格是否同价值相适应，还要受到许多心理的、社会的、文化的因素的影响。因此，定价不仅是一门科学，更是一门艺术。定价方法侧重于产品的基础价格，而定价策略则是运用定价艺术和技巧，根据市场行情确定灵活机动的价格。

一、折扣定价策略

企业为了鼓励顾客及早付清货款、大量购买、淡季购买，还可以酌情降低其基本价格。这种价格调整叫作价格折扣。价格折扣的主要类型有以下几种：

(一)现金折扣

现金折扣是企业给当场付清货款的顾客的一种减价。例如，顾客在 30 天内必须付清货款，如果 10 天内付清货款，则给以 2%的折扣。

(二)数量折扣

数量折扣是企业给那些大量购买某种产品的顾客的一种减价，以鼓励顾客购买更多的物品。

（三）功能折扣

功能折扣又叫贸易折扣。功能折扣是制造商给某些批发商或零售商的一种额外折扣，促使他们执行某种市场功能（如推销、储存、服务）。

（四）季节折扣

季节折扣是企业给那些购买过季商品的顾客的一种减价，以鼓励顾客提前购买或在淡季购买，使企业的生产和销售在一年四季保持相对稳定。

（五）价格折扣

价格折扣是另一种类型的价目表价格的减价。例如，一辆小汽车标价为4000元，顾客以旧车折价500元购买，只需付给3500元。这叫作以旧换新折让。如果经销商同意参加制造商的促销活动，则制造商卖给经销商的物品可以打折扣。这叫作促销折让。

二、心理定价策略

心理定价策略是一种运用营销心理学原理，根据各种类型顾客购买商品时的心理动机制定价格，引导和刺激购买的价格策略。

（一）声望定价

企业利用顾客仰慕名牌商品或名店的声望所产生的某种心理，确定高于其他同类产品的价格。顾客购买名牌产品不仅仅是为了消费，更是为了显示他们的身份和地位。

（二）尾数定价

尾数定价即利用消费者数字认知的某种心理，尽可能在价格数字上不进位，而保留零头，使消费者产生价格低廉和卖主经过认真的成本核算才定价的感觉，从而使消费者对企业产品及其定价产生信任。

（三）招徕定价

招徕定价指零售商利用部分顾客的求廉心理，特意将几种商品的价格定得较低以吸引顾客到商店来，借机带动其他商品的销售，以扩大销售业绩。采用此策略的关键是“特价品”必须是大多数顾客熟悉且日常生活必需、购买频率较高的商品。“特价品”的数量也要适宜，既不可太多，也不可太少。

【同步案例 7-2】

醉翁之意

珠海九洲城里有只卖3000港币的打火机。许多观光客听到这个消息后，无不为之咋舌。如此昂贵的打火机该是什么样子的呢？于是，九州城又平添了许多慕名前来一睹打火机"风采"的顾客。

一只名为"星球大战"的打火机看上去极为普通，真值这个价钱吗？站在柜台前的观光者都表示怀疑，就连售货员对此也不置可否地一笑了之。它被搁置在柜台里很长时间无人问津，但它旁边的3港币一只的打火机却是购买者踊跃。许多走出九洲城的游客坦诚相告：我原是来看那只"星球大战"的，不想却买了这么多东西。

无独有偶，日本东京都滨松町的一家咖啡屋，竟然推出了5000日元一杯的咖啡，就连一掷千金的豪客也大惊失色。然而消息传开，抱着好奇心理的顾客蜂拥而至，使往常冷冷清清的店堂一下子热闹起来，果汁、汽水、大众咖啡等饮料格外畅销。

问题：珠海九洲城和日本东京都滨松町咖啡屋运用的是一种什么定价策略？

分析提示：他们运用的是一种"招徕定价"策略。

三、差别定价策略

所谓差别定价策略，是指企业按照两种或两种以上不反映成本费用的比例差异的价格销售某种产品或服务。

（一）差别定价的主要形式

1. 顾客差别定价

顾客差别定价即企业按照不同的价格把同一产品或服务卖给不同的顾客。针对不同的用户或顾客，确定不同的价格。比如，对老客户和新客户、内宾和外宾、女性和男性、儿童和成人、学生和非学生等，分别采取不同的定价。例如，六一儿童节到来之际，企业为了促销儿童用品，规定凡6月1日这天出生的14岁以下的儿童，购买本企业产品均实行半价优惠，非6月1日这天出生的儿童就无法享受这种优惠。不过，顾客差别定价在有些国家会受到法律对价格歧视的限制。

2. 产品形式差别定价

产品形式差别定价即企业对不同型号或形式的产品分别确定不同的价格。但是，不同型号或形式产品的价格之间的差额和成本费用之间的差额并不成比例。如当年苹果手机推出新机型时，土豪金颜色的手机就比其他颜色的要卖得贵，但是其实不同颜色产品在规格、型号和功能等方面并没有任何差异。

3. 产品部位差别定价

产品部位差别定价即企业对处在不同位置的产品或服务分别确定不同的价格，即使这些产品或服务的成本费用没有任何差异。如体育馆的座位，虽然前后排的成本费用都一样，但由于观赏效果有所不同，因而确定不同的价格。

4. 销售时间差别定价

销售时间差别定价即企业对不同季节、不同时期甚至不同钟点的产品或服务分别确定不同的价格。例如，旅游服务企业在淡季和旺季的收费不同，长途电话在不同的时间收费不同，电影院晚场和白天场定价不同。

（二）差别定价的适用条件

企业采取差别定价策略时必须具备以下条件：

①市场必须是可以细分的，而且各个细分市场部分表现出不同的需求程度；

②以较低价格购买某种产品的顾客没有可能以较高价格把这种产品倒卖给别人；

③竞争者没有可能在企业以较高价格销售产品的市场上以低价竞销；

④细分市场和控制市场的费用不得超过因实行价格歧视而得到的额外收入，即不能得不偿失；

⑤价格歧视不会引起顾客反感而放弃购买，影响销售；

⑥采取的价格歧视形式不能违法。

四、新产品定价策略

一般来讲，新产品定价有三种策略可供选择：

（一）撇脂定价

撇脂定价是指在产品生命周期的最初阶段，把产品的价格定得很高，以赚取最大利润。撇脂的本意是指从牛奶中撇取奶油，在此比喻赚取利润。这一策略利用消费者的求新心理，以高价将产品打进市场。其优点是提高产品身价，树立高质形象，刺激顾客购买，尽快收回成本、获取利润，并为以后实施降价策略留有充分余地。其缺点是高价令人望而生畏，会抑制购买，高利容易诱发竞争，吸引竞争者加入。作为一种短期价格策略，它适用于具有技术独特、难以仿效、生产能力不易迅速扩大等特点的新产品。如我国一些中外合资企业采用高价策略在国内市场推出高新医药产品，获得了成功。

（二）渗透定价

渗透定价是指企业把其创新产品的价格定得相对较低，以吸引大量顾客，提高市场占有率。这一策略针对消费者的选价心理，以期获取长期利润。其优点是低价容易为消费者所接受，有利于迅速打开销路，提高市场占有率；薄利不易诱发竞争行为，便于企业长期占领市场。其缺点是本利回收期较长，价格调整空间较小，要求企业有较强的实力。作为一种长期价格策略，它适用于工艺技术较为简单并能尽快大批量生产，市场需求量和需求潜量都较大的新产品。

（三）适中定价

适中定价策略既不是利用价格来获取高额利润，也不是让价格制约占领市场。适中定价策略尽量降低价格在营销手段中的地位，重视其他在产品市场上更有力或有成本效率的手段。当不存在适合于撇脂定价或渗透定价的环境时，公司一般采用适中定价。例如，一个管理者可能无法采用撇脂定价法，因为产品被市场看作是极其普通的产品，没有哪一个细分市场愿意为此支付高价。同样，他也无法采用渗透定价法，因为产品刚刚进入市场，顾客在购买之前无法确定产品的质量，会认为低价代表低质量（价格–质量效应）。或者是因为如果破坏已有的价格结构，竞争者会做出强烈反应。当消费者对价值极其敏感，不能采取撇脂定价，同时竞争者对市场份额极其敏感，不能采用渗透定价的时候，一般采用适中定价策略。

【同步案例 7-3】

因特尔公司的定价策略

一个分析师曾这样形容英特尔公司的定价政策："这个集成电路巨人每 12 个月就要推出一种新的、具有更高盈利可能的微处理器，并把旧的微处理器的价格定在更低的价位上以满足市场需求。"当英特尔公司推出一种新的计算机集成电路时，它的定价是 1000 美元，这个价格使它刚好能占有市场的一定份额。这些新的集成电路能够增加高能级个人电脑和服务器的性能。如果顾客等不及，他们就会在价格较高时去购买。当销售额下降及竞争对手推出相似的集成电路对其构成威胁时，英特尔公司就会降低其产品的价格来吸引下一层次对价格敏感的顾客。最终价格跌落到最低水平，每个集成电路仅售 200 多美元，使该集成电路在大众市场热销。英特尔公司通过这种方式，从各个不同的市场中获取了超高的收入。

问题：因特尔公司采取了什么定价策略？

分析提示：新产品刚推出时公司采取了撇脂定价策略，在价格降到最低时采用的是渗透定价策略，在最高价和最低价间逐渐降价时采用的是适中定价策略。在推出新产品时，三种定价策略可灵活结合使用。

五、产品组合定价策略

当企业同时经营多种产品时，定价需着眼于整个产品组合的利润最大化，而不是单个产品。加之各个产品之间存在需求和成本上的联系，有时还存在替代、竞争关系，因此，实际定价的难度相当大。具体的做法有以下两种。

（一）产品线定价

产品线定价是指根据产品项目之间在质量、性能、档次、款式、成本、顾客认知、需求强度等方面的不同，参考竞争对手的产品与价格，确定一条产品线中各个产品项目之间的价差，以扩大产品销路，争取实现更多的利润。例如，联想电脑将其笔记本电脑产品按照功能和配置划分为若干型号，针对高中低档产品定位分别确定相应价格，以满足不同消费者的需求。

（二）选择品定价

许多企业在向市场提供主要产品的同时，还会附带提供可供选择的产品。选择品的价格水平应在综合考虑多方面因素后确定。例如，有的饭店酒水价格很高、食品价格较低，饭店依靠酒类收入获取利润；有的饭店酒水价格较低、食品价格却较高，饭店依靠食品收入获取利润。由于选择品属于非必须附带品，顾客的自主选择余地较大，所以只有当提供的选择品能够满足消费者的特定需求时，消费者才会乐于接受较高的价格。

（三）补充品定价

有些基本产品需要配以补充品才能正常使用，如剃须刀架必须带刀片，光学照相机必须与胶卷同时使用。一般来说，基础商品购买频率较低，而补充商品购买频率较高，价格弹性充分。因此企业常常会降低基础商品的价格，提高补充商品的价格，主要依靠补充商品的高价来赚取利润。柯达公司就是成功利用这一策略的典型，它以很低的价格销售相机，却在胶卷上赚取收入。需要注意的是，有时企业为补充商品制定过高的价格容易引起消费者的不满，甚至可能会影响其基础商品的销售。尤其是在目前家用汽车的消费中，消费者往往会将汽车配件及维护费用的高低作为选择的重要因素。

（四）分部定价

服务性企业经常收取一笔固定费用，再加上可变的使用费用。例如，游乐园一般先收门票费，如果游玩的地方超过规定，就再交费。服务性企业一般收取较低的费用，以推动人们购买服务，利润可以从使用费中获取。

（五）副产品定价

在生产加工肉类、石油产品和其他化工产品的过程中，经常有副产品。如果副产品价值很低，处理费用昂贵，就会影响到主产品的定价。制造商确定的价格必须能够弥补副产品的处理费用。如果副产品对某一顾客群有价值，就应按其价值定价。副产品如果能带来收入，将有助于公司在迫于竞争压力时确定较低的价格。

第五讲　价格调整策略

企业处在一个不断变化的环境之中，为了生存和发展，有时候需主动降价或提价，有时候又需对竞争者的变价做出适当的反应。

一、企业降价与提价

（一）企业降价

企业降价的主要原因有以下几个：

1. 生产能力增加，或成本获得有效降低

如企业增加了新的生产线，生产能力大大提高，但市场却未相应扩大，此时，为挤占竞争对手的市场份额，往往会主动调低商品价格。近年来，我国一些家电大企业在生产能力扩大后即挑起价格战就是出于这一原因。

2. 企业现有市场占有率下降

这通常发生在新进入的或已有的竞争对手采取了更具进攻性的营销策略，以挤占本企业的市场份额时。企业为防止市场份额继续丧失，不得不采取削价竞争。这是一种被动降价策略，但运用得当，也会对竞争对手构成巨大的反压。

3. 经济不景气，消费者实际收入和预期收入均下降，导致购买意愿下降

这在一些选择性商品上更为突出，消费者对一些可买可不买的商品会推迟购买，或选择价格较低的商品作为替代，迫使企业不得不降低商品价格，维系市场。

（二）企业提价

虽然提价会引起消费者、经销商和企业推销人员的不满，但是一个成功的提价可以使企业的利润大大增加。促使企业提价的原因主要有以下两个：

（1）由于通货膨胀，物价上涨，企业的成本费用提高，迫使企业不得不提价以确保获取目标利润。

（2）企业产品供不应求，不能满足所有顾客的需要。在这种情况下，企业可以适度提价。

二、消费者对企业变价的反应

一般地说，消费者对价值高低不同的产品的反应有所不同。对于那些价值高、经常购买的产品的价格变动较敏感，而对于那些价值低、不经常购买的小商品，即使单位价值较高，消费者也不大注意。

此外，消费者对价格变动可能有截然不同的看法，同样的价格变动会引起截然不同的消费者反应。如一种产品降价了，消费者可能理解为：

（1）这种商品已经过时；

（2）这种商品有缺陷；

（3）企业财务困难，无法继续经营；

（4）这种产品的价格还有下降空间；

（5）企业欲提高销量；

（6）企业欲提高市场占有率。

因此，需求弹性较大的商品降价有可能带来销售额的大幅度上升，也有可能导致消费者产生持币待购心理或对产品甚至企业误解或不信任。对此，除了加强沟通和正确引导外，企业应注意尽量使价格的变动隐蔽而间接，以降低消费者的反应度。如企业在需要提价时尽量多采取降低成本的措施（如减少附加服务种类、减少包装分量等），但其前提是不能降低产品质量，否则会损害企业的声誉与市场形象，给企业的长远发展带来不利影响。

此外，消费者虽然关心产品价格的变动，但是通常更关心取得、使用和维修的总费用。因此，如果卖主能使消费者相信某种产品取得、使用和维修的总费用较低，那么它就可以把这种产品的价格定得比竞争者高，取得较多的利润。

三、竞争者对企业变价的反应

价格变动的企业除了考虑消费者的反应之外，还不得不考虑竞争者对价格的反应。当牵涉的企业数量较少，产品是均质的，消费者对产品和销售者熟知的时候，竞争者就最有可能做出反应。企业怎样预计竞争者的可能反应呢？如果企业面对的是一个大的竞争者，并且如果该竞争者趋向于用一种固定的方式对价格改动做出反应，那么就容易预计竞争者的反应了。但是，如果该竞争者将每一次价格变动都作为新的挑战，并根据当时的利益做出反应，那么企业不得不弄清楚当时竞争者的自我利益是什么。

四、企业对竞争者变价的反应

（一）不同市场环境下的企业反应

在同质产品市场上，如果竞争者降价，企业必须随之降价，否则消费者就会购买竞争者的产品，而不购买企业的产品；如果某一个企业提价，且提价会使整个行业有利，其他企业也会随之提价，但是如果某一个企业不随之提价，那么最先发动提价的企业和其他企业也不得不取消提价。

在异质产品市场上，企业对竞争者变价的反应有更多的选择余地。因为在这种市场上，消费者选择卖主时不仅考虑产品价格因素，而且考虑产品质量、服务、性能、外观、可靠性等多方面的因素。因而在这种产品市场上，顾客对较小的价格差异并不敏感。总的看来，在异质产品市场上，企业对竞争者价格变动的反应有更多的自由。

（二）常用应对策略

企业面对竞争者精心准备的调价行为，除非早有预见和准备，否则很难迅速、准确地做出分析判断。通常企业会根据具体情况从以下几种应对策略中做出选择。

1. 维持原有的营销组合不变

这种做法主要适用于市场对价格并不敏感；保持价格不变，企业的市场份额不会明显下降；跟进降价可能会过多损失企业利润等情况。

2. 保持价格不变，调整其他营销组合策略

这种策略是指企业运用非价格策略，如改进产品、提高服务与加强沟通等手段来应对竞争者。这种方式适合那些需求价格弹性较低的商品。这样不仅有助于减少企业利润损失，还能提升品牌形象。

3. 以相同或不同幅度降低价格

这一策略适用于市场对价格很敏感，维持原价会使产品失去大批顾客；跟随降价可以使产品的销量和产量大幅度增加，从而形成规模效应；市场份额减少后，将来很难恢复；降价可保持原有的竞争格局等情况。

4. 提高价格

这是一种“反其道而行之”的应对策略。虽然有可能导致市场份额进一步丧失，但引导得当也容易使消费者更加认同企业的品牌价值。这一策略主要适用于产品具有明显特色；产品品牌已有一定的知名度和美誉度；在行业中处于领先地位的企业以及需求价格弹性不充分的商品。

由于企业在面对竞争者的价格变动时，应对策略往往是在被动情况下做出的，而且时间非常紧迫。为减少因仓促应变带来的不利影响，企业应建立一套预警方案，随时分析监测，并预先设计反应对策，如此才能在动态变化的环境中谋求发展和壮大。

即学即用

星巴克咖啡应该如何定价？

“我不在星巴克，就在去星巴克的路上。”曾经被视为小资生活方式之一的星巴克被央视痛批，称在全球范围内对比，其在中国的售价最高，成本不足4元的中杯拿铁咖啡，在北京卖27块一杯，比伦敦贵将近3块，比印度孟买则贵了几乎一倍。并且，星巴克在中国的利润率远远高于欧美市场。尽管批的是高价与暴利，但这次央视的报道却并没有引来一边倒的喝彩，一些大V与部分网友驳斥报道缺乏财务学常识。这是为什么呢？

请观看电视节目《观点制胜》的视频，思考回答以下问题：

一杯星巴克的中杯拿铁咖啡定价受哪些因素影响？

要点巩固

1. 简述企业定价工作的主要步骤。
2. 影响定价的主要因素有哪些？
3. 论述成本导向定价策略的主要内容及方法。
4. 撇脂定价策略和渗透定价策略的适用条件各是什么？
5. 利用消费者心理进行定价时应如何避免出现价格欺诈？

课堂延伸

十四家大公司的定价目标

公司名称	定价主要目标	定价相关目标
阿尔卡公司	投资报酬率（税前）为20%；新产品稍高（税后投资报酬率约为10%）	对新产品另行制定促销策略；求价格稳定
美国制罐公司	保持市场占有率	应付竞争（以替代产品成本决定价格）；保持价格稳定

续表

公司名称	定价主要目标	定价相关目标
两洋公司	增加市场占有率	全面促销(低利润率政策)
杜邦公司	目标投资报酬率	保证长期的交易；根据产品寿命周期对新产品定价
埃克森公司	合理投资报酬率目标	保持市场占有率；求价格稳定
通用电气公司	投资报酬率(税后)20%； 销售利润率(税后)7%	新产品促销策略；保持全国广告宣传产品的价格稳定
通用食品公司	毛利率33.3%(1/3制造，1/3销售，1/3利润)；只希望新产品完全实现目标	保持市场占有率
通用汽车公司	投资报酬率(税后)20%	保持市场占有率
固特异公司	应付竞争	保持地位；保持价格稳定
国际收割机公司	投资报酬率(税后)10%	保持稍低于统治地位的市场占有率
海湾公司	根据各地最主要的同业市场价格	保持市场占有率；求价格稳定
琼斯-曼维尔公司	投资报酬率高于过去15年的平均(约为税后15%)；新产品稍高	市场占有率不大于20%；保持价格稳定
堪尼科特公司	稳定价格	目标投资报酬率(税前)20%
科如捷公司	保持市场占有率	增加市场占有率

构建通路
——分销策略

项目八

项目概述：

主要介绍分销渠道与中间商相关概念、中间商类型及其特点、不同分销渠道成员的选择和渠道管理方法以及新零售渠道模式。

教学目标：

了解分销渠道的作用和分类；

熟悉市场中常见的中间商类型及其特点；

掌握企业渠道选择的主要影响因素；

掌握企业分销渠道成员的选择和渠道管理；

了解新零售的含义、模式。

教学重点：

分销渠道与中间商的类型与特点；

企业分销渠道成员的选择和渠道管理；

新零售的含义、模式。

教学难点：

企业分销渠道成员的选择和渠道管理；

新零售的含义、模式。

学前问题

如何理解和看待“微商”？

思政先行

没有真实货品的淘宝店也能有高信誉？

2018 年 3·15 晚会曝光了这么一个事情，有记者在淘宝上开了一个卖面膜的店铺，并没有真实的货品。而就是这样一个虚假店铺，只要支付给“刷客”佣金，便可在三天内立马升级为蓝钻，拥有 200 多条好评！首先购买访客，以躲避淘宝的监督。随后便开始刷单。即使店内没有一件真实商品也可通过网上的“代发空包”服务，将一件件并不真实存在的包裹签收！

随着互联网经济的高速发展，电子商务已经深入人心，中国电子商务的发展更是改变了人们的购物习惯，也带来了更多的创业和就业机会。电子商务的行业环境日新月异，移动电商、跨境电商、微商、新媒体营销等电子商务新模式不断涌现，但同时，电商环境中的各种风险和挑战也随之而来。“到货商品名不符实、销售假冒伪劣产品、肆意‘刷单’、信誉‘注水’”。人们在享受电子商务带来便利的同时，也被其间各种不诚信行为所困扰。电子商务的网上交易特性，决定了其商务过程中容易产生的各类诚信问题。近年来，国家不断加大立法力度，借以规范在目前电子商务发展中所面临的各类问题。各大电商平台也对商铺运营提出了规范性的要求和处罚办法，但非诚信行为还是经常出现，在一些小型的电商平台、微商平台尤为突出。从业者应积极参与创造诚信、健康、有序的电商环境，认真踏实地在店铺描述、产品质量、物流配送、售后服务等方面做足文章，以童叟无欺、货真价实的产品或服务，真正赢得消费者好评，也为自己赢得人生的好评。

思政学习园地

1.《构建新型互联网平台监管体系的着力点》。
2.《网络直播营销管理办法(试行)》。

扫一扫，看学习资料

扫一扫，看学习资料

理论精讲

我们日常消费的生活用品和服务，大多数是在商场购买获得的。从企业的角度而言，一旦产品形成后，需要顺利将产品送达消费者手里，才能实现企业和消费者各自的目的。而在实际的市场交易中，出现了产销在时空上的背离，使产品从生产者到消费者的交换和实体转移的流通过程需要营销中介的帮助，即企业要进行渠道的选择和管理。

因此，拥有高效、畅通的产品和服务的分销渠道，成为企业营销成功的重要环节。

第一讲　分销渠道概述

在当今的市场经济条件下，由于产销之间在时空上的背离，客观上需要中介环节帮助商品流通，实现商品交换和商品实体转移。因此，畅通高效的分销渠道成为营销的重要环节。

一、分销渠道的含义

分销渠道指产品或服务从生产者向消费者或用户转移过程中所经过的通道或线路，由在这一转移过程中取得产品或服务的所有权或帮助转移所有权的所有企业和个人组成。其起点是生产者，终点是消费者或用户。

分销渠道是由参与产品或劳务所有权转移或买卖活动过程的中间商组成的商品流通渠道。一条渠道的主要成员包括生产商、中间商和消费者。分销渠道还包含了协助提供产品储存、运输等物流服务的辅助企业。

二、分销渠道的特点

分销渠道有如下特点：

(1)分销渠道反映某一特定产品价值实现的全过程所经由的通道。

(2)分销渠道是一些相关经营组织或个人的组合，他们因共同的经济或社会利益结成共生伙伴关系，但这种关系也会发生矛盾和冲突。

(3)在分销渠道中，产品的运动以其所有权的转移为前提。

(4)在分销渠道中，除商品所有权转移方式外，还隐含物流、信息流、货币流、促销流等。

三、分销渠道的作用

(一)中间渠道组织是流通中的专家

中间渠道组织有专门从事商品销售的专家、实施设备和网络，熟悉消费者和营销技巧。它可以弥补生产者将产品直接销售给最终消费者所缺乏的必需的资源和能力。中间渠道组织的作用主要有两个：

1. 提高工作成效

中间渠道有专门的销售队伍和网络，更了解市场，经验丰富，这必然能给生产商和消费者带来便利，提高工作成效。

2. 节约投资，利于扩大再生产

中间渠道有自己独立的投资，从而使生产者节约人、财、物的投入。

（二）中间商的介入起到经济节约的作用

从图 8-1 中的对比可以看出，通过中间环节，不仅交易关系简单化，而且可节约交易次数，减少了生产者的工作量和购买者的购买时间，从而节约社会劳动。

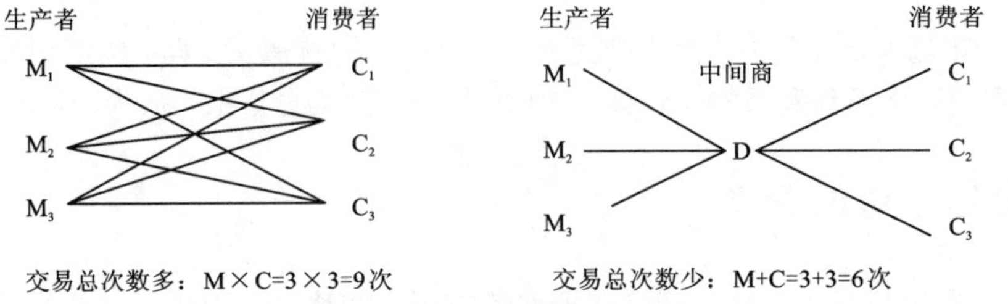

图 8-1　中间商的经济节约作用

（三）中间渠道能更好地发挥信息功能

由于直接与生产者和消费者打交道，渠道成员更了解市场供求，并可通过信息沟通促使生产者更有效地组织生产经营活动。同时，也能便利消费者购买和使用产品。

（四）物流功能

物流功能是运输和储存功能，即使产品安全高效地完成实体转移。

四、分销渠道类型

从渠道构成看，分销渠道可根据不同标准分类。

（一）按产品从生产者到消费者的流通过程中是否经过中间商转卖分类

1. 直接渠道

直接渠道是指产品从制造商流向消费者或用户的流通过程中不经过任何中间商转手的分销渠道。

2. 间接渠道

间接渠道是指产品从制造商流向消费者或用户的流通过程中经过若干中间商转手的分销渠道。

（二）按产品在流通中经过中间环节的多少分类

1. 零级渠道

零级渠道是指由生产者直接到消费者，不经过任何营销中间机构，即上述的直接渠道。

2. 一级渠道

一级渠道指在生产者和消费者中间含有一个营销中间机构。在消费者市场，这一营销中间机构大多是零售商，而在产业市场，则大多是销售代理商或佣金商。

3. 二级渠道

二级渠道即包括两级中间机构的渠道。在消费者市场，通常是一个批发商和一个零售商；而在产业市场，则有可能是销售代理商和批发商。

4. 三级渠道

三级渠道是指包含了三层中间机构的渠道，一般是批发商、代理商和零售商。

渠道的分级如图 8-2 所示。

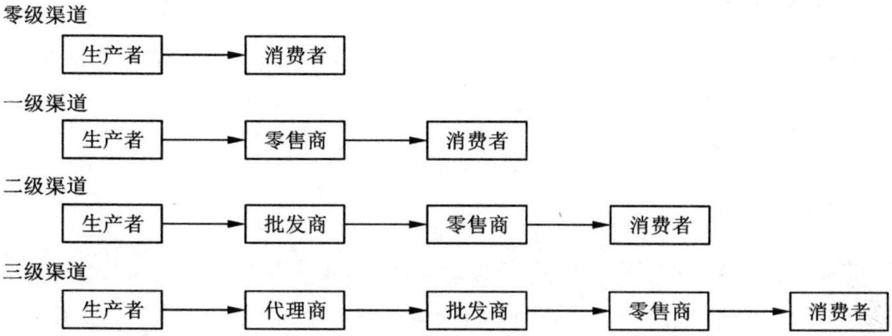

图 8-2　渠道的分级

（三）按渠道每一环节选用中间商数目的多少分类

1. 宽渠道

宽渠道是指生产者在每一层级上选择许多中间商推销产品。如一般的日常生活用品（毛巾、牙刷、洗涤剂等），由多家批发商经销，它们又转卖给更多的零售商，这些零售商能够大量接触消费者，从而大批量地销售该类产品。某饮料产品一级渠道的宽渠道模式如图 8-3 所示。

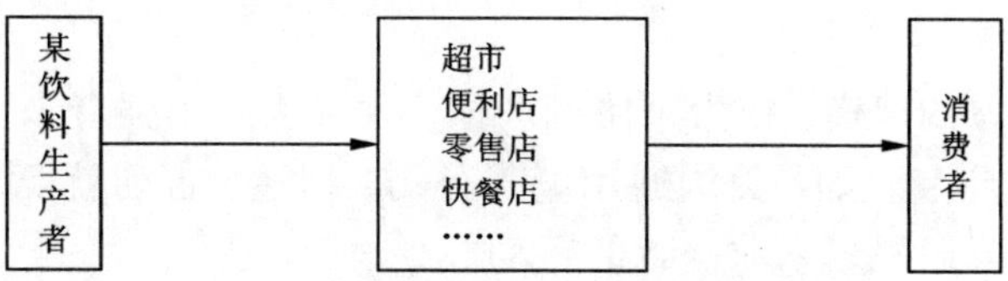

图 8-3　某饮料产品一级渠道的宽渠道模式

2. 窄渠道

窄渠道是指生产者在中间环节上只选择一家中间商为之推销商品。一般适用于专业性比较强的产品，或者贵重耐用消费品。某饮料产品一级渠道的窄渠道模式如图 8-4 所示。

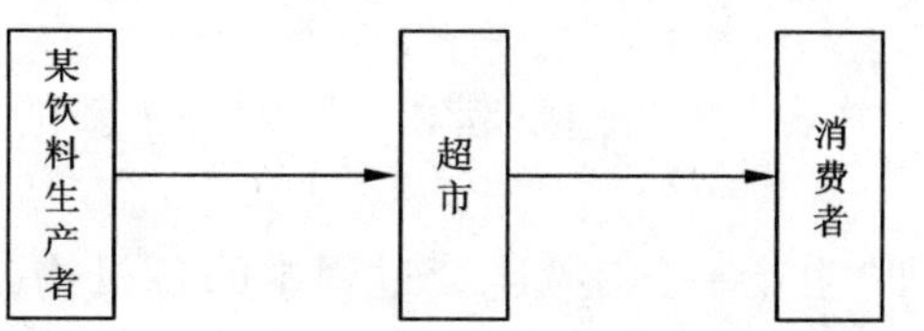

图 8-4　某饮料产品一级渠道的窄渠道模式

五、分销渠道的组织形式

自20世纪80年代以来，市场上的营销渠道组织形式呈现多样化的特点，特别是因特网出现后，网络营销的形式更令人注目。归纳起来，无外乎有四种大类型，即传统渠道模式、垂直渠道模式、水平模式、多渠道模式。

（一）传统渠道模式

传统渠道模式是由独立的制造商、批发商和零售商组成。每个成员是一个独立的经济实体，成员间谁也没有能力控制渠道。渠道成员为了追求自己利润的最大化，讨价还价，自行其是，致使整个渠道的利润减少。

（二）垂直渠道模式

垂直渠道模式是一种现代营销渠道类型，在国外的零售业中，垂直渠道已成为主导系统，占全部市场的80%以上。渠道系统由制造商、批发商和零售商联合形成一个统一体，渠道中实力最强的渠道成员成为领导者（其领导者可以是批发商，也可以是零售商或生产者），渠道成员统一规划，协调行动。这种渠道模式可以有效控制渠道行为，消除系统各成员间的冲突。其类型又可以分为以下几种：

1. 公司式

公司式也称所有权式的垂直渠道模式。在单一所有权下，把生产和分销的各环节归一方所有并受其控制。如一家制造商拥有自己的分销系统，如著名的假日旅馆（Holiday Inn）逐渐变成一个“自我供给”的网络系统，包括地毯厂、家具厂，以及许多中间分配机构。味全公司也朝垂直方向发展，形成巨大的供、产、销企业体系。

2. 管理式

管理式即以某一方的规模、权力来协调产销。往往由实力强者来协调和管理不同所有权下的生产和分销各环节。如：美国通用电气公司、柯达、吉列就要求经销商在陈列、促销及价格政策上都按公司规定采取一致的行动。

3. 契约式

契约式即由独立的制造商和分销商通过契约的方式进行联合，协调其营销活动。其又可以分为：

（1）批发商支持的自愿连锁系统：由批发商先拟定一套方案，然后劝说独立零售商加入该体系，除使用标准化的名称及追求货品采购上的经济性外，可联合起来抗御其他连锁组织侵入其地盘。

（2）零售商合作组织：由某个零售商发起和组织的一个新的企业营销实体来开展批发业务和可能的生产活动。

（3）特许经营组织：即“生产—分销”连续过程中的各机构，在共同契约下连成一体，各成员则为拥有特许专营权的单位。

（三）水平模式

水平模式是由两个或两个以上同一层次的独立公司联合起来，共同开拓新的市场机会，通过合作实现互补，从而使企业通过联合资源实现一个企业不能单独完成的工作或目标，如对渠道的控制。

（四）多渠道模式

多渠道模式是指企业利用两个或两个以上的分销渠道形式分销产品给其目标消费者的方式。这种模式可以扩大企业市场覆盖率，增加销量，但也易产生渠道冲突，增加渠道管理的难度。例如：康柏公司除了向直接购买者出售个人电脑外，它还通过大众化电器零售商、小电脑专业商店和价值递增再售商出售产品。在 Dell 模式成功后，康柏公司也从 1998 年开始在保留原来渠道的基础上，采用网络直销的方式与 Dell 竞争。

第二讲　中间商类型

中间商由专门从事商品流通的企业和个人组成。他们是生产者与消费者的中介，其基本职能是促成商品交换。在商品流通过程中，从中间商的功能和运作特点看，存在着不同类型的中间商。

一、中间商的功能

（1）有助于减少交易次数，降低流通费用，省去许多不必要的环节，从产品生产到销售的整个环节，只与中间商接触，节约费用。

（2）可以代替生产企业完成营销任务，企业可以有更多的精力专注于生产，具体的销售由中间商与消费者达成。

（3）可以集中、平衡和扩散商品。中间商从不同的生产厂家购买产品，再将产品分销到消费者手中，在这个过程中，中间商要储存、保护和运输产品。

（4）有利于沟通信息。中间商可以收集与传播营销环境中有关潜在与现实顾客、竞争对手和其他参与者及力量的营销调研信息。

二、中间商的类型

（一）按其在流通中是否对商品拥有所有权，可分为代理商和经销商

1. 代理商

代理商受供应方或需求方的委托开展业务，以促成双方买卖。所以，代理商风险小，赚取的是佣金，而非经营利润。其业务与商业批发商的本质区别就是对商品没有所有权，

是独立自主经营的企业或个人。

2. 经销商

经销商的商品买卖活动伴随有商品所有权的转移，包括批发商和零售商。其风险大，经营利润高。

（二）按其在流通中的地位作用，可分为批发商和零售商

1. 批发商

批发商是指在商品的流通过程中，不直接服务于最终消费者的中间商。其功能是实现商品在空间和时间上的转移，将购进的商品批量转售给各类组织购买者，并提供仓储、运输、融资等服务。主要客户包括生产企业、服务企业、零售商、其他批发商和各种社会团体机构等。

批发商的特点包括：批发业务是大批量的（大进大出）业务，覆盖的市场区域大；不直接面对个人消费者，所以地理位置是否接近商业中心不重要，重要的是交通、通信条件良好；批发商的顾客均属于组织市场，所以主要的促销方式是人员推销；批发商大多专营一定范围的产品（如某一行业的产品），所以拥有专门知识和专业人员，可为零售商提供咨询服务；批发商在其专营的产品范围内，通常经销多个甚至所有同类企业相互竞争的产品。

2. 零售商

零售商是指通过批量进货，并将产品转卖给最终消费者的中间商。零售商主要面对的是个人消费者，是商品流通的最后环节。

零售商的特点包括：交易频繁；交易量小，批量购进，零星交易；直接与消费者联系。

零售商分为无店铺的零售商和有店铺的零售商两类。无店铺的零售商：诸如零售中的邮购、商务网站、上门推销、自动售货机、电话订购等。有店铺的零售商主要包括以下类型。

（1）百货商店：规模大，产品范围宽且深，属大型综合性商店。其经营的商品是跨行业的。公司内分设商品部，各商品部品种繁多。这类零售商一般集中在城市的最大商业中心，而在二、三级商业中心或郊区，则有规模相对较小的一两家百货公司，且数量较少。

（2）专业商店：其特色为经营单一大类商品，所经营的商品品种繁多、规格齐全，如鞋、体育用品、钓鱼用具等。

（3）超级市场：是一种规模大、低成本、低毛利、消费者自我服务的零售经营方式，主营副食品、日用品等类型众多的消费者的日常用品，往往销量很大。

（4）折扣货店：特点是商品售价低，销量大。开架售货，提供尽可能少的服务，以中低档商品为主，鼓励大量购买。一般放在低租金的非商业中心，设施简朴，广告少，市场占有率较高。

（5）便利商店：特点是规模较小，网点（位置）深入居民住宅中。一般企业营业时间长，节假日不休，商品齐，很受消费者欢迎。这种形式管理简单，费用较低，效率高，有一定竞争力。

（6）批发俱乐部：主要针对小型公司、个体企业的批量购买；后发展到一般消费者，采取会员制度。一般面积大，店址偏僻；其经营的产品线宽，商品周转快，店内装修简单，商品包装定量大。

（7）连锁商店：两个或两个以上的商店同属一个所有者，由所有者进行统一管理，经

销同样的产品，设有中心采购部和产品部。按所有权构成划分，连锁商店的类型又可以分为直营连锁商店、自由加盟连锁店、特许加盟连锁店三种类型。

3. 生产企业的销售机构

一些有实力的生产企业组建有相对独立经营权的销售公司，在市场上从事企业产品的批发等经营活动。

现代企业的这些销售机构承担了大量批发业务。尤其在产业市场上，如机器、设备等，由于用户集中，专业性强，行业竞争相对集中，加上企业规模庞大，采取自行组建销售机构的方式更为有利。一方面，利于控制最终市场，加强竞争；另一方面利于生产与销售的协调管理。

【同步案例 8-1】

戴尔的销售方式

1984 年，戴尔计算机公司由迈克尔·戴尔创立，现已成为全球领先的计算机系统直销商，跻身业内主要制造商之列。所谓戴尔直销方式，就是戴尔公司通过互联网商务网站建立一套与客户联系的渠道，由客户直接向戴尔发订单，订单中可以详细列出所需的配置，然后由戴尔“按单生产”。戴尔所称的“直销模式”实质上就是简化、消灭中间商。

由于戴尔运营着全球最大规模的互联网商务网站，目前每个季度有超过 4000 万人浏览该网站，销售额占公司总收益的 40%～50%。从戴尔的经营效果看，其销售方式显然是成功的，是一种值得学习借鉴的新型渠道模式。

然而，戴尔这种消灭中间商的销售方式并不一定可以大量复制推广。因为人们的消费需求多种多样，需求差别大，没有中间商的局面是难以想象的；产销分离，体现了诸多优越性，这是历史证明了的。所以，具体运用什么渠道模式，应根据产品、消费者、时间、地点、环境、企业条件等特点和需要选择确定。

第三讲　分销渠道的选择与管理

【同步案例 8-2】

枸杞为什么会滞销?

河北省鹿县盛产枸杞，其产量占全国枸杞总产量的较大比重。但是有关商家就是不愿意收购其生产的枸杞，说是产大于销，无销路。经调查了解，枸杞并不是没有销路，反而是拥有很大的市场，问题在于缺乏一个合适的销售渠道。原来，人们生活水平提高了，枸杞不再是纯粹的中草药，还有其他用途，是滋补品也是桌上佳肴，更是馈赠亲友的上好礼品。

鹿县枸杞滞销的原因主要是营销渠道不畅，突出表现在原有的销售渠道以及经营者的营销观念和方法已不能适应人们生活水平提高的新形势。为此，河北省鹿县必须实施改革，迅速转变经营者的陈旧营销观念，改革目前的营销渠道格局。首先，加大枸杞功能的促销宣传，让消费者了解枸杞的用途，让经营者(包括渠道中的中间商)看到经营的利益。

其次，美化包装，将枸杞设计成馈赠亲友的上好礼品。再次，稳住原有营销渠道。最后，营销渠道向扁平化和多元化方向进行改革：一是疏通向饭店、酒店销售的渠道；二是疏通向超市、集市、药店销售的渠道；三是疏通向特产商店、礼品商店销售的渠道。

正确选择渠道，确定既适合企业产品，又适合消费者需要的渠道是企业营销组合策略的重要部分。

一、影响分销渠道选择的主要因素

（一）市场条件

渠道的基本职能是将产品从生产领域送达消费者手中，所以企业需首先了解消费者需要，据其购买行为特点和要求确定渠道模式。

1. 消费者对不同商品的购买要求

（1）便利品，消费者购买要求便利，所以密集性的销售网络十分重要。

（2）耐用品，消费者需要大量信息，所以专业出售较为适合。

（3）选购品，需集中商业中心，便利消费者选择比较。

2. 购买量、购买频率

这些因素会影响渠道的长短决策，如购买量大的产品应考虑短渠道，购买次数多的产品应采用长渠道。

3. 消费者分布情况

消费者集中可考虑短渠道或直接渠道，消费者分散则需要中间环节销售产品。

4. 竞争状况

经营同类产品的竞争对手的渠道状况，可作为本企业渠道设计的参考和借鉴。同时，企业还可以采取有针对性的渠道策略争取在竞争中的有利地位。

制定渠道策略时，企业应把握市场状况，按消费者关键购买准则确定分销渠道结构，为消费者提供灵活多样的渠道选择。

（二）产品特性

不同产品特性对渠道有不同要求，而且产品特性还会影响消费者的需求和购买行为特点。如鲜活易腐、易毁的产品应减少环节，选择短渠道；单位体积大或重量大的产品分销渠道应尽量短；单价高的贵重产品的渠道应短而窄，甚至可考虑自销，或只通过零售商销售。反之，单价低的产品分销渠道可长一些；技术性强的产品，一般服务要求也高，尤其是使用面窄的或专用设备，应尽量采用短渠道分销；处于生命周期不同阶段的产品，分销特点也不同。

（三）渠道的盈利能力

这是渠道选择的关键因素之一。所选渠道应能使企业获利，否则，无论怎样适应消费者需要，渠道都无法长期存在。所以，应对可选择的中间商及渠道模式进行分析，了解其可利用的可能性、成本，甚至其可能提供的服务等。

（四）企业自身因素

企业的规模、资金实力、市场声誉、对渠道的管理控制能力和企业的战略目标等会影响企业的渠道决策。如资金雄厚、管理控制能力强的企业可建立自己的分销渠道或短渠道；以为顾客提供优质服务为战略目标的企业应选择短渠道或直接渠道。

（五）环境因素

政治法律、经济、科技等因素会约束渠道的选择。如经济萧条时宜采用短渠道以减少环节、降低费用，科技发展可能为某些企业创造新的分销渠道，如电子商务等。

二、分销渠道的选择

（一）渠道长度的选择

企业应根据影响渠道的选择因素，如产品、市场、企业条件等，综合考虑竞争者渠道状况，确定适合自己的渠道长度和结构。

【同步案例 8-3】

安利——成功的直销方式

安利公司是世界知名的家庭日用品生产商，是世界上经营最成功、信誉最卓越的直销机构之一，其产品具有多元性、多用性、实用性、高效性、安全性和重复性等特点，行销世界 70 多个国家和地区。安利的直销方式早已赢得全球数以百万计人的信任和赞赏，建立了稳定的市场。

传统的零售商业为有店铺销售，安利这种直销方式则为无店铺销售。安利直销员主动了解顾客的需要，为他们介绍合适的产品，示范产品的特点和使用方法，并将产品送到顾客家中，提供亲切、方便的服务。这种通过直销来实现产品销售的方式，降低了产品在流通领域的耗费，厂家可把节省下来的资金用于研究新科技，提高产品质量。安利公司的所有直销员均直接向公司申请加入，每一位直销员的资格均由公司直接核准。通过直销员主动接触顾客，较一般企业推销减少了商业气，多了人情味，更有利于产品的销售。同时，厂家可以及时收到消费者对商品的反馈意见，从而对产品做出改良。

安利直销的指导思想是以诚为信，其直销制度充分体现了公平、自由、合理的原则，具有透明性和合理性的特点。

1992 年，安利公司进入中国。越来越多的中国人开始把握安利机会，投身安利的事业。安利直销商业的特点就是跨过中间环节，所有产品直接由销售人员推向渠道终端与消费者见面。它的迷人之处就在于向所有人提供平等的机会，人们能用很少的资金建立一份属于自己的事业。对安利公司来说，直销可以减少周转环节，节省周转费用，以最快的速度反馈市场信息，利于生产操作，同时还有利于保证产品的生产导向，迅速提高市场占有率。对消费者来说，直销营业代表将产品送到家里，并介绍产品的功效，指导产品的用法，这种体验是去商店购买体验不到的。

（资料来源：http：//jpkc2. wzu. edu. cn/scyxx/shownews. aspx？zid=1796）

（二）中间商类型的选择

在众多的中间商中是选择经销商还是代理商，是选择批发商还是零售商，或是都选，是企业需要认真考虑的问题。企业要以发展变化的眼光认识中间商和渠道类型，选择适合自己和市场的分销渠道。一般来讲，理想的中间商应具备以下条件：

1. 与制造商的目标顾客有较密切的关系

中间商的销售对象是否是制造商所希望的潜在顾客，这是个最根本的条件。因为生产商都希望中间商能打入自己已确定的目标市场，并最终说服消费者购买自己的产品。合适的中间商所能提供的综合服务项目与服务能力应与企业产品销售的顾客群所需要的服务要求相一致。

2. 经营场所的地理位置较理想

如选择中间商最理想的区位应该是顾客流量较大的地点，而批发中间商的选择则要考虑它所处的位置是否利于产品的批量储存与运输。

3. 市场渗透能力较强

企业之所以选择中间商，是因为需要借助中间商的优势，更好地渗透市场，促进产品的销售。中间商的信誉、资金、运营模式都是非常重要的。

4. 有较强的经营实力

较强的经营实力包括有足够的资金能力，有训练有素的销售队伍，有必要的流通设施，甚至有经营的场所等。企业在选择中间商时，并不一定要求资金最多，只有适合自己的才是最好的，这样双方才可以共同发展壮大。

5. 在用户中有较好的声誉

较好的声誉包括中间商有良好的服务能力和财务状况，声誉不仅关乎中间商自身的发展，同时对被代理企业的市场形象、运营等方面也有一定的影响。

（三）渠道成员的选择

企业在具体选择谁作为自己的中间商时，应考虑以下因素：

1. 市场覆盖面

中间商的市场覆盖对象和范围是否与企业的目标市场一致。

2. 中间商的能力和条件

中间商是否具有经销或代理本企业产品的专门经验、市场知识、营销技术和专业设施等条件，这些都关系着渠道的质量。

3. 预期配合度

中间商的协作精神、信誉等。

4. 中间商的目标与要求

企业对中间商的吸引力、对促销支持的要求等。

（四）分销渠道宽度的选择

中间商数量决定渠道的宽度。常见的分销渠道宽度策略有以下几种：

1. 密集分销策略

密集分销即选择尽可能多的经销商分销产品，以扩大市场覆盖面或尽快进入某新市场，并利于消费者购买。该策略适于便利品、价廉的日用消费品，但分销成本高。

2. 独家分销策略

独家分销即在同一地区范围内只选择一家中间商分销产品。该策略适于特殊品、专业的产品，利于控制管理市场，但过分依赖中间商。

3. 选择分销策略

选择分销介于以上两者之间，即有条件地选择几家最适合自己的中间商分销自己的产品。该策略适于各类产品，尤其是选购品。一方面比独家分销覆盖面大，另一方面又比密集分销节省费用，利于管理和控制。

（五）规定渠道成员的交易条件和责任

企业应确定每一个渠道成员的权利和责任。

1. 交易条件

交易条件包括价格政策、销售条件、区域权利、销售范围等。

2. 渠道成员责任

渠道成员责任包括促销的配合、产品储运、信息沟通、服务承诺和协议履行等。

【同步案例 8-4】

完美日记的营销策略

完美日记于 2016 年正式上线，于 2017 年在天猫开设网店。大众本以为完美日记会像很多其他小众国货一样，被淹没在众多海外美妆产品中。但没想到，完美日记凭借自身的新媒体营销策略，稳坐彩妆品牌销量前 10 位。

创始人对完美日记的期望，是打造“互联网的新欧莱雅、雅诗兰黛集团”，打造有国际影响力的美妆品牌。完美日记迅速走红的背后离不开内容营销模式的打造，完美日记的营销几乎包含了所有热门的营销渠道。

完美日记主要是利用各大新媒体平台，做全网内容营销，进行素人推广、KOL 推广和明星推广等。

一、入驻小红书

完美日记选择了小红书作为产品推广的主战场。自从完美日记入驻小红书以来，官方自产的笔记就有将近 500 篇，疯狂吸粉近 200 万。高颜值的首页装饰，也成了用户爱上它的原因之一。其中，大多数笔记来自普通用户的体验感受、消费者的良心种草推荐，生活场景的应用，大大增加用户对品牌的信任。

二、明星效应，扩大知名度

完美日记营销策略的成功在于，它在铺垫好所有的基础数据，取得用户一定信任之后，邀请了林允、欧阳娜娜、张韶涵等明星实名制向用户推荐其产品，产生爆文。这个方式无疑是让完美日记名声大噪，许多消费者纷纷路转粉，选择这个国货美妆产品。

三、短视频平台

眼光独特的完美日记，果断地选择了抖音和B站作为其宣传产品的主要短视频平台。

在营销方面，完美日记选择带货达人李佳琦种草推荐，李佳琦多次在抖音推荐完美日记的口红等产品。

B站的美妆视频大多以推荐白菜价产品为主，很多大学生和刚刚毕业的实习生，都是奔着UP主推荐的评价产品来的。完美日记完美地利用了自己的价格优势，在B站站稳了位置。

四、微博

完美日记先后请了许多KOL在微博上带动话题，通过博文视频等形式，种草产品的性价比、效果等，全网阅读量飙升。甚至在2018年，邀请人气偶像朱正廷代言品牌，开启完美日记在微博上的刷屏模式。

五、线下体验店

一直以来，完美日记都是通过电商渠道进行经营和运作的。2017年7月至9月，完美日记为了提升顾客的体验度，在北京、上海陆续开了3家快闪店。直到2019年1月19日，完美日记把目光锁定在广州正佳广场，开设了首家线下体验店。不管是开快闪店，还是开首家线下体验店，完美日记除了在店铺展示各类火爆的产品，还会为了给顾客提供更好的体验，特地在现场配备多名彩妆师来协助消费者试妆，同时在开店的首日邀请知名模特和美妆时尚博主点燃气氛，以吸引更多的人流量。

除了以上渠道，完美日记还在公众号和快手等平台投入了一定的精力。未来，完美日记将会打通全渠道融合媒体营销。

（资料来源：https：//www. maigoo. com/goomai/227371. html）

三、分销渠道的评价标准

企业应根据自己的条件、营销目标、市场情况，按照一定标准进行渠道选择。

（一）经济性标准

一方面需要评价不同渠道可能实现的销售额，另一方面需要评价不同渠道分销成本水平。企业通过对不同方案的销售与费用水平的评估，选择合理的分销渠道方案。

（二）控制性标准

中间商是独立的企业机构，有自己的经济利益。所以，中间商更重视能给其带来较大收益的客户，而非任何制造商。因此，从控制标准看，企业应考虑与中间商关系处理的成本，以及同一层次中间商之间关系的协调难度。总之，应进行多方利益的比较和分析，使渠道适应企业发展的需要。

(三)适应性标准

企业与所选择的中间商达成的协议一般都有一定的合作期。在渠道中，每个渠道成员都必须承诺在一定时期内承担的义务，在此期间市场环境若发生变化，将影响企业的灵活性和适应性。所以，企业在与中间商签订长期合约时应慎重。

四、分销渠道的激励和支持

(一)了解中间商的需要和困难

企业应尽力了解各个中间商的不同需要和欲望，站在中间商的立场上了解现状，设身处地为中间商着想，而不应该仅从自己的观点出发看待问题。通常，中间商面临的指责有不能重视某些特定品牌的销售、缺乏产品知识、不认真使用制造商的广告资料等。

(二)尽量避免激励过分与激励不足

若制造商给予中间商的优惠条件超过了合作所需的条件，就会出现激励过分的现象；若制造商给予中间商的条件过于苛刻，就会出现激励不足的现象。激励平衡点的把握，要以双方的交易关系为基础。

(三)激励中间商的常见方法

1. 提高中间商可得的毛利率

放宽信用条件，或改变交易条件组合，使之更有利于中间商。这种激励方法通常在对中间商激励不充分的情况下采用。

2. 价格折扣

(1)现金折扣：厂家为鼓励经销商尽早付清账款而提供的一种价格优惠。

(2)数量折扣：厂家根据中间商购买数量或金额多少，给予比例不同的折扣优惠。

(3)功能折扣：中间商依据自身在渠道中的等级不同，享受不同的待遇。

(4)季节折扣：根据淡旺季的变化，为了减少存货，促使渠道进货。

3. 促销支持

为了调动中间商的积极性，促销支持是必要的。生产者利用广告宣传推广产品，一般很受中间商欢迎。广告宣传费用可由生产者负担，也可要求中间商合理分担。生产者还应经常派人前往一些主要的中间商，协助安排商品陈列，举办产品展览和操作表演，训练推销人员，或根据中间商的推销业绩给予相应奖励。

4. 资金资助

资金资助是刺激中间商进货、推销产品的重要手段。中间商(特别是经销商)一般期望生产企业给予他们资金支持，这可促使他们放手进货、积极推销产品，一般可采取售后付款或先付部分货款待产品出售后再全部付清的方式，以解决中间商资金不足的困难。

5. 提供情报

企业应将所获得的市场信息及时传递给中间商，使他们心中有数。为此，企业有必要定期或不定期地邀请中间商座谈，共同研究市场动向，制定扩大销售的措施；企业还可将自己的生产状况及生产计划告诉中间商，为中间商合理安排销售提供依据。

6. 设立奖项

可在渠道成员间设立奖项，如合作奖、开拓奖、销货奖等。

7. 提供补贴

提供补贴包括两种方式。

(1)协助力度补贴：针对中间商对厂家产品的陈列状况，如陈列数量、场所、位置等支付一定的补贴。

(2)库存补贴：渠道成员在保证存货水平、应对销售高峰或促销活动时需要大量的存货，这会增加经销商的库存成本，生产企业应视其情况给予补贴。

【同步案例 8-5】

娃哈哈的共赢之道

联销体模式把渠道上各个层次的中间商及其占有的经验、资金、仓储、市场甚至配送体系等各项资源有机整合进联销体内，可以形成巨大的而且是一般竞争对手难以抗衡的渠道竞争力。而娃哈哈正是凭借其从 1994 年开始建立并不断完善的独特的利益共享联销体，形成了销售渠道网络广、市场反应速度快的巨大优势，使其持续保持着高增长速度，多年来一直占据着中国饮料行业龙头地位，并于 2007 年成为世界第五大饮料企业，与可口可乐、百事可乐等国际饮料巨头抗衡。据 2013 年的有关数据显示，娃哈哈还是中国第二大民营非上市公司，仅次于华为。娃哈哈利益共享联销体模式的内涵，即基于信任与承诺的保证金制度、基于严格资质审核的联销体架构以及基于四大机制的联销体优化模式。同时，娃哈哈还提出了其联销体模式形成的必备的条件因素，为其他企业提供宝贵的借鉴经验。

（资料来源：http：//biz. 163. com/06/0830/02/2PO5QALB000220N6. html）

五、营销渠道冲突管理

营销渠道冲突是指某渠道成员从事的活动阻碍或者不利于本组织实现自身的目标，进而发生的种种矛盾和纠纷。分销渠道的设计是渠道成员在不同角度、不同利益和不同方法等多因素的影响下完成的。因此，渠道冲突是不可避免的。

(一)营销渠道冲突的类型

1. 水平渠道冲突

水平渠道冲突指的是同一渠道模式中，同一层次中间商之间的冲突。产生水平渠道冲突的原因大多是生产企业没有对目标市场的中间商数量分管区域做出合理的规划，使中间商为各自的利益互相倾轧。例如，某一地区经营 A 企业产品的中间商，可能认为同一地区经营A企业产品的另一家中间商在定价、促销和售后服务等方面过于进取，抢了他们的生意。如果发生了这类矛盾，生产企业应及时采取有效措施，缓和并协调矛盾，否则，就会影响渠道成员的合作及产品的销售。另外，生产企业应未雨绸缪，采取相应措施防止这些情况的出现。

2. 垂直渠道冲突

垂直渠道冲突指在同一渠道中不同层次企业之间的冲突，这种冲突较之水平渠道冲突要更常见。例如，某些批发商可能会抱怨生产企业在价格方面控制太紧，留给自己的利润空间太小，而提供的服务(如广告、推销等)太少；零售商对批发商或生产企业，可能也存在类似的不满。

3. 不同渠道间的冲突

随着顾客细分市场和可利用的渠道不断增加，越来越多的企业采用多种渠道营销系统、整合不同的渠道模式开展产品和服务的分销。不同渠道间的冲突指的是生产企业建立多渠道营销系统后，不同渠道服务于同一目标市场时所产生的冲突。例如，美国的李维斯牌牛仔裤原来通过特约经销店销售，当它决定将西尔斯百货公司和彭尼公司纳为自己的经销伙伴时，特约经销店表示了强烈的不满。

(二)营销渠道冲突的管理

1. 制订共同目标

在制订共同目标时，特别要重视远景目标的树立。渠道共同目标是指渠道成员共同努力，以达到单个所不能实现的目标，其内容包括渠道生存、市场份额、高品质和顾客满意等。

2. 沟通

通过沟通来解决冲突，其实就是在利用领导力。从本质上说，为存在冲突的渠道成员提供沟通机会，强调沟通来影响其行为而非信息共享，这也是为了减少有关职能分工引起的冲突。

另外，严格制订有关协议和经销商管理制度，成立共同的管理和议事机构，事先商定解决办法(如协商、调解和仲裁等)，积极通过这些方法进行冲突的解决，都有利于停止成员间的冲突。

第四讲 电子中间商

渠道是产品流向终端的必经之路，是成功的关键。中间商是渠道功能的重要承担者。随着时代的发展和网络技术的日益提高，除了以上传统的中间商之外，网络营销中也存在电子中间商。

一、电子中间商的服务类型

（一）目录服务

目录服务有三种，第一种是通用目录。可对不同站点进行检索，所包含的站点分类按层次组织在一起。第二种是商业目录，提供各种商业 Web 站点索引，类似于印刷出版的工业指南手册。第三种是专业目录，针对个别领域或主题建立 Web 站点。

（二）搜索服务

与目录服务不同，搜索站点为用户提供基于关键词的搜索服务，站点利用大型数据库分类存储各种站点和页面内容。

（三）虚拟商业街

虚拟商业街是指在一个站点内连接两个或两个以上的商业区站点，其直销过程与 BTOC 购物流程基本相似。站点的主要收入来源是其他商业站点支付的租用费。如我国的新浪网开设的电子商务服务中就提供网上专卖店店面出租服务。

（四）网上出版

目前出现的联机报纸、联机杂志属于此种类型。由于内容丰富而且基本上免费，此类站点访问量特别大，因此出版商利用着眼点做因特网广告或提供产品目录，并以广告访问次数进行收费。

（五）虚拟零售店

虚拟零售店不同于虚拟商业街，虚拟零售店拥有自己的货物清单，并直接销售产品给消费者。通常，这些虚拟零售店是专业性的，定位于某类商品，它们直接从企业进货，然后按折扣销售给消费者。

（六）站点评估

提供站点评估的网站，可以帮助消费者根据以往数据和评估等级，选择合适的站点访问，提高购物效率。

（七）电子支付

电子商务要求能在网络上交易的同时，实现买方和卖方之间的授权支付。

（八）虚拟市场和交换网络

虚拟市场提供一个虚拟场所，任何符合条件的产品都可以在虚拟市场站点内展示和销售。消费者可以在站点中任意选择和购买，站点主持者收取一定的管理费用。

（九）智能代理

智能代理是一种软件，它根据消费者偏好和要求预先为用户自动进行初次搜索，软件在搜索时还可以根据自己的喜好和别人的搜索经验自动学习优化搜索标准。

二、电子中间商与传统中间商的区别

（1）传统中间商的交易成本较高，而电子中间商是对传统直销的替代，是传统中间商的延伸。

（2）交易主体不同：传统中间商是要直接参加生产者和消费者交易活动的，而且是交易的轴心和驱动力；而电子中间商作为一个独立主体存在，不直接参与生产者和消费者的交易活动，但它提供一个媒体和场所。

（3）交易内容不同：传统中间商参与交易活动，需要承担物质、信息、资金等交换活动，而且这些交换活动是随交易同时发生的；而电子中间商作为交易的一种媒体，它主要提供的是信息交换场所。

（4）交易方式不同：传统中间商承担的是具体实体交换包括实物、资金等；而电子中间商主要是进行信息交换，属于虚拟交换，它可以代替部分不必要的实体交换。

（5）交易效率不同：传统中间商达成生产者和消费者之间的交易需要两次，而电子中间商提供的信息交换可以帮助消除生产者和消费者之间的信息不对称，最大限度降低交易成本，提高交易效率和质量。

【同步案例 8-6】

海澜之家——勇立潮头，面朝数字化

2021 年 4 月 27 日晚间，海澜之家发布 2020 年年报和 2021 年一季报。2020 年，该公司营业收入 179.59 亿元，归母净利润 17.85 亿元。其中，四季度表现亮眼，取得营业收入 61.80 亿元，占比近三成。

随着疫情的不利影响逐渐削弱，经营重回正轨，海澜之家也呈现出良好的发展趋势。2021 年一季报显示，营业收入 54.94 亿元，同比增长 42.77%，归母净利润 8.42 亿元，同比增长 185.33%。2021 年一季度，海澜之家经营性现金流净额 12.00 亿元，同比增长 25.59%，现金流净额得到明显提升，为公司后续的发展保驾护航。

海澜之家表示，这主要得益于迭代升级产品、优化品类结构、创新营销活动、强化优质服务、优化门店布局、加码线上销售等一系列措施，才能克服疫情的不利影响，持续改善业绩，逐步完成“服饰生活零售集团”的战略转型。

受新型冠状病毒肺炎疫情影响，线下消费低迷，门店客流下降。海澜之家通过“开云店、推会员、稳门店”等多措并举稳步恢复门店业绩。

2020 年，海澜之家的线下门店数量不减反增。2020 年年报显示，海澜之家调整和优化低效门店，积极拓展直营门店。其中，新开实体门店 867 家，关闭 740 家，累计新增 127 家，总数达 7381 家。

海澜之家相关人士表示，一家实体店就是一个小型的私域流量池，线下门店疫情期间坚守的结果，就是海澜之家在2020年9月实现线下销售正增长，这对海澜之家来说十分重要。

坚持线下销售的同时，海澜之家在疫情后积极拓展线上渠道。2020年年报显示，线上销售取得营业收入20.50亿元，同比增长54.68%，占总营业收入比例从2019年的6.19%提升至2020年的11.75%，呈现爆发式增长。分季度看，2020年前三个季度的增速分别为17%、40%、111%，向上趋势明显。

坚持走“品牌电商、创新电商”之路。海澜之家多元化布局线上渠道，在原有电商及社交平台、电商平台的基础上，积极发力抖音、快手、云店小程序、视频号等。截至2020年底，海澜之家主品牌线上全渠道会员数2497.7万人，较上年同期增加921.7万人。

传统电商方面，根据淘宝天猫数据显示，海澜之家官方旗舰店2020年6月1日至18日实现销额7947万元，同比增长124%，销量60.7万件，同比增长103%。2020年双十一销售额超3亿元，同比增长55%。

电商直播方面，海澜之家逐步形成“达人带货+品牌自播”的新直播营销模式。2020年，除了邀请到杨迪、柳岩、王耀庆等明星和知名主播助阵外，海澜集团董事长周立宸更是亲自上阵直播带货，销售业绩快速增长，品牌声量与影响力提升。

周立宸看好直播的未来发展趋势，并认为直播渠道将会成为海澜之家销售的一个稳定渠道。此外，他表示，海澜之家正在尝试打通线上与线下销售的界限，突破口就是把原来爆款单品订货周期从三五个月的时间缩短到最快15天，从生产企业直达消费者。

同时，海澜之家通过投资并购的方式，为线上业务开疆拓土。2020年，海澜之家子公司海澜生活向上海汤昇增资3亿元。增资完成后，海澜生活持有上海汤昇62.63%的股权，并将通过上海汤昇开展MU、ENO、Lee Cooper、Sean John、HardyHardy、ECKO商标的线上业务。

（资料来源：http：//sc.stock.cnfol.com/ggzixun/20210428/28844460.shtml）

第五讲　新零售

一、新零售的含义

新零售是目前区别于传统零售的一种新型零售业态的概念表达。所谓新零售，就是应用互联网的先进思想和技术，对传统零售方式加以改良和创新，用最新的理念和思维作为指导，将货物和服务出售给最终消费者的所有活动。它并不仅仅是O2O和物流的简单融合，同时还要融入云计算、大数据等创新技术，它包括全渠道又超越全渠道，打破过去所有的边界，以一种全新的面貌与消费者接触。因此，新零售可以使消费者随时在最短时间内买到自己所需要的商品。而支撑新零售活动顺利进行的关键，就是新时代互联网开放的思想和先进的科学技术。

新零售的基本理念主要包含以下几个方面。

(一)“线上+线下+物流”的深度融合

“线上+线下+物流”的深度融合的目的是为消费者提供全渠道、全面化的服务；以消费为核心的零售本质的凸显，努力为消费者提供高效满意乃至超过预期的服务；消费者不再是商品或服务被动的接受者，消费者不仅能够决定自己的需求，更能参与甚至影响商品的供给；企业通过对消费者行为的数据化分析，提前获取主流消费趋势，实现精准营销，做到供需及时对接。搭建线上、线下的消费场景，消费者不再仅仅获取产品或服务，更能体验到购物所带来的欢乐，在购物的过程中实现娱乐、社交的需求。

(二)数据技术驱动，数据技术串联零售始终，打通线上线下，优化零售效率

大数据、物联网和人工智能(AI)等新技术在推动新零售的发展中发挥着举足轻重的作用，是这些新技术推动了零售业的新革命。消费者的消费偏好及每一次消费行为作为大数据的基础，为企业产品的设计、生产、革新及营销提供了精准支持；物联网实时为线上、线下及物流的联动提供支持；人工智能对生产、经营、配送等环节的替代是巨大的，有效降低了劳动者的工作强度、人力成本并提高了劳动生产效率，加快了行业转型升级，为消费者提供了更好的消费体验。

(三)电商与“店商”相结合、优势互补

线上与线下融合是大势所趋，不会再有纯线上或传统实体店的叫法，电商与“店商”将会深度融合、各取所长，在时间和空间各层次得到最优配置。消费者的购买行为受时间、空间的约束变小，顾客价值增加。

二、新零售与传统零售的关系

新零售是传统零售的进一步发展，是在互联网的背景下为解决传统零售店弊端进化而来的更先进的零售模式。本书中，传统零售不仅包括传统的实体零售而且包括纯线上销售。

二者的主要差别有两个，第一个是对顾客的态度。传统零售追求的是交易的发生并且获得较多利润，不注重顾客价值的让渡，不注重客户关系的维护，造成顾客体验差，顾客忠诚度不够；新零售关注的是良好的顾客体验，有强烈的维护顾客关系的意识，主动地让渡顾客价值，从长远的角度获取利润。第二个是对顾客需求的关注。传统零售对顾客需求的关注只是停留在目前顾客想要什么以及凭借以往的经验去生产、营销、销售顾客需要的产品。新零售依据互联网技术，运用大数据、云计算能够很好地预知、分析消费者的需求偏好、消费者的位置、预期价位等影响消费者决策的各种因素以采取不同的生产、营销、销售策略，做到全渠道、无边界营销，做到想顾客之想、解顾客之急，以求极致的顾客体验。

新零售其实是将大数据、云计算等互联网新技术运用到传统实体零售中，以解决制约传统实体零售的弊端，同时又使纯线上零售业汲取线下实体零售的优势获得新的增长点，真正做到线下、线上互通有无，以更好地满足消费者需求。由此可见，新零售是零售本质的回归，是在数据驱动和消费升级时代，以全渠道和泛零售形态更好地满足消费者购物、娱乐、社交多维一体需求的综合零售业态。

三、新零售的成因

（一）纯线上电商发展变缓

过去的十几年，中国电商从无到有获得了飞速发展，伴随着互联网和移动互联网终端大范围普及所带来的用户增长以及流量红利正逐渐萎缩，传统线上电商的发展受到制约，纯线上电商的发展出现疲态。想要进一步发展，唯有寻找新的途径。

2014—2019 年中国电子商务交易额如图 8-5 所示，2014—2019 年中国网络零售交易额如图 8-6 所示。

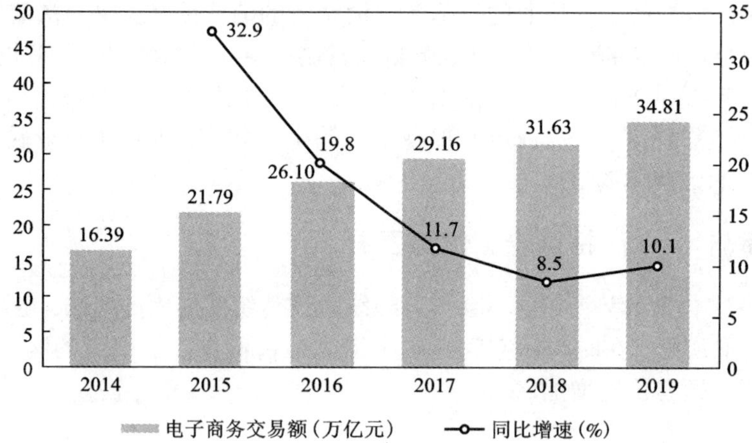

图 8-5　2014—2019 年中国电子商务交易额

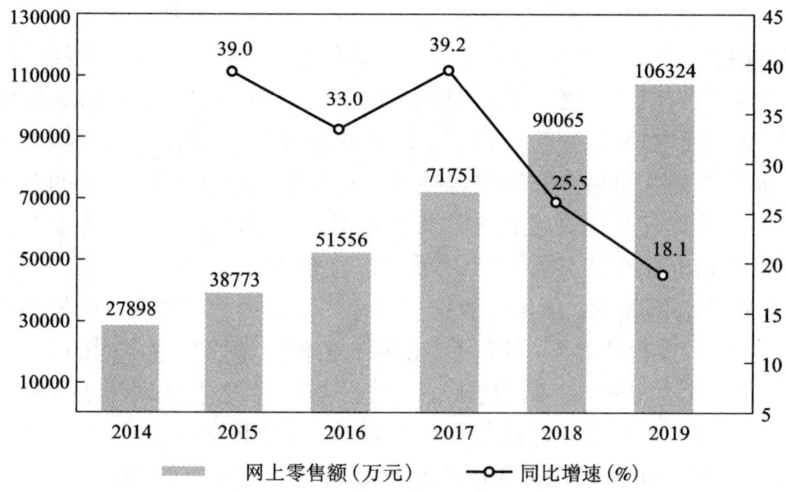

图 8-6　2014—2019 年中国网络零售交易额

（二）消费者需求的变化

随着我国经济的发展、居民收入的提高，消费者的消费不再仅仅是为了获得商品，追求商品的性价比，而更加回归到娱乐、社交等更高水平的体验。目前，我国消费升级呈现出以下特征：需求个性化，购买娱乐化、社交化、口碑化、多渠道化和消费简单化。利用互联网及移动网络，消费者可以很容易了解商品和服务的绝大部分知识。不管是线下实体零售还是线上电商零售哪一方都不可能满足现在消费者如此丰富和复杂的需求，从而需要结合二者优势。

（三）技术的进步

在这一场新的零售革命中，大数据、云计算、物联网、人工智能（AI）、定位技术等一系列新兴技术起着至关重要的作用。可以说，没有这些新技术就没有新零售。大数据技术不仅可以根据顾客历史消费行为和现实需求动态把握消费者的需求及行为，还可以为企业生产及精准营销提供坚强的支持，大数据使得市场上的信息流转的速度极大地增加，企业可以实时把握住消费者的动态；云计算可以很好地把供应链上的参与者连接起来，以最大化的效益实施生产、消费；物联网很好地使生产端、销售端和物流端实时联系在一起，极大地提升了效率；人工智能的出现大大减少了因人力成本产生的投入。消费者的购物过程由于新技术的加持而变得更加简易高效，消费体验自然就能得到巨大的提升。

线上、线下相互融合的趋势中，传统实体零售努力向线上发展，争取获得更多的流量，纯电商或线上平台也在雄心勃勃地向线下进军，寻求新的增长点，融合的结果便是新零售商业模式的出现。总之，新零售既是零售的新革命，也是实体商业和电子商务发展的必然。

四、新零售的特点

（一）流量互通

新零售提倡打通线上与线下流量。当前流量分配模式有四种：

1. 以线下流量为主

早期的零售业主要依靠线下流量，如沃尔玛。为了与亚马逊等在线零售巨头竞争，沃尔玛试图获得网上竞争力，动作频频，猛挖科技人才，斥资 10 亿美元投入电商，在中国曾收购 1 号店等，但未取得成功。

2. 以线上流量为主

2003—2013 年，以淘宝、天猫、京东为典型的网络卖货平台，借助网络流量红利快速发展。此时，平台主要依靠“流量分发机制”获得收入，平台商家把主要精力放在“流量经营”上，研究如何选取关键词、如何为关键词出价、如何刷单、如何刷好评、如何让新品“破冰”、如何提高图片点击率、如何提高商品转化率等，而不关注“用户经营”。然而当下，随着网络流量红利的消失，这种模式正遭遇发展瓶颈。

3. 线上为线下导流

自 2010 年开始，以服务模式为主的 O2O 模式开始发力。比如美团，通过在线 App 汇聚人流，为线下服务类商家导流。O2O 模式覆盖餐饮、电影、洗车、洗衣、按摩等，这是典型的线上为线下导流的模式。

4. 线上线下流量融合

新零售提倡线上线下流量融合，不仅实现双向导流，打破了流量的天花板，而且实现了用户的数据收集，为商家建立用户的数据资产打下基础。

典型如摩拜单车，我们分不清什么时候是线下、什么时候是线上，消费者变得越来越"无感"了。"寻车"的场景是线上到线下，你会打开 App 寻找附近的车辆，定位车辆扫描开锁，然后骑走。"骑车"的场景是线下到线上，到达目的地，停车锁车，线上自动扣款。

(二) 双向赋能

双向赋能就是把线上能力和线下能力相互转化。

(1) 线上具有天然的数据化能力，网络店铺具有先天的数据分析优势，数字化能力明显强于实体店铺。

(2) 线上有天然的协同便利性，这是线下店铺不可比拟的。每年的"双十一"，各大电商平台实现了商家之间大规模协同作战。比如：

①选品协同，平台邀请各大商家提供优质低价的商品联合营销；

②流量协同，将"双十一"活动页分布在各大商家店铺首页或者商品详情页，为主会场导流。除此之外，商家更是配合从平台以外导流，如线上的微博、论坛，线下的媒体广告共同为会场导流，实现了流量协同大作战；

③物流协同，物流公司配合"双十一"大规模送货，实现了送货协同，这种大规模协同能力，只有在线化和数字化后才能完成。

(3) 线下商家的能力。

①传统商家通过长期经营，积累了很好的供应链能力。

②线下店铺具有天然的体验优势。俗话说"百闻不如一见"，网上看到的商品，总是和现实看到的有所偏差。网上的沟通互动虽然便利，但始终不如线下互动直观和生动。在消费升级时代，客户从商品消费延伸到"商品+服务+体验"消费，线下更有利于服务和体验的交付。

【同步案例 8-7】

体验经济，美好爆发

世界上第一家电商公司是干什么的？卖书的亚马逊。当年，中国的易趣网、当当网都是卖书起家的，所以全世界第一个被互联网干掉的行业，就是书店。

中国的图书销售，在 2016 年实现了超越，线上购书超越了线下购书。但实际上，今天在中国一、二、三线城市生活的所有人，都看到了一个事实：越来越多人去到书店。

为什么？我要证明我是一个读书人，要在这里谈个恋爱……书店变成一种身份象征，变成人在某一个时刻对自我认知的愉悦和犒赏，它叫体验。书店已经变成了一种体验。

有一个比书店更可怕的巨无霸——商场。今天中国超过 5 万平方米的商场有 8000 多个，超过 10 万平方米的商场有 2700 多个。今天，我们的商场也由一个卖商品的地方变成了一个卖体验的地方，新增加了很多新品类。

2014 年，我女儿 18 岁时，我给她写过一篇文章《把生命浪费在美好的事物上》。本来我以为这句话是属于“90 后”的，他们能够根据自己的喜好去选择人生伴侣、工作、城市和国家。

但今天我不这么想了，我今天认为这句话属于所有的人。我们每个人都有机会去体验，我们也有机会把生命浪费在美好的事物上。

选段截取自《吴晓波跨年演讲：2020 年将发生什么》

（资料来源：https：//www. sohu. com/a/364029800_479829）

（三）去中心化

当前，天猫和京东已经成为传统企业的标准渠道配置，标配的问题就是中心化，所有的用户流量必须通过一个中心化的平台才能到达品牌商。中心化平台里，流量过于集中，平台成了流量的分发器，商家通过竞价获得流量，平台通过分发流量赚取利润，到头来，就像很多企业反映的“我们都给平台打工了”。2013 年后，大量中小商家开始“出淘”（离开淘宝），尝试以微信为主的社交电商，社交电商是去中心化的典型，人推荐人，朋友邀请朋友，每个人都是中心，这个时代，推荐取代了搜索，流量从集中变得分散，朋友间的分享形成了购买热点。购买基础从以平台信任、品牌信任为主的购买方式，转向了朋友信任的购买方式。

拼多多于 2015 年 10 月上线，仅仅两年半时间，用户量就已突破 3 亿，每月成交总额超过 30 亿元，成为社交电商的奇迹。每个人只要邀请几个好友一起来购买商品，就可以完成商品的销售。于是，拼多多用了两年的时间走完了京东五年的道路。它的领先并不是因为它的产品多好，而是它的模式领先。“去中心化”卖货模式和“中心化”卖货模式形成对垒。

中心化和去中心化卖货模式如图 8-7 所示。

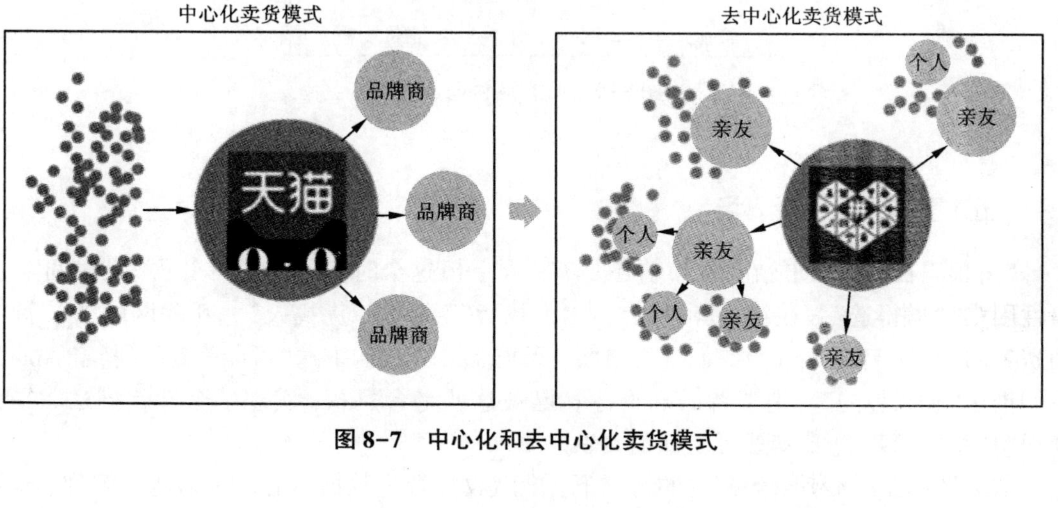

图 8-7　中心化和去中心化卖货模式

(四)线上、线下一体化的运营服务

实现一体化运营，我们至少要实现“五通”，即流量打通、商品打通、支付打通、会员打通、库存打通，具体如图 8-8 所示。一体化运营可以实现商品和库存等数据的共享，不漏掉一个客户。

流量打通	商品打通	支付打通	会员打通	库存打通
多端引流拉新 联合营销活动 品牌市场打通	商品数字化 库存物流打通 二维码布点	支付订单打通 优惠卡券核销 硬件软件设置	会员体系打通 会员权益打通 会员数据打通	库存数字化 上下库存一体 建立在线云仓

图 8-8　流量、商品、支付、会员、库存打通

如图 8-9 所示，客户去 A 店购物，发现没货，于是 A 店通过系统查询，发送客户需求，系统自动匹配离客户最近且有货的 B 店，由 B 店配货给客户。于是，客户确认配送订单，并向 A 店支付货款。客户确认收货后，由 A 店和 B 店之间进行结算(A 店和 B 店的形态可能是实体店，也可能是网店)。通过业务中台系统，打通店铺之间的商品、库存、订单和支付信息，便能够真正实现横向(区域之间)和纵向(线上线下、总部与分部之间)一体化的运营机制。

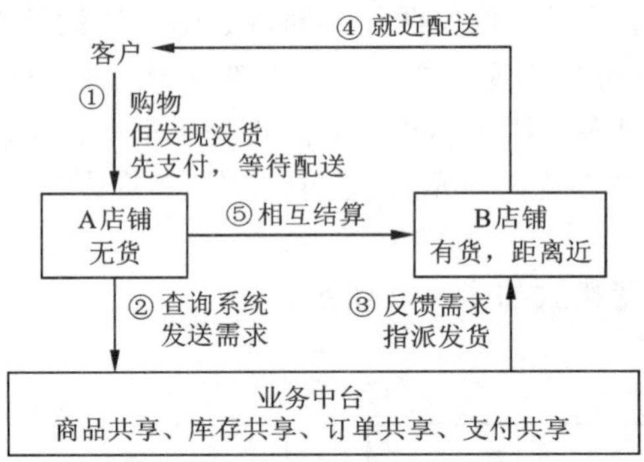

图 8-9　A/B 店协同运营

(五)重构“人、货、场”

“琳琅满目”这个词放在 10 年前还是有效的，但这个时代的消费者变得“没时间”“决策性困难”“懒得选”。在新零售时代，从“人找货”转向了“货找人”。互联网的 App 洞悉消费者的偏好，音乐 App 为我们推送单曲，天猫 App 为我们推送“可能喜欢”，抖音 App 为我们推送“感兴趣的”。消费者的购物标签已被这些平台熟悉，实现了个性化推送。平台变得“比我更懂我”，比消费者更懂消费者。

数字平台在消费者毫无察觉的情况下，默默收集行为数据，正在深刻地了解你、学习你，变得更懂你。这背后就是数字智能的力量。

“货找人”会通过各种“屏幕”向消费者投放，越来越多的店铺开始铺设“数字互动屏”，如图 8-10 所示。屏幕用互动游戏吸引消费者停留，互动过程中，屏幕上的摄像头对消费者进行面部识别，通过数据联网来分析消费者画像，给出智能推荐，促进消费者购买。

图 8-10 数字互动屏

（六）创造全新的场景

近年来，人们身边逐渐多了很多的“新物种”，如无人货架、无人便利店、新物种超市、共享单车、共享汽车等。这些全新场景，都是新零售时代的产物。这些场景，按照消费距离划分。智慧化、无人化、新物种等都是新零售时代的关键词。

消费距离对应场景如表 8-1 所示。

表 8-1 消费距离对应场景

消费距离	0 米	100 米	300~1000 米	1000~5000 米	5000 米以外
商业形态	电商	无人货架	无人便利店	新物种超市	智慧百货
拿货时间	0.5~2 天	2~5 分钟	5~10 分钟	10~30 分钟	1 小时以上
典型案例	京东 天猫	猩便利 美味生活	京东无人店 缤果盒子	7FRESH 盒马鲜生	大悦城 K11

五、新零售的模式

新零售最重要的就是以用户体验为中心的商业模式，核心是满足消费者日益提升和变化的需求，同时兼顾内部员工与上下游的商业合作伙伴，其实质就是要在做好产品和服务营销的同时，做好“人”的工作。新零售的模式主要有以下三种：

(1)线上、线下与物流结合的同时，实现商品与物流渠道整合。在线下零售商不断开拓线上渠道、线上零售商不断开拓线下渠道的同时，线下与线上的零售商彼此开展合作，实现渠道互补和共赢，形成一个良性循环的全渠道产品及物流配送网络。

(2)提供更广范围的体验式消费服务，线上电商与线下实体零售体验相结合，实现消费场景化。

(3)营造包括零售企业内部员工及上下游合作伙伴的新零售平台模式，即打造新零售全渠道产业生态链。这个生态链既包括零售企业内部员工，也包括上游的制造商、下游的商家以及渠道内的所有合作伙伴，多方在一个公共平台上进行更深、更广的合作，最后实现互利共赢，共同在不断完善的互联网环境下良性发展。

即学即用

可口可乐在中国的分销渠道

可口可乐有自己独特的渠道策略。在美国等发达国家的市场，可口可乐消灭了中间商(批发环节)，实行将货物直接送到每一个商场、超市的直接对接零售商的渠道策略。可口可乐的送货车穿行在大街小巷，它庞大的供应体系囊括了每一个销售可口可乐的零售单位(包括自动售货机)，没有人说“我是可口可乐的代理商”。可口可乐也在中国广州等沿海大城市推行这种模式。

但是在中国大多数市场，他们发现实现这种模式比较困难，多数零售店规模太小，销售业务参差不齐，每次进货量少，缺少库房、停车地方等必要物流条件，如果直接对零售层面送货，会使成本过高。在这种情况下，他们开始开发一个配送体系，这在成都被称为“供水点”体系。“供水点”体系实际上是由一些最小的批发商组成的。这些批发商资金规模小，经营条件较为简陋，一般没有在批发市场设立经营点，而是安居在城市内。但是，他们控制了几条街道的零售摊点和杂货店的商品供应，靠周到的送货服务和良好的客户关系来维持经营网络。他们的主营品种是饮料、雪糕和啤酒等，货物价值低而且有较大的重量和体积。比如玻璃瓶装的饮料，因为有回收玻璃瓶的工作，零售店的老板不愿意自己到批发市场进货，所以“供水点”担当了这类产品的配送工作，市民可以经常看到这类经销商骑着三轮车送货。

由于可口可乐的系统开发，“供水点”获得了可口可乐罐装厂直接供货所能保障的经营优势，“供水点”的业务得到稳定。可口可乐的管理和业务上的支持，使“供水点”很快成长起来。可口可乐公司有计划地使它们形成一个可以覆盖整个城市便利店零售终端的送货体系。百事公司和一些其他饮料食品企业也很快在渠道策略上跟进，参与开发这一体系。于是，这一有中国市场特色的饮料配送体系逐渐成形。

可口可乐使自己和零售商之间只隔了一个流通环节，公司直接向“供水点”供应货物，接着“供水点”很快将产品配送给零售终端。当然，每两三条街就有一个或两个批发商的密集型的渠道，是由可口可乐在中心城市的销售量决定的。这样密集的渠道不可能适合小城镇和农村，在卫星城市，可口可乐依靠总经销商和大经销商。

问题：

1. 根据案例资料分析可口可乐公司的渠道策略。
2. 可口可乐公司为什么在中国要改变自己原有的渠道策略？
3. 分析本案例，谈谈渠道选择应考虑的因素。

要点巩固

1. 营销渠道设计策划应考虑的因素有哪些？
2. 分别论述直接渠道和间接渠道模式的优势和劣势。
3. 简述批发商与零售商的区别。
4. 新零售出现的原因及其特征有哪些？
5. 网络销售渠道是法外之地吗？为什么？

课堂延伸

分销渠道

分销渠道即通路，就是设计产品到达消费者手中的最快捷有效的路径。有人说，未来商业，不再是简单的空间之争（渠道、卖场），而是时间之争（更近、更夜、更快、更短）。未来的购买行为可以通过数据被网络店家洞察并可以实现提前送货。未来，在网络上买东西不再是交易性质，而是社交性质。换句话说，在网络上，买东西将不再是买方心态，而是邻居心态——是串门式购物。购物，只是去你家串门的一个捎带行为。据此来说，人人网店的时代即将到来！结合我们所处的营销环境，分销渠道现状，请谈谈你对这种观点的看法。

项目九

促进销售
——促销策略

项目概述：

主要介绍促销的概念和作用、促销组合、促销的四种主要方式。

教学目标：

掌握促销的含义，认识促销对企业营销的重要作用；

理解促销组合；

掌握人员推销的形式和步骤；

理解广告的含义，学会正确选择广告媒体；

理解公共关系的本质及实施进程；

掌握营业推广的特点及其实际的运用；

教学重点：

促销的含义及作用；

促销组合的决策方法；

广告的策划方法；

公共关系管理的实施。

教学难点：

人员推销的步骤；

广告媒体的选择；

公共关系管理的策略；

营业推广的实施方法。

学前问题

如何看待企业为了追求促销效果，有意夸大或虚构产品功能和效果？

思政先行

揭秘360搜索、UC浏览器医药广告造假链条

记者在UC浏览器上搜索“减肥”“降血糖”等关键词，搜索结果的前几条都是网友分享的治好疾病的经历，而在最下方标注着“广告”字样。那么，这是一个什么样的广告呢？

点开这样的广告后，一篇标题为《我9年的高血糖终于恢复正常了，真实经历分享》的文章引起了记者注意，这位网友自称，9年里被高血糖折磨得生不如死，自从认识某老师，按照某老师给的方子服用后，血糖恢复稳定，胰岛素都停用了。在这篇自述文章中，网友不断地推荐这位老师，并且多次醒目地标红了老师的微信号。

记者按照文章中的微信号添加了这位老师，该老师简单询问过病情后，就向记者推荐了“白背三七诺丽果粉”，连续服用四个月左右，就可以停针停药、稳定血糖。这是一款什么样的神奇产品呢？记者发现这只是一款普通食品。

不仅是UC浏览器，在360搜索也有不少类似的广告。记者通过添加文章中推荐的微信号购买产品，发现号称两个月内全效解决各种更年期症状的“御橼膏”其实也是普通食品。

按照《中华人民共和国食品安全法》第七十三条：食品广告的内容应当真实合法，不得含有虚假内容，不得涉及疾病预防、治疗功能。2019年修正的《中华人民共和国反不正当竞争法》第八条规定，经营者不得对其商品的性能、功能、质量、销售状况、用户评价、曾获荣誉等作虚假或者引人误解的商业宣传，欺骗、误导消费者。经营者不得通过组织虚假交易等方式，帮助其他经营者进行虚假或者引人误解的商业宣传。《中华人民共和国反不正当竞争法》第二十一条经营者违反本法第八条规定对其商品作虚假或者引人误解的商业宣传，或者通过组织虚假交易等方式帮助其他经营者进行虚假或者引人误解的商业宣传的，由监督检查部门责令停止违法行为，处二十万元以上一百万元以下的罚款；情节严重的，处一百万元以上二百万元以下的罚款，可以吊销营业执照。

随着企业不断发展壮大，目前市场上商家过度营销、涉嫌虚假宣传、产品质量难以保障和消费纠纷难以解决等问题不容忽视。商家过度营销，消费者易中套“上瘾”。商家涉嫌虚假宣传，到手货品与宣传不符。产品质量难以保障，假劣、“三无”产品时有出现。企业管理者必须树立正确的营销理念，杜绝短期思想和功利思维，牢固树立社会导向理念。当前，企业在营销上存在的问题最核心的就是营销观念的问题。就目前来看，企业要想做大做强，不仅仅要提升产品质量，更要靠经营活动积累信誉和社会影响力，因此，企业在营销过程中必须注重经济效益和社会效益相结合，多从长远角度看问题，多做一些既有社会效益，又有经济效益的营销行为，提高企业在社会上的影响力和知名度，进而提升企业的综合竞争力。要坚决避免虚假营销。中小企业一定要杜绝为了追求短期效益和业绩而

进行虚假宣传甚至坑害消费者的行为，不能被眼前的既得利益蒙蔽视野。要千方百计提高产品质量。对于营销而言，产品质量是基础和前提，只要产品的质量提高了，性能提升了，才能通过合理的营销，取得市场上的销售优势。

思政学习园地

扫一扫，看学习资料

扫一扫，看学习资料

扫一扫，看学习资料

1.《强化消费者权益保护，为内循环“消堵”》。
2.《中华人民共和国消费者权益保护法》。
3.《中华人民共和国广告法》。

理论精讲

第一讲　促销的概念及作用

一、促销的概念

（一）促销的概念

促销是将有关产品服务等企业相关信息传播给目标消费者，以帮助消费者认识产品和企业，引起消费者的注意和兴趣，激发消费者的购买欲望，影响其购买决策，促使其采取购买行为的营销活动。因此，促销的实质就是企业与目标消费者的信息沟通，通过信息沟通以促进销售。

（二）促销的内涵

促销具有以下几层含义：

1. 促销的核心是沟通和传递信息

在促销的信息沟通过程中，各类企业的市场营销管理机构是促销推广的主体；信息的接收者是促销推广的对象。在信息沟通过程中，信息接收者对媒体传递的信息做出反应并回传给推广主体，是信息的反馈过程。促销主体可以通过反馈检验推广的效果，并以此为依据改进或调整企业的营销计划和实施方案，以保证信息的有效沟通和企业促销目标的实现。

2. 促销的基本目的是引发、刺激消费者产生购买行为

促销能够吸引消费者对企业的形象或产品产生注意和兴趣，激发其购买欲望，促使其采取购买行为。在一般情况下，消费者的态度直接影响和决定着消费者的行为。所以，要促进消费者的购买行为的产生，就必须充分利用各种方式，通过信息的传播和沟通，影响

或转变消费者的态度，使其对本企业的产品产生兴趣和偏爱，进而做出购买决策。

3.促销方式有人员推销和非人员推销

(1)人员推销。

人员推销指推销人员通过与消费者面对面的口头洽谈说明，帮助、说服消费者产生购买行为的促销活动。人员促销是一种传统的推广方式，也是一种最普遍、最基本的促销方法。它的针对性强，但影响面较窄。

(2)非人员推销。

非人员推销指企业借助一定的媒介，传递企业或产品信息，促使消费者产生购买欲望和购买行为的一系列活动，包括广告、公共关系等方式。非人员推销是一种间接的促销途径，它的针对性较差，但影响面较宽。

二、促销的作用

(一)提供信息，疏通渠道

企业要通过有效的方式向目标消费者和中间商及时提供有关产品和服务的信息，以引起他们的注意，激发他们的购买欲望，促使其购买本企业的产品和服务。企业也要及时了解中间商和消费者对产品的意见，畅通销售渠道，加快产品流通。

(二)诱导消费，扩大销售

企业针对消费者和中间商的购买心理和特点来从事促销活动，不但可以诱导、刺激需求，使无需求变成有需求，而且还可以创造新的欲望和需求。

(三)突出特点，强化竞争优势

要使消费者在众多的同类产品中将本企业的产品区别出来，就需要通过有效的促销活动，宣传、介绍并突出本企业的产品和服务的特点以及能给消费者带来的特殊利益，以增强消费者对本企业产品的印象和好感，强化竞争优势，从而达到促进其购买的目的。

(四)提高声誉，稳定市场

企业通过促销活动，不仅可以传递商品信息，扩大企业及其产品的知名度，而且有利于协调企业与各方的关系，消除偏见与误解，赢得支持与信任，从而树立企业的良好形象，稳定企业的市场占有率，巩固其产品的市场地位。

三、促销组合

(一)促销组合的概念

所谓促销组合，就是企业根据产品的特点和营销目标，综合各种影响因素，对各种促销方式的选择、编配和运用。促销组合是一种组织促销活动的策略思路，主张企业运用广告、人员推销、公关宣传、营业推广四种基本促销方式组合成一个策略系统，使企业的全部促销活动互相配合、协调一致，最大限度地发挥整体效果，从而顺利实现企业目标。促销组合如图 9-1 所示。

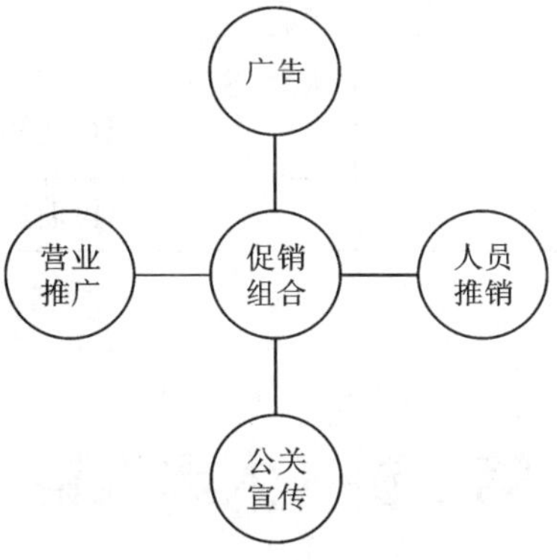

图 9-1 促销组合

（二）选择促销组合需要考虑的因素

1. 促销目标

促销目标是企业从事促销活动所要达到的目的。在企业营销的不同阶段和为了适应市场营销活动的不断变化，要求有不同的促销目标。因此，促销组合和促销策略的制定，要符合企业的促销目标，根据不同的促销目标，采用不同的促销组合和促销策略。

2. 企业实力

企业实力是影响企业经营十分重要的因素，当然，企业能够用于促销活动的费用也是有限的。因此，在满足促销目标的前提下，要做到效果好而费用省。企业确定的促销预算额应该是企业有能力负担的，并且是能够适应竞争需要的。

3. 产品性质

不同性质的产品的购买者和购买目的不相同。因此，对不同性质的产品必须采用不同的促销组合策略。一般说来，在促销消费品时，因市场范围广而更多地采用拉式策略，尤其以销售促进和广告形式促销为多；在促销工业品或生产资料时，因购买者购买批量较大，市场相对集中，以人员推销为主要形式。

4. 产品的生命周期

促销目标在产品市场生命周期的不同阶段是不同的，这决定了在市场生命周期各阶段要相应选配不同的促销组合，采用不同的促销策略，具体如表 9-1 所示。

表 9-1 产品不同生命周期的促销组合

产品生命周期	促销目标重点	促销组合
投入期	建立产品知晓度	介绍性广告、人员推销
成长期	提高产品知名度，树立品牌形象，增加顾客的购买兴趣	广告宣传企业产品特色，辅助公关手段
成熟期	增加产品的美誉度，增加购买兴趣与偏爱	广告强调本产品与其他产品的细微差别，配合运用营业推广
衰退期	维持信任、偏爱	销售促进为主、提示性广告

第二讲 人员推销

一、人员推销的含义

人员推销是指企业运用推销人员直接向顾客推销商品和劳务的一种促销活动。在人员推销活动中，推销人员、推销对象和推销品是三个基本要素。其中前两者是推销活动的主体，后者是推销活动的客体。通过推销人员与推销对象之间的接触、洽谈，将推销品推给推销对象，从而达成交易，实现既销售商品，又满足顾客需求的目的。

二、人员推销的特点

(一)人员推销注重人际关系，有利于加强买卖双方的联系

销售人员会在许多方面为顾客提供服务，帮助他们解决问题，争取顾客信任。同时，在双方面对面的洽谈过程中，可谈及工作、生活等买卖以外的中性话题，从而便于销售人员接近顾客，与之形成良好的友谊，为企业建立长期稳定的贸易伙伴。

(二)人员推销机动灵活

推销人员与用户当面洽谈，双向沟通，可以及时观察到顾客对推销活动的反应和态度，从而采用或改善相应的推销策略。

(三)针对性强，成功率高

人员推销与广告相比，其针对性强，无效劳动较少。人员推销总是带有一定的倾向，目标较为明确，用户会倾听销售人员的宣传并做出反应，成交机会大。

（四）有利于企业提高决策水平

推销人员是推销工作的第一线战士，直接与用户打交道，因而能收集到及时、可靠的市场信息，为企业营销决策提供良好的建议和意见。

（五）人员推销面窄，推销费用高

由于人员推销受人数和素质的限制，其活动范围有限，接触用户的面不如广告宣传传播广泛。同时，人员推销耗费时间多，支出费用大，并且优秀人才难得。

三、人员推销的基本形式

目前，人员推销有以下四种基本形式：

（1）上门推销

上门推销是最常见的人员推销形式。它是由推销人员携带产品的样品、说明书和订单等走访顾客，推销产品。这种推销形式，可以针对顾客的需要提供有效的服务，方便顾客。此种形式是一种积极主动的、名副其实的“正宗”推销形式。

（2）柜台推销

柜台推销是指企业在适当地点设置固定的门市，由营业员接待进入门市的顾客，推销产品。门市的营业员是广义的推销人员。柜台推销与上门推销正好相反，它是等客上门式的推销方式。由于门市里的产品种类齐全，能满足顾客多方面的购买要求，为顾客提供较多的购买方便，并且可以保证商品安全无损。故此，顾客比较乐于接受这种方式。柜台推销适合于零星小商品、贵重商品和容易损坏的商品。

（3）会议推销

会议推销指的是利用各种会议向与会人员宣传和介绍产品，开展推销活动。例如，在订货会、交易会、展览会、物资交流会等会议上推销产品均属会议推销。这种推销形式接触面广、推销集中，可以同时向多个推销对象推销产品，成交额较大，推销效果较好。

（4）直播带货

直播带货是指通过互联网平台，使用直播技术进行商品线上展示、咨询答疑、导购销售的新型服务方式，具体形式可由店铺自己开设直播间，或由职业主播进行推介。直播带货具有高度的互动性和亲和力，消费者通过网络可以像在大卖场一样，跟卖家进行交流甚至讨价还价。与此同时，直播带货绕过了经销商等传统中间渠道，直接实现了商品和消费者对接，往往能做到全网最低价。直播的本质是主播通过网络向消费者展示介绍商品，通过“秒杀”等手段提供最大优惠力度来吸引消费者，黏住消费者。

【同步案例 9-1】

网红直播带货为何成功？

2019 年的双十一，淘宝直播收获了最多的话题，特别是它的头部主播薇娅和李佳琦。即使是对在线购物不感兴趣的人也会听到有关淘宝主播惊人带货能力的新闻。李佳琦曾在 5 分钟内售出 15000 支口红。一场薇娅在韩国的直播中，粉丝 5 个小时内买走了 1.1 亿元商品，震惊韩国化妆品圈。据淘宝公布的数字，在 2018 年，淘宝直播实现销售 1000 亿元，有 81 位主播完成了 1 亿元的销售额，他们希望在 2019 年这个数字提高到 200 位。考虑到淘宝直播是在 2016 年初才上线，这样的成绩的确令人印象深刻。受益于淘宝直播，薇娅、李佳琦也成为人们熟知的名字。当然，少数个体的成功只能说是奇迹，但正是这些奇迹刺激我们思考，网红直播带货成功的原因是什么？

请观看一段“口红一哥”李佳琦直播带货销售口红的视频，尝试分析李佳琦成功的原因。

问题：李佳琦直播带货成功的原因是什么？

分析提示：打造极富魅力的个人特色、提炼产品卖点、描述产品的使用场景、让用户理解产品的价值、利用品牌背书增强信任感、运用各种价格打折策略、营造轻松娱乐的直播氛围、及时解决用户反馈等。

四、人员推销的步骤

（一）寻找顾客

第一，根据推销产品的特点，提出有可能成为潜在顾客的基本条件。第二，根据潜在顾客的基本条件，通过各种线索和渠道来寻找符合这些基本条件的合格顾客。

（二）接洽准备

推销洽谈前的准备工作主要包括掌握有关信息、确定洽谈目标、拟定洽谈方案等。洽谈前的准备工作做得是否充分是决定洽谈成败的关键。

（三）接近顾客

接近顾客是指推销人员为进行推销洽谈与目标顾客进行的初步接触。在这个过程中，为了争取主动，使顾客有继续谈下去的热情和信心，推销人员还要掌握一定的方法和技巧，如：注重礼仪、稳重自信等。

（四）推销面谈

推销面谈指的是推销人员运用各种技巧和方法说服顾客购买的过程，其目的在于向顾客传递有关商品及企业经营服务方面的信息，诱发顾客的购买动机，激发顾客的购买欲望，说服顾客采取购买行动。

（五）处理异议

异议是顾客对推销人员或其推销的产品、推销活动所做出的一种形式上表现为怀疑、否定或反面意见的反映。推销人员必须首先认真分析顾客异议的类型及根源，然后有针对性地加以处理。处理顾客异议常用的有直接否定法、迂回否定法和询问处理法等。

（六）达成交易

达成交易是消费者接受推销人员的建议，做出购买决定和行动的过程。在买卖双方的洽谈过程中，推销人员要善于捕捉顾客表露的信息，抓住时机，促成交易。达成交易的主要方法有优点汇集法、假定法、优惠法和保证法。

（七）跟踪服务

达成交易并不意味着整个推销活动的结束，推销人员还必须为顾客提供各种售后服务，如安装、维修、退换货等，以消除消费者的后顾之忧，树立信誉。

第三讲　广告

一、广告的定义及作用

（一）广告的定义

广告是指广告客户以付费的方式，有计划地借助大众传播媒体向选定的目标市场传递特定的商品、服务或观点的信息，以期产生影响目标顾客行动的信息传播活动。

（二）广告的作用

1. 传递信息，诱发购买欲望

当今世界具有传播商品信息功能的行业或渠道很多，最主要的就是广告信息渠道。广告能吸引消费者的注意力，使其对产品产生兴趣，甚至是偏爱，诱发购买欲望，从而刺激需求，扩大购买。

2. 树立信誉，开展竞争

第一，利用庞大的广告预算开支，多投入多产出。第二，利用广告策划制作，吸引受众，以尽可能少的投入获尽可能多的产出。第三，利用广告策略，树立企业文化。当今的广告大战，从本质上可以说是不同的企业文化之间的较量和竞争。

3. 引导消费，刺激消费

作为信息的载体，广告在传递商品信息方面起着重要的作用。在引导大众消费上，广告对于正确地引领消费，树立正确的消费观念也起着重要的作用。在激发需求方面，广告显示着强大的威力。

二、广告的种类

（一）商品广告

商品广告指以介绍商品的名称、特征并进行销售说服等为主要内容的广告，它是生产者或商品经营者向消费者介绍商品和推销商品的传播广告。其目的是提高商品的知名度，实现商品销售。商品广告一般是运用与销售直接相关的表现形式，来说服消费者购买商品的传播活动。

（二）企业广告

企业广告又称商誉广告，着重于宣传企业名称、企业概况、企业文化等有关企业信息，其目的是提高企业的声望、名誉和形象。

（三）公益广告

公益广告是用来宣传公益事业或公共道德的广告。它的出现是广告观念的全新变革。公益广告能够实现企业自身目标与社会目标的融合，有利于树立并强化企业形象，给广告的受众群体以积极的引导。

三、广告媒体

广告媒体种类繁多，不同的广告媒体有着不同的特点和作用，企业要根据产品、市场的特点和自身条件及需要，有计划地选择适当的广告媒体，以达到预期的广告效果。

（一）广告媒体的种类

1. 报纸媒体

报纸是传统的四大媒体之一。报纸广告的优势是：覆盖面广，读者稳定，白纸黑字便于保存，可以多次传播信息，制作成本低廉等。报纸广告的局限是：它以新闻为主，广告版面不可能居突出地位，广告有效时间短。

2. 杂志媒体

杂志广告是指利用杂志的封面、封底、内页、插页为媒体刊登的广告。杂志广告的优势是阅读有效时间长，便于长期保存，内容专业性较强，有独特的、固定的读者群，有利于有的放矢地刊登相应的商品广告。其局限是周期较长，不利于快速传播。

3. 广播媒体

广播广告是指利用无线电或有线广播为媒体播送传导的广告。其优势是传收同步，收播对象层次广泛，速度快，空间大，广告制作费用也低。其局限是只有信息的听觉刺激，而没有视觉刺激。

4. 电视媒体

电视广告是指利用电视为媒体传播放映的广告。其优势是覆盖面广，收视率高；直观、生动形象，宣传效果好；重复使用方便，可信度高。其局限是电视广告制作成本高，电视播放收费高，播放时间短，由于通过电视媒体的广告费用很高，小型企业无力问津。

5. 网络媒体

网络媒体作为一种新兴的广告媒体，其优势是：覆盖地域宽广；费用低；内容更换容易；图文并茂，视觉和浏览效果较好。其局限性表现在广告对象缺乏选择性；不能覆盖网络以外人群等。

6. 户外媒体

户外媒体可以选择好的地理位置，利用各种美术、造型等艺术手段，使广告鲜明、醒目、美观、简明、容易记忆。其局限是受空间限制，复杂的内容无法表达。

7. 邮寄媒体

邮寄媒体针对对象明确，选择性好，迅速及时。但不易生动化、形象化，广告比较呆板，所涉及的范围也有限。

（二）选择媒体时应考虑的因素

1. 消费者接受媒体的习惯

由于消费者的性别、年龄、收入、受教育的水平、职业及生活习惯不同，他们对广告媒体的接触有很大差别。企业应针对不同消费者的特点选择广告媒体。例如，针对儿童用品，选择电视可能更为合适；针对女性用品，一般选择女性杂志或是电视等。

2. 产品的性质和特点

不同性质和特点的产品，其使用价值与使用范围各异，所选择的广告媒体必须适合其产品的性质和特点。比如技术性的产品多选择专业性杂志，而生活用品一般采用大众传播媒体；照相机可以采用电视作为传播媒体，而服装则应该选择有色彩的杂志广告媒体。

3. 销售的范围

广告宣传的范围要和商品销售的范围一致。一般来说，全国性销售的产品可以通过全国性的广告媒体进行传播；只在地区内销售的产品则只选择地方性的媒体。

4. 媒体的费用

各种广告媒体的收费标准不同，所以广告的成本也各不相同；即使同种媒体，也因范围、时间等而价格各异。必须注意广告费用不能只注意绝对数字上的差异，更重要的是注意目标沟通对象的人数与成本之间的对比关系。

5. 其他因素

其他因素包括媒体的知名度、竞争对手的特点及企业的经济实力等。

总之，企业在进行媒体选择时，必须考虑自身内外的各种因素，综合权衡利弊做出决策。

四、广告设计的基本原则

(一) 真实性

企业及其产品广告必须真实、健康，不能弄虚作假，以维护企业形象及消费者利益。

(二) 思想性

广告设计在强调经济效益的同时，要注意内容的思想性，要把形式美和内容美统一起来。

(三) 创新性

创新性指广告从内容到形式，从语言到图像、色彩等均要显示个性，只有这样广告才能生动活泼，富有鼓动性。

(四) 简洁性

简洁性指广告的文字、图画及其他部分要把选定的主题协调和谐地用最通俗和最鲜明的方式表达出来。

(五) 针对性

针对性指设计时必须针对目标受众的心理特征、关注的问题和存在的各种疑虑，做出科学理性的介绍。

五、广告策略制定的步骤

(一) 确定目标

广告的目标一般分为销售效果和传播效果目标。销售效果目标主要指的是广告产品销售要达到的程度，其中主要以销售利润和市场份额作为考核对象。传播效果则是指和消费者的沟通程度，通俗地是指有多少消费者注意、知道广告信息内容。

(二) 确定预算

因为企业做商业广告是一种付费宣传，所以必须围绕目标控制成本。广告的费用少了，达不到宣传的效果；费用多了，造成浪费。所以企业广告的预算必须非常谨慎。

（三）确定内容

广告的内容指的是广告传递的信息，主要包括要传递什么样的信息，要怎样传递信息等。

（四）确定媒体

企业选择哪种媒体作为自己宣传的工具，需要考虑媒体的形式、产品的特点，还要考虑媒体的费用是否直接影响预算，另外还要考虑当地的法律法规和文化习惯、目标受众接触媒体的习惯等。

（五）效果评定

广告的效果评定一方面是为了衡量广告的客观结果，另一方面是为后面的广告活动提供参考价值。

【同步案例 9-2】

请观看小罐茶广告视频《寻茶之旅》，思考回答以下问题。

问题：小罐茶是如何通过广告努力说服消费者接受其“中国好茶”的定位的？

分析提示：主要从以下几个方面说服消费者：原材料好（八大名茶、原产地、核心产区、名山茶、古树茶）、制茶工艺精湛（大师、传统工艺、手工制作）、用心制作（产品经理和大师的用心）。

第四讲　公共关系

一、公共关系的含义

公共关系是一个社会组织运用各种传播手段协调和改善自身的环境和舆论氛围的过程。

二、公共关系的三要素

（一）公共关系的主体：社会组织

公共关系的主体，是指公共关系活动的发起者和承担者，即社会组织。每个社会组织都是环境的产物，它必须设法为自身的生存与发展去寻找和建立与环境的和谐。

（二）公共关系的客体：公众

公共关系的客体，是指公关活动的对象，即社会组织内外部的有关公众。公众是与社会组织直接或间接相关的个人、群体和组织，包括融资公众、媒介公众、政府公众、社团公众、社区公众、一般公众和内部公众。公众对该社会组织目标的实现具有实际的或潜在的制约力或影响力。

（三）公共关系的媒介：传播

传播是连接公共关系主客体的中介，是桥梁。而信息反馈的介入使公共关系过程具有双向性，只有双方都参与了沟通的过程才称得上是完整的公共关系过程。

公共关系三要素如图 9–2 所示。

图 9–2　公共关系三要素关系图

三、公共关系的功能

（一）凝聚功能

凝聚功能是对组织内部而言的。组织可通过公共关系这一管理手段，使员工对企业有归属感，对产品有信任感，对自己有自豪感，充分调动员工的潜能及对生产和管理的积极性。

（二）监测功能

监测功能指组织通过对信息的采集、处理和反馈，来对公共关系状态做出监测和预测。它是企业控制其正常运行，防止偏差的一种机能，这种监测功能也包括对企业营销部门工作的监测。

（三）应变功能

公共关系部门不可能始终准确地预测所有情况的发生，因而，当一个意外事件发生致使组织形象受损时，公共关系部门就要尽力弥补，挽回和捍卫组织形象。

（四）调节功能

公共关系人员的重任之一就是协调企业的各种内外关系，尤其就企业外部来说，要积极争取公众对企业的理解、信任和谅解。

四、公共关系的活动方式

（一）利用新闻媒介

由新闻媒介提供的宣传报道对企业来说是种免费广告，它能给企业带来许多好处。首先，它能比广告创造更大的新闻价值，有时甚至是种轰动效应，而且能鼓舞企业内部的士气和信心，一个企业或者产品能作为新闻报道而受到赞扬，无疑是一种有力的激励。其次，宣传报道比广告更具有可信性，使消费者在心理上感到客观和真实。

（二）参与社会活动

企业在从事生产经营活动的同时，还应积极参与社会活动，在社会活动中体现自己的社会责任，赢得社会公众的理解和信任，充分表现企业作为社会的一员应尽的责任和义务。另外，结交社会各界朋友，也能建立起广泛和良好的人际关系。

（三）组织宣传展览

在公共关系活动中，企业可以印发各种宣传材料，如介绍企业的小册子、业务信息、图片画册、音像资料等，还可以举办形式多样的展览会、报告会、纪念会以及有奖竞赛等，通过这些活动使社会公众了解企业的历史、业绩、名优产品、优秀人物、发展的前景，从而达到树立企业形象的目的。

（四）应对突发事件

当企业外部环境出现重大变化或自身的营销工作出现失误时，应利用公共关系措施及时予以调节和补救；当出现不利于企业发展的社会舆论或影响时，要运用应急公共关系措施进行反驳和纠正。对于任何企业来讲，恰到好处地应对突发事件，化解危机，往往也正是提升企业形象的良机。

五、公共关系管理流程

（一）设定公共关系的目标

在调查研究的基础上，根据社会公众对企业的了解和意见来具体地确定公共关系目标。公共关系主要是利用信息沟通的原理和方法来进行活动的，因此，不同时期的公共关系的具体目标是不相同的。

（二）确定公共关系活动的方式

正确的方式是保证目标的实现，上面介绍的各种方式都具有一定的针对性，有不同的适用范围，有的可以增进公众对企业目标的支持与理解，有的可以提高企业的知名度，有的可以促进产品销售。企业应根据总目标的要求和具体情况，选择公共关系活动的方式。

(三)执行公共关系的活动计划

对企业来说,开展公共关系活动存在着许多不确定因素，较难控制，困难较大。为了保证公共关系计划的实施，首先要有组织的保证，明确公共关系部门的职责；其次要提高公共关系部门人员的素质；再次，要坚持以诚取信的原则；最后，要善于抓住机遇。

(四)评估公共关系活动的成果

通常，评估公共关系成果所使用的方法有：目标管理法、个人观察法、舆论调查法、内部外部监察法、新闻调查法等。公共关系手段是依靠树立企业和产品良好形象来实现促销目的的，所以，其效果是间接的、长期的。为此，企业的公共关系工作应该是系统而长期的。

【同步案例 9-3】

加多宝成功公关案例

加多宝集团是香港鸿道集团的子公司，是一家大型专业饮料生产及销售企业，于 1995 年创立，同年推出首批红色罐装“王老吉”。1998 年，集团以外资形式在广东省东莞市长安镇设立首个生产基地，销售网络遍及中国 30 多个省、市、自治区，并销往东南亚、欧美等地。

2011 年 4 月，广药集团向中国国际经济贸易仲裁委员会提出仲裁申请，并提供相应资料，广药集团认为“2002 年至 2003 年间，香港鸿道集团与广药集团分别补签的《‘王老吉’商标许可补充协议》和《关于‘王老吉’商标使用许可合同的补充协议》”是时任广药集团总经理的李益民收取了鸿道集团数百万的贿赂后，才签署了将租赁期限延长到 2020 年的授权书。李益民东窗事发后，广药集团认为上述补充协议无效，商标租赁期限已于 2010 年 5 月 2 日到期。2012 年 5 月 12 日，根据中国国际经济贸易仲裁委员会的裁决书，加多宝停止使用“王老吉”商标。

“加多宝”的公关应对

在痛失“王老吉”商标之后，加多宝以 6000 万打包冠名《中国好声音》，迅速以一种“地毯式轰炸”的公关营销方式变颓势为优势，建立起“红罐凉茶”的品牌连锁加盟形象。

为了有效阻截原来的王老吉品牌，用了这样的广告语“全国销量领先的红罐凉茶，改名加多宝，还是原来的味道，还是原来的配方”，并且使用与原来的王老吉广告相似的场景画面，试图让原来的王老吉消费者相信王老吉凉茶已经改名加多宝凉茶了，加多宝凉茶就是正宗凉茶的代表。通过此种策略，试图留住原来为王老吉品牌辛辛苦苦积累下的老顾客。

2013 年 2 月 4 日，加多宝官方微博连发四条主题为“对不起”的自嘲系列文案，并配以幼儿哭泣的图片，引发上万网友转发。

“对不起，是我们太自私，连续 6 年全国销量领先，没有帮助竞争队友修建工厂、完善渠道、快速成长……”

“对不起，是我们太笨，用了17年的时间才把中国的凉茶做成唯一可以比肩可口可乐的品牌。”

“对不起，是我们无能，卖凉茶可以，打官司不行。”

“对不起，是我们出身草根，彻彻底底是民企的基因。”

加多宝微博4天连续发布“对不起”系列主题微博，看似道歉、实则叫屈。仅仅一天时间，微博很快被转发了2万多次。在转发和评论的人中，大多数对加多宝表示同情，不少人把焦点指向国企与民企之争，加多宝又进行了一次很成功的营销。

2013年2月6日，加多宝在北京朝阳大悦城上演了一场以“你敢喊我就敢送”为主题的创意互动秀，当消费者喊出“过年来罐加多宝”达到一定分贝值，售卖机内置的智能识别系统就会启动。活动开始仅仅8个小时，就吸引了现场5000人次参与活动，影响覆盖人次高达90000人。

2013年4月26日，加多宝官方微博发布消息称：“将通过@中国扶贫基金会，向雅安灾区捐款1亿元，用于灾后重建。我们相信一切都会好起来的。”

案例分析

很显然，失去王老吉这样一个深入人心的老商标，是加多宝集团的损失。但加多宝集团的成功，在于改名后重新打回市场的主动出击，从而被大众认可。而且，加多宝在与广药集团的商标诉讼中，被视为民企与国企争端的又一个“牺牲品”，已经成功在消费者心目中营造了“弱者”的形象，其悲情公关备受业内称道，赚了不少同情分。

加多宝选择赞助《中国好声音》，是一次成功的公关活动。因为《中国好声音》与加多宝推行的“正宗凉茶”战略相关联。中国中小企业要打造强势品牌，公关活动必须指向品类，《中国好声音》演绎了一场场“原创”的声音，而加多宝想抢占“正宗凉茶”的品类，相互之间形成了呼应，从战略上实现了加多宝重新塑造凉茶品类领导品牌的目标。

随后，加多宝迅速展开了大规模的宣传攻势，不仅在覆盖面及影响力最大的央视媒体上投放广告，而且选择重点区域的媒体，如消费者对凉茶认知比较深厚的地区——浙江的浙江卫视、广东的南方卫视等，进行地毯式的广告投放。

加多宝在各媒体上传播“全国销量第一的红罐凉茶，现改名加多宝”的更名信息，从而印证了广告宣传口号——“怕上火，现在喝加多宝”。在消费者接受改名的事实后，加多宝马上又在广告宣传中称：“还是原来的配方，还是熟悉的味道。”达到“名改质不改”的目标，让原来支持王老吉的消费者同样支持加多宝。

加多宝通过中国扶贫基金会向四川雅安地震灾区捐出1亿专项赈灾资金。无论是2008年的汶川还是2010年的玉树，加多宝都不仅仅是一捐了事，在关注灾情的同时关注灾后的重建，更希望以自己的实际行动感召更多的企业共同为慈善事业做出努力，再次唤起了各方对企业慈善观的讨论和关注。

其实，加多宝整个品牌运作的核心就是重新塑造一个凉茶品牌——加多宝。从痛失“王老吉”商标之后，加多宝似乎一切都从零开始，可是它很巧妙地利用各种各样的公关营销策略，展开了精彩绝伦的营销大作战，从而抢占凉茶品牌的领导地位。

第五讲　营业推广

一、营业推广的含义

营业推广又称销售促进，是指除广告、人员推销和公共关系之外能有效地刺激消费者购买、提高促销效率的活动。

二、营业推广的特点

（一）针对性强，方式灵活多样

营业推广通过激励条件调动用户或中间商的积极性，可以立即促成交易行为。

（二）非正规性和非经常性

营业推广是促销组合中其他促销方式的补充措施，任何企业都不能仅靠营业推广生存，它只具有暂时而特殊的促销作用，因此是非正规性和非经常性的促销活动。

（三）攻势过强，易引起客户反感

营业推广活动总是伴随着各种优惠条件和强大的宣传攻势，这虽然有利于企业尽快地销售产品，获得短期经济效益，但攻势过强，容易使客户产生逆反心理，误认为企业急于推销的产品在质量、价格等方面存在问题，从而有损产品和企业的形象。

三、营业推广的方式

（一）针对中间商的促销

企业常采用的有合作广告、销售会议、销售提成、竞赛等方法以鼓励中间商积极分销产品。

（二）针对消费者的促销

企业通常采用竞赛或游戏、兑奖、彩票、赠品、示范表演、现金折扣、商品搭配、特价包装、分期付款、回扣等方法刺激人们采取购买行为。

（三）针对业务人员的促销

企业通常利用奖金、竞赛、培训等手段提高业务员的销售积极性。

四、营业推广方案的制定

（一）推广规模

企业在制订营业推广方案时，首先要决定推广的规模。规模大小必须结合目标市场的实际情况，并根据推广产生的收入与促销费用之间的效应关系来确定。

（二）推广对象

营业推广的推广对象，可以是目标市场中的全部，也可以是一部分，企业应该决定刺激哪些人才能最有效地扩大销售。一般来说，应选择现实的或可能的长期用户作为推广对象。

（三）推广方式

每一种促销方式对中间商或用户的影响程度不同，费用大小也不同，所以必须选择既能节约推广费用，又能收到预期效果的营业推广方式。

（四）推广期限

营业推广的时间要适当，不应过短或过长。过短，会造成有希望的买主未能及时接受营业推广的好处；过长，将会产生对某种产品的不良印象，激发不起购买的积极性，导致推广费用大而效益小。

（五）营业推广预算

推广费用包括管理费用和刺激费用。确定推广预算有两种方法：一种是先确定营业推广的方式，然后再预算其总费用；另一种是在一定时期的促销总预算中拨出一定比例用于营业推广。后一种比较常用。

即学即用

从一次消费纠纷演变为全网舆论危机，奔驰到底做错了什么？

2019 年，车主 W 女士坐在西安一家 4S 店奔驰车的引擎盖上哭诉买车的遭遇：车子还没开出 4S 店就发现发动机漏油，要求退款或换车，最后 4S 店提出按汽车三包政策更换发动机。经过 15 天的漫长等待协商依然无果，最终车主只能坐在 4S 店内哭诉，自称最后逼得用这种方式维权是“十几年的教育受到奇耻大辱”……期望引发媒体关注。

就掌握的信息来看，奔驰 4S 店该不该采用三包条款，取决于车辆属于已经交付使用还是尚未交付使用。车主称还没开出店门就发现发动机漏油，不同意 4S 店坚持按照三包条款只更换发动机。但在后续与奔驰销售高管的谈话录音中，还透露出 4S 店对三包的另一种态度，车主表示 4S 店并未按照三包规定“维修超过 5 日为车主提供备用车辆”，因此她认为4S店的做法是对4S店有利的就坚持按三包法规执行，不利于4S店的就“根据各店情况而定”。

此外，车主在购车时被销售人员忽悠选择奔驰金融按揭贷款，并在被胁迫的情况下缴纳了奔驰金融服务费。而4S店在收取15000元金融服务费时也涉嫌违规操作，不接受刷卡、要求转私人账户、不提供发票。

本次维权事件最终演变为一次公关危机，主要有以下几点：

1. 4S店由于内部原因处理问题不及时

在处理客户投诉时，客服人员在4S店体系内人微言轻，什么都需要请示销售和售后，没有很快的响应速度，没有真正处理问题的能力。在这种机制下，车主的诉求也没有及时反馈到集团和奔驰总部，就算报上去了，经销商集团每天卖这么多车，奔驰销售公司管这么多经销商，每天会收到很多投诉，因此15天过去都未必能给车主反馈。

以服务周到著称的海底捞，在客服人员权限上可以说是对比鲜明，给客人送个菜送个小礼物都不算什么，只要有足够的理由，海底捞每个服务员都有给客人免单的权力，这样才能够做到快速处理客户的不满情绪。当然，几十万上百万元的车和几百元一桌的饭菜不具可比性，但向车主推脱说等待奔驰总部答复并不能平复车主情绪，不妨借鉴海底捞的思路，先给客人一辆备用车辆开着，再协商如何解决，毕竟客人已经掏了66万元车款并没有享受到产品和服务，迟迟等不到理想的结果，内心焦急之下难免做出“非理性”的举动。

2. 奔驰总部CRM未能起到关键阻燃作用

相信W女生在跟4S店沟通无果后肯定是打过奔驰总部客服电话的，但是并未能得到有效的反馈，原因在于总部CRM也只能做一些锦上添花的事情，主要是助力新车销售、售后服务等。其实在奔驰CRM内部培训有一个二八原则，即20%的大客户贡献了80%的利润，CRM主要还是为这部分客户服务的，而W女士顶多算半个奔驰车主(西安4S店或许还未提交其资料)，就算接到投诉，也需要与当地经销商进行核实，很难得到快速有效的反馈。

但在资讯发达的今天，车企的CRM体系作为消费者唯一“拦轿喊冤”的途径，却没有明确的使命和充分的授权，在车企对渠道的控制力多限于品牌特许经营和供货的情况下，让4S店能真正成为品牌在区域利益的代表，可谓任重道远。

3. 奔驰总部等在事件爆发后介入，且姿态强硬

奔驰销售公司在4月13日确实发布了声明，其中有“深表歉意”的字眼。许多媒体已经对奔驰的声明进行了解读，其中不乏“假惺惺”“没有同理心”“死不认错”等评价，在此不多做分析。

就算这事跟奔驰总部没有关系，都是因为西安的4S店处理不当导致，但是4S店是奔驰总部授权的，也是受总部管理的，消费者也是奔着奔驰品牌来的，发生了维权纠纷应该优先照顾消费者的情绪。

(资料来源：市场营销智库 搜狐号)

问题：如果你是奔驰的公关人员，你觉得在一开始发生纠纷的时候如何处理，可以避免此次舆论危机？

要点巩固

1. 促销的概念和作用是什么？
2. 请简述促销组合是什么。
3. 人员推销的含义和特点是什么？
4. 广告设计的基本原则是什么？
5. 公共关系的三要素是什么？
6. 营业推广的方式有哪些？
7. 商家应如何避免做出虚假广告？

课堂延伸

扫一扫，看学习资料

1. 扫码阅读《3・15 公关“劫”，别光顾盯着那台电视晚会》。

2. 营业推广的方式

营业推广的方式非常多，本书选择以下几种举例介绍：

(1)一级 SP：制造商对批发商的促销；制造商对零售商的促销；制造商对消费者的促销；批发商对零售商的促销；批发商对消费者的促销；零售商对消费者的促销。一级 SP 的特点：单层次促销。

(2)二级 SP：制造商对批发商、对零售商的促销；制造商对零售商、对消费者的促销；制造商对批发商、对消费者的促销；批发商对零售商、对消费者的促销。二级 SP 的特点：双层次促销。

(3)三级 SP：制造商对批发商、对零售商、对消费者的促销。促销方式如执行工具，是企业改造市场、增进业绩的得力手段。

(4)无偿 SP：无偿 SP 指的是针对目标顾客不收取任何费用的一种促销手段。它包括两种形式：①无偿附赠——以酬谢包装为主。②无偿试用——以免费样品为主。所谓酬谢包装指的是以标准包装为衡量基础，但给消费者提供更多价值的一种包装形式。额外包装，即在包装内额外增加分量而无偿赠予。包装内赠，即将赠品放入包装内无偿提供给消费者。包装外赠，即将赠品捆绑或附着在包装上无偿提供给消费者。功能包装，即包装具有双重以上使用价值，不但可以做包装物，还可另做它用。所谓免费样品指的是将产品直接提供给目标对象试用而不予取偿。实施免费样品促销，最主要的问题在于如何将样品分送到目标顾客手中。

(5)惠赠 SP：惠赠 SP 指的是对目标顾客在购买产品时给予一种优惠待遇的促销手段。买赠，即购买获赠。只要顾客购买某一产品，即可获得一定数量的赠品。最常用的方式有买一赠一、买五赠二、买一赠三等。换赠，即购买补偿获赠。只要顾客购买某一产品，并再略做一些补偿，即可换取其他产品。退赠，即购买达标退利获赠。只要顾客购买或购买到一定数量的时候，即可获得返利或赠品。它包括消费者累计消费返利和经销商累计销售返利。如当购买量达到 1000 万元之时返利 5%；当购买到 10 个商品时，免赠 1 个商品；当消费三次以上时退还一次的价款等。

(6)折价SP：折价SP指的是在目标顾客购买产品时，给予不同形式的价格折扣的促销手段。折价优惠券，即优惠券，是一种古老而风行的促销方式。优惠券上一般印有产品的原价、折价比例、购买数量及有效时间。顾客可以凭券购买并获得实惠。折价优惠卡，是一种长期有效的优惠凭证。它一般有会员卡和消费卡两种形式，使发卡企业与目标顾客保持一种比较长久的消费关系。现价折扣，即在现行价格基础上打折销售。这是一种最常见且行之有效的促销手段。它可以让顾客现场获得看得见的利益并心满意足，同时销售者也会获得满意的目标利润。因为，现价折扣过程，一般是讨价还价的过程。通过讨价还价，可以达到双方基本满意的目标。减价特卖，即在一定时间内对产品降低价格，以特别的价格来销售。减价特卖的一个特点就是阶段性。一旦促销目的完成，即恢复到原来的价格水平。减价特卖促销，一般只在市场终端实行。但是，制造商一旦介入，就可能是一种长久的促销策略。减价特卖的形式通常有“包装减价标贴”“货架减价标签”和“特卖通告”三种。减价竞争，即削减现行价格，让利于市场，并获得竞争优势的销售。减价竞争与现价折扣不同。现价折扣属于战术性促销，而减价竞争则一般是战略性促销，它从范围上、数量上、规模上、期效上都比现价折扣大。减价竞争可以说是一种以新的价格参与市场竞赛的战略。它是发动市场侵略性竞争的“杀手锏”。低价经营，即产品以低于市场通行价格水平来销售。低价经营属于一种销售战略，其整体价格水平在长期内均需低于其他经营者。而且，一开始，低价经营者就应以优惠的价格面市。

从长远上看，低价经营虽是局部微利，但这一促销策略可以强力地吸引消费群，并达到整体丰利的目的。商品大拍卖是将商品以低拍的方式，以非正常的价格来销售；商品大甩卖也是以低于成本或非正常价格的方式来销售。大拍卖和大甩卖，都是一种价格利益驱动战术。对商家而言，大拍卖和大甩卖又是一种清仓策略。通过大拍卖或大甩卖，能够集中吸引消费群，刺激人们购买欲望，在短期内消化掉积压商品。

(7)竞赛SP：竞赛SP指的是利用人们的好胜和好奇心理，通过举办趣味性和智力性竞赛，吸引目标顾客参与的一种促销手段。征集与答奖竞赛，即竞赛的发动者通过征集活动或有奖问答活动吸引消费者参与的一种促销方式。促销竞赛最终的成功者，必是在竞赛中的佼佼者。如广告语征集、商标设计征集、作文竞赛、译名竞赛等。竞猜比赛，即竞赛的发动者通过举办对某一结局的竞猜以吸引顾客参与的一种促销方式，如猜谜、体育获胜竞猜、自然现象竞猜、解谜竞猜等。优胜选拔比赛，即竞赛的发动者通过举办某一形式的比赛，吸引爱好者参与，最后选拔出优胜者的促销方式，如选美比赛、健美大赛、选星大赛、形象代言人选拔赛及饮酒大赛等。印花积点竞赛，即竞赛的发动者指定在某一时间内，目标顾客通过收集产品印花，在达到一定数量时可兑换赠品的促销方式。印花积点是一种古老而具影响力的促销术。只要顾客握有一定量的凭证(即印花：商标、标贴、瓶盖、印券、票证、包装物等)，即可依印花量多少领取不同的赠品或奖赏。

图书在版编目(CIP)数据

市场营销 / 黄海琳，严金才主编. —长沙：中南大学出版社，2021.8

ISBN 978-7-5487-4592-1

Ⅰ. ①市… Ⅱ. ①黄… ②严… Ⅲ. ①市场营销学—高等职业教育—教材 Ⅳ. ①F713.50

中国版本图书馆 CIP 数据核字(2021)第 150423 号

市场营销

SHICHANG YINGXIAO

主编　黄海琳　严金才

□**责任编辑**　杨　贝

□**责任印制**　唐　曦

□**出版发行**　中南大学出版社

社址：长沙市麓山南路　邮编：410083

发行科电话：0731-88876770　传真：0731-88710482

□**印　　装**　湖南蓝盾彩色印务有限公司

□**开　　本**　787 mm×1092 mm　1/16　□**印张** 13　□**字数** 324 千字

□**互联网+图书　二维码内容**　字数 107 千字　图片 25 张

□**版　　次**　2021 年 8 月第 1 版　□2021 年 8 月第 1 次印刷

□**书　　号**　ISBN 978-7-5487-4592-1

□**定　　价**　42.00 元